**BUCHNERS KOLLEG
THEMEN GESCHICHTE**

Die Völkerwanderung

Wechselwirkungen und Anpassungsprozesse

C.C. Buchner Verlag

Buchners Kolleg. Themen Geschichte
Die Völkerwanderung
Wechselwirkungen und Anpassungsprozesse

Unterrichtswerk für die Oberstufe

Bearbeitet von Friedrich Anders, Stephan Kohser, Heike Krause-Leipoldt und Ulrich Mücke

---

Zu diesem Lehrwerk sind erhältlich:
- Digitales Lehrermaterial **click & teach** Einzellizenz, Bestell-Nr. 322521
- Digitales Lehrermaterial **click & teach** Box (Karte mit Freischaltcode), ISBN 978-3-661-32252-0

Weitere Materialien finden Sie unter www.ccbuchner.de.

Dieser Titel ist auch als digitale Ausgabe **click & study** unter www.ccbuchner.de erhältlich.

1. Auflage, 2. Druck 2022
Alle Drucke dieser Auflage sind, weil untereinander unverändert, nebeneinander benutzbar.

Das Werk folgt der reformierten Rechtschreibung und Zeichensetzung. Ausnahmen bilden Texte, bei denen künstlerische, philologische oder lizenzrechtliche Gründe einer Änderung entgegenstehen.

Auf verschiedenen Seiten dieses Buches finden sich Mediencodes. Sie verweisen auf optionale Unterrichtsmaterialien und Internetadressen (Links).
Haftungshinweis: Trotz sorgfältiger inhaltlicher Kontrolle wird die Haftung für die Inhalte externer Seiten ausgeschlossen.

© 2019 C.C. Buchner Verlag, Bamberg
Das Werk und seine Teile sind urheberrechtlich geschützt. Jede Nutzung in anderen als den gesetzlich zugelassenen Fällen bedarf der vorherigen schriftlichen Einwilligung des Verlages. Dies gilt insbesondere auch für Vervielfältigungen, Übersetzungen und Mikroverfilmungen. Hinweis zu § 52 a UrhG: Weder das Werk noch seine Teile dürfen ohne eine solche Einwilligung eingescannt und in ein Netzwerk eingestellt werden. Dies gilt auch für Intranets von Schulen und sonstigen Bildungseinrichtungen.

Redaktion: Philippe Larrat
Korrektorat: Kerstin Schulbert
Layout, Satz, Umschlaggestaltung und Grafiken: mgo360 GmbH & Co. KG, Bamberg
Karten: ARTBOX Grafik und Satz GmbH, Bremen; mgo360 GmbH & Co. KG, Bamberg
Druck und Bindung: mgo360 GmbH & Co. KG, Bamberg

www.ccbuchner.de

ISBN 978-3-661-**32202**-5

Anforderungsbereich III (Reflexion und Problemlösung)

Er umfasst den kritischen und reflektierten Umgang mit neuen Problemstellungen, den eingesetzten Methoden und den gewonnenen Erkenntnissen. Ziel sind eigenständige Begründungen, Folgerungen, Deutungen und Wertungen.

beurteilen
den Stellenwert von Sachverhalten oder Prozessen in einem Zusammenhang bestimmen, um kriterienorientiert zu einem begründeten Sachurteil zu gelangen

entwickeln
zu einem Sachverhalt oder zu einer Problemstellung eine Einschätzung, ein Lösungsmodell, eine Gegenposition oder ein begründetes Lösungskonzept darlegen

erörtern
zu einer vorgegebenen Problemstellung eine reflektierte, abwägende Auseinandersetzung führen und zu einem begründeten Sach- und / oder Werturteil kommen

sich auseinandersetzen
zu einem Sachverhalt, einem Konzept, einer Problemstellung oder einer These usw. eine Argumentation → *entwickeln*, die zu einem begründeten Sach- und / oder Werturteil führt

Stellung nehmen
Beurteilung (→ *beurteilen*) mit zusätzlicher Reflexion individueller, sachbezogener und / oder politischer Wertmaßstäbe, die Pluralität gewährleisten und zu einem begründeten eigenen Werturteil führen

überprüfen
Inhalte, Sachverhalte, Vermutungen oder Hypothesen auf der Grundlage eigener Kenntnisse oder mithilfe zusätzlicher Materialien auf ihre sachliche Richtigkeit bzw. auf ihre innere Logik hin untersuchen

Operator, der Leistungen in allen drei Anforderungsbereichen verlangt:

interpretieren
Sinnzusammenhänge aus Quellen erschließen und ein begründetes Sachurteil oder eine Stellungnahme abgeben, die auf einer Analyse beruhen

Operatoren zusammengestellt nach: http://db2.nibis.de/1db/cuvo/datei/ge_go_kc_druck_2017.pdf (Zugriff: 26. August 2019)

Tipps für den richtigen Umgang mit den Operatoren und den Aufgaben im Buch:
- Nützliche Erklärungen zu den einzelnen Operatoren bietet die Übersicht auf Seite 138 bis 145.
- Zu Aufgaben, die mit einem **H** (= Helfen) oder **F** (= Fordern) gekennzeichnet sind, finden Sie im Anhang auf Seite 154 bis 156 Hinweise und weitere Informationen.

Zur Arbeit mit dem Buch 4

1. Wechselwirkungen und Anpassungsprozesse

1.1 **Kernmodul: Kulturkontakt und Kulturkonflikt** 8

1.2 **Kernmodul: Transformationsprozesse** 14

1.3 **Kernmodul: Migration** 18

1.4 **Pflichtmodul: Die Völkerwanderung** 24
    Ursachen und Verlauf der Völkerwanderung 26
    Methode: Münzen und Medaillons analysieren 38
    Exkurs: Germanische Heermeister 40
    Die Westgoten und ihre Ansiedlung im Römischen Reich 42
    Die Ostgoten und ihre Reichsgründung in Italien 50
    Das Frankenreich der Merowinger 60
    Methode: Mit Karten arbeiten 72
    Rezeption der Völkerwanderung 74
    Geschichte kontrovers: Die Völkerwanderung –
    Ursache für den Untergang des Römischen Reiches? 84
    Kompetenzen anwenden 86

1.5 **Wahlmodul: Romanisierung und Kaiserzeit** 88
    Kompetenzen anwenden 108

1.6 **Wahlmodul: China und die imperialistischen Mächte** 110
    Methode: Statistiken auswerten 134
    Kompetenzen anwenden 136

2. Abiturvorbereitung

2.1 Hilfen zum richtigen Umgang mit den Operatoren 138

2.2 Hinweise zur Bearbeitung von Klausuren 146

2.3 Formulierungshilfen für die Textanalyse 147

2.4 **Übungsklausur:** Wechselwirkungen und Anpassungsprozesse 148

Anhang

Musterlösungen zu den Methoden 151

Tipps und Anregungen für die Aufgaben 154

Personenregister 157

Sachregister 158

Bildnachweis 160

vorne im Buch: Anforderungsbereiche und Operatoren
hinten im Buch: Auf einen Blick: Quellen und Methoden,
    Auf einen Blick: Präsentationsformen

Zur Arbeit mit dem Buch

Das vorliegende **Lern- und Arbeitsbuch** wurde eigens nach den Vorgaben des Kerncurriculums für Niedersachsen und den fachbezogenen Hinweisen zur schriftlichen Abiturprüfung konzipiert.

Einführungsseiten leiten mit problemorientierten Bildern und Texten, einer **Lernstandserhebung** sowie den **Kompetenzerwartungen** in das Rahmenthema ein.

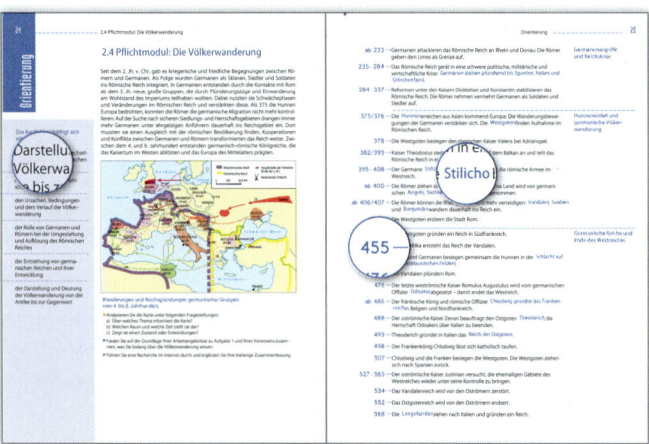

Orientierungsseiten informieren überblicksartig über die Themen der **Pflichtmodule** (blau) bzw. der **Wahlmodule** (grün). Die Doppelseite umfasst ein Auftaktbild, einen kurzen Text zum Einstieg ins Thema, die **Lerninhalte** des jeweiligen Moduls sowie eine **Chronologie** mit zentralen Daten und Fakten.

Darstellungen vermitteln ein Verständnis für historische Zusammenhänge und Strukturen. Sie sind mit den Materialien durch Querverweise vernetzt. (→ M1, → M2 etc.) Die Randspalte enthält **Namens- und Begriffserklärungen** sowie weiterführende **Internettipps**. Um die Tipps abzurufen, geben Sie im Suchfeld auf www.ccbuchner.de den im Buch genannten **Mediencode** (z. B. 32202-01) ein oder steuern Sie die digitalen Inhalte direkt über die **QR-Codes** an.

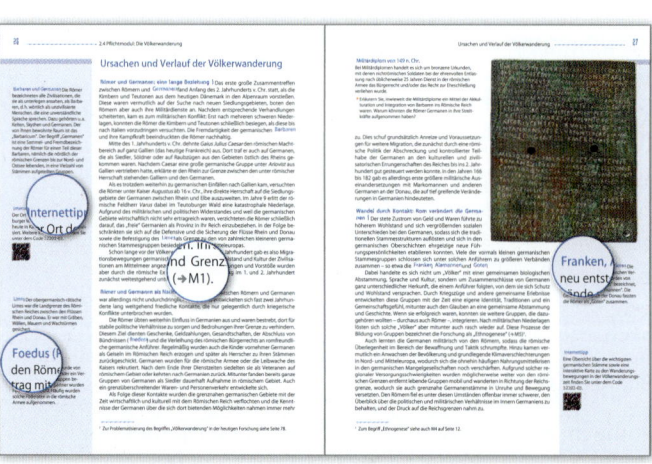

Materialien

vertiefen zentrale Themenaspekte und stellen kontroverse Sichtweisen dar. Die Aufgaben sind farblich je nach **Anforderungsbereich** gekennzeichnet. Erläuterungen dazu stehen ganz vorne im Buch. Tipps zum richtigen **Umgang mit den Operatoren** finden Sie ab Seite 138. Über Angebote zum Helfen (**H**) und Fordern (**F**) informiert Seite 154 bis 156.

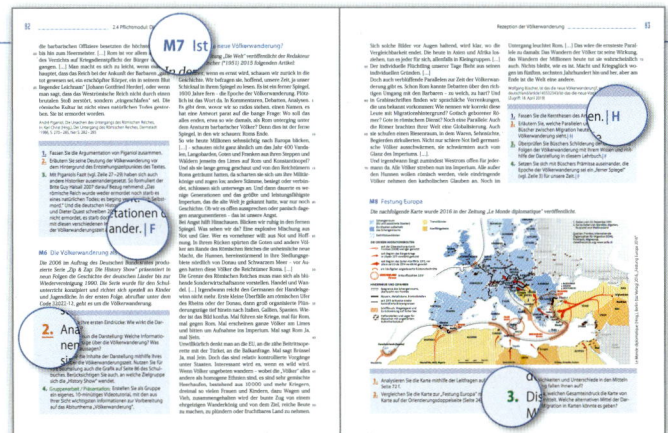

Weitere Hinweise

- Aufgaben, die eine **Partner-/Gruppenarbeit** sowie spezifische **Präsentationsformen** erfordern, sind zusätzlich ausgewiesen.
- Aufgaben für **gA-Kurse** sind durch einen Unterstrich gekennzeichnet.

Kernmodule

sind **rot** gekennzeichnet. Sie behandeln **historische Theorien und Erklärungsmodelle** und vernetzen zum Teil die Kapitel durch Querverweise und Aufgaben miteinander.

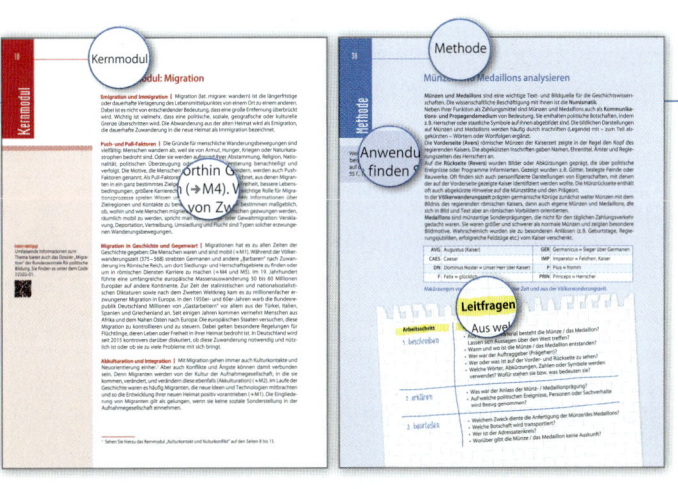

Methoden

erläutern **historische Arbeitstechniken** für die eigenständige Erarbeitung und Wiederholung an einem konkreten Beispiel. Die **Musterlösungen** können Sie auf Seite 151 bis 153 nachlesen. Zudem finden Sie hinten im Buch grundlegende **Hinweise zur methodischen Arbeit**.

Geschichte kontrovers

präsentiert Standpunkte vornehmlich von Fachwissenschaftlern, die zur Diskussion anregen und die eigene **Urteilskompetenz** fördern sollen.

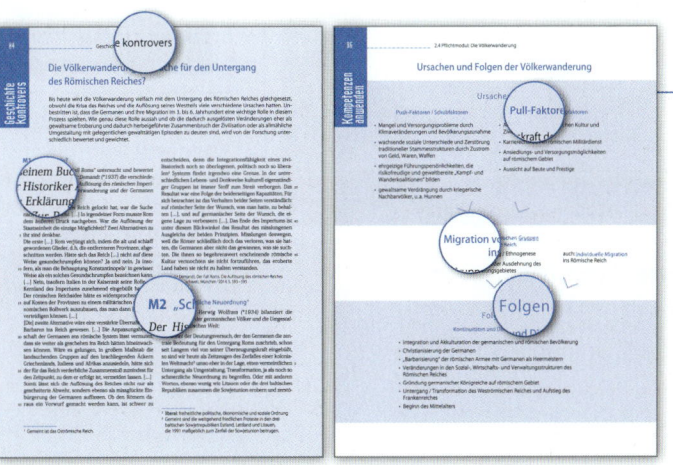

Kompetenzen anwenden

Auf dieser Doppelseite fassen **Schaubilder** die wesentlichen Lerninhalte des Kapitels zusammen. Mithilfe von **Materialien** und Arbeitsaufträgen können das erworbene Wissen und die angeeigneten methodischen Kenntnisse getestet werden.

Neuinszenierung der Varusschlacht zwischen Römern und Germanen.
Foto vom 11. Juni 2009.
Alle zwei Jahre finden in Kalkriese (Landkreis Osnabrück) die Römer- und Germanentage statt. An diesem Ort soll es im Jahre 9 n. Chr. zur sogenannten „Varusschlacht" gekommen sein, in der eine Koalition aus germanischen Gruppen ein römisches Heer unter dem Befehlshaber Varus vernichtend schlug.

Koloniale Architektur an der Uferpromenade von Shanghai.
Foto vom 10. August 2008.
Nach Ende des ersten Opiumkrieges 1842 mussten die Chinesen den Hafen Shanghais für den Handel mit Europa, später auch für die USA und Japan, öffnen. Die ausländischen Mächte prägten das Stadtbild bis heute.

Lateinunterricht an einem Bremer Gymnasium.
Foto vom 27. Januar 2006.
Im Schuljahr 2017/18 lernten in Deutschland laut Statistischem Bundesamt 613 755 Schülerinnen und Schüler Latein als Fremdsprache.

2. Wechselwirkungen und Anpassungsprozesse

Kein politisches, wirtschaftliches oder gesellschaftliches System ist von Dauer. Das lehrt uns die Geschichte. Wenn sich jedoch Strukturen ändern, müssen wir uns anpassen. Gleichzeitig beeinflusst unser Verhalten die weitere Entwicklung dieser Strukturen. Das muss nicht immer negativ sein, denn Wechselwirkungen und Anpassungsprozesse haben auch ihre guten Seiten. Denken wir an den kulturellen Austausch, an neue Handelsbeziehungen oder private Bekanntschaften. Ob Migration oder Flucht, Imperialismus oder Wettstreit, immer treffen unterschiedliche Menschen und Systeme aufeinander. Wir müssen lernen, mit dem Ungewohnten umzugehen, und im ständigen Miteinander neue Wege des Zusammenlebens finden. Dies ist ein langfristiger Prozess, der, soll er gelingen, sowohl Toleranz als auch Geduld und Flexibilität erfordert.

Kompetenzen

Am Ende des zweiten Rahmenthemas sollten Sie Folgendes können:

… Formen der Begegnung von unterschiedlichen Kulturen sowie die Auswirkungen von Inklusion und Exklusion untersuchen und beschreiben.

… Identitätsaufbau und -wandel von Gruppen sowie die in ihnen zum Ausdruck kommenden Mentalitäten und Weltbilder untersuchen.

… historische Transformationsprozesse analysieren sowie ihre wechselseitigen Auswirkungen beurteilen.

… das Gefüge von Gruppeninteressen, ökonomischen Entscheidungen und Strukturen sowie deren Auswirkungen auf Mensch und Umwelt erläutern und beurteilen.

… sich mit unterschiedlichen Ansätzen zur Deutung historischer Anpassungs- und Transformationsprozesse auseinandersetzen.

… Werturteile aus der Geschichte der eigenen und fremder Kulturen reflektieren sowie unterschiedliche Geschichtsbilder überprüfen.

Was wissen und können Sie schon?

Bilden Sie Kleingruppen und bearbeiten Sie die Bildmaterialien auf der linken Seite:

1. Beschreiben Sie in wenigen Worten die drei Fotos: Wer oder was ist dargestellt? Was wird thematisiert?
2. Arbeiten Sie heraus, inwiefern die Bildinhalte die Auswirkungen der Begegnung von Kulturen repräsentieren.
3. Suchen Sie weitere Beispiele für Wechselwirkungen und Anpassungsprozesse in der Geschichte. Fertigen Sie eine Tabelle an, in der Sie den Verlauf und die Ergebnisse stichpunktartig festhalten.
4. Vergleichen und ergänzen Sie anschließend Ihre Tabelle im Kurs.

2.1 Kernmodul: Kulturkontakt und Kulturkonflikt

Kulturkontakt | Theorien zum Kulturkontakt gehen davon aus, dass jeder Mensch einer bestimmten Kultur bzw. einem Kulturkreis angehört. Die Menschheitsgeschichte lässt sich entsprechend als eine Abfolge von Kontakten verschiedener Kulturen betrachten. In unterschiedlichem Maße haben Kulturen in der Geschichte dabei offenbar den Antrieb und die Mittel, sich auszubreiten und so andere Kulturen zu beeinflussen. So lässt sich z. B. die Geschichte des Römischen Reiches als „Romanisierung"[1] der Mittelmeerwelt beschreiben. Die im späten Mittelalter einsetzende europäische Expansion nach Amerika, Afrika und Asien kann man als einen langen Prozess der „Europäisierung" der Welt verstehen. Und die Zeit nach dem Zweiten Weltkrieg könnte man als eine maßgeblich von den USA dominierte Phase der „Verwestlichung" der Welt interpretieren.

Allerdings betont die Wissenschaft auch, dass Kulturkontakte niemals nur in eine Richtung verlaufen: Kultur wird nicht einseitig „übertragen", sondern es gibt stets wechselseitige Beeinflussung und Vermischung (Akkulturation). Im Zuge der Romanisierung der Mittelmeerwelt veränderte sich also auch das Römische Reich, und der Kontakt mit außereuropäischen Kulturen hat auch Europa seit dem 15./16. Jahrhundert erheblich beeinflusst. Ebenso haben sich die USA durch ihre dominierende Rolle in der Welt stark verändert. Sinnvoll könnte es daher sein, von einer ununterbrochenen Geschichte des kulturellen Austausches zu sprechen. Das bedeutet dann auch, dass es keine unveränderlichen und „reinen" Kulturen gibt. Kulturen wären immer das Ergebnis von Kulturkontakten und stets im Wandel begriffen.[2] Am Beispiel der europäischen Expansion hat der Historiker *Urs Bitterli* (*1935) eine entsprechende Theorie der Kulturbegegnung entwickelt (→M1), deren Grundgedanken sich auf andere historische Epochen und Prozesse übertragen lassen.

Kulturkonflikt | Andere Wissenschaftler betonen stärker die Bedeutung eigenständiger Kulturen sowie das Konfliktpotenzial zwischen ihnen. So stellte der Politikwissenschaftler *Samuel P. Huntington* (1927 – 2008) die These auf, dass es in der Welt verschiedene Kulturkreise gebe, die für die Identität und das politische Handeln der Menschen von großer Bedeutung seien. Trotz der zunehmenden weltweiten Kontakte und Verflechtungen bewahrten diese Kulturkreise ihre Besonderheiten und stünden häufig in Konkurrenz zueinander. Insbesondere die USA und der Westen müssten dabei ihre Kultur gegen China und den Islam verteidigen (→M2).

Die Völkerwanderung: Akkulturation, Ethnogenese und Transformation | Ein historisches Beispiel für Kulturkontakt und Kulturkonflikt ist die Zeit der Völkerwanderung im Europa des 4. bis 6. Jahrhunderts: Die Nordgrenze des Römischen Reiches bildete eine Kontaktzone zu den sogenannten „Barbaren", insbesondere zu germanischen Gruppen. Hier fand ein Austausch von Personen, Waren, Ideen und Technologien statt (→M3). In der Folge bildeten sich neue kulturelle Gruppen mit eigenen Identitäten heraus (Ethnogenese) (→M4). Diese „Völker" gliederten sich friedlich und auch gewaltsam ins Römische Reich ein, wobei Wanderungsbewegungen eine wichtige Rolle spielten[3]. Die Kontakte und Konflikte zwischen Römern und Barbaren veränderten dann Kultur und Identität der Zuwanderer wie auch das Römische Reich nachhaltig (→M5). In der Wissenschaft umstritten ist dabei, ob man diese Veränderungen eher als Transformation oder als Untergang des Römischen Reiches interpretieren sollte.[4]

---

[1] Lesen Sie über den Prozess der Romanisierung das Wahlmodul auf den Seiten 88 bis 109.
[2] Vgl. dazu das Kernmodul „Transformationsprozesse" auf den Seiten 14 bis 17.
[3] Zu „Migration" siehe das gleichnamige Kernmodul auf den Seiten 18 bis 23.
[4] Mit dieser Diskussion beschäftigt sich das Kapitel „Geschichte kontrovers: Die Völkerwanderung – Ursache für den Untergang des Römischen Reiches?" auf der Seite 84 f.

Kulturkontakt und Kulturkonflikt

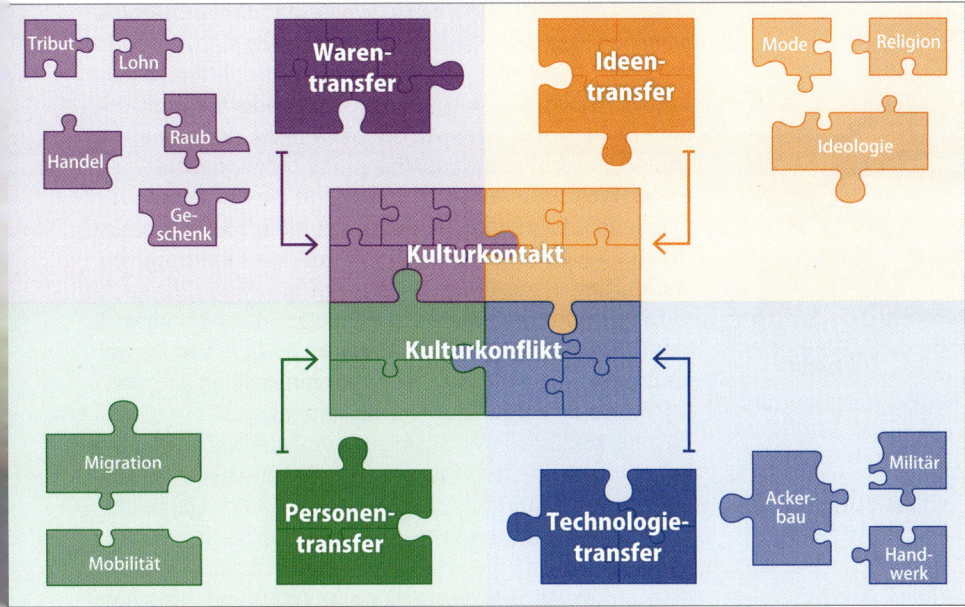

Bereiche des Kulturkontaktes / Kulturkonfliktes.

Schaubild nach: Matthias Knaut und Dieter Quast (Hrsg.), Die Völkerwanderung. Europa zwischen Antike und Mittelalter, Stuttgart 2005, S. 18

▶ Erklären Sie das Schaubild mit eigenen Worten.

▶ **Gruppenarbeit:** Diskutieren Sie in Gruppen Beispiele für die unterschiedlichen Bereiche des Kulturkontaktes / Kulturkonfliktes zwischen Einzelpersonen, Gruppen und Gesellschaften.

M1 Wie Kulturen einander begegnen

Der Schweizer Historiker Urs Bitterli unterscheidet am Beispiel der europäischen Expansion ab dem 15. Jahrhundert verschiedene Formen der Kulturbegegnung:

Unter Kulturberührung verstehen wir das in seiner Dauer begrenzte erstmalige oder mit großen Unterbrüchen erfolgende Zusammentreffen einer kleinen Gruppe von Reisenden mit Vertretern einer geschlossenen archaischen Bevöl-
5 kerungsgruppe, wie es besonders den Charakter der frühen Entdeckungsfahrten bestimmt. [...] Solche Zusammentreffen hatten für beide Teile sowohl den Reiz wie die Bedrohlichkeit des Neuen und Überraschenden. [...]
Zum Kulturkontakt kam es in solchen Fällen, wenn die
10 rückwärtigen Verbindungen zum Mutterland sich sichern und ausbauen ließen und sich andererseits aus der ersten Berührung ein dauerhaftes Verhältnis wechselseitiger Beziehungen zur Eingeborenenbevölkerung ergab, ohne dass Landnahme und Kolonisation von europäischer Seite beab-
15 sichtigt gewesen wären. [...]
Kulturberührung und Kulturkontakt blieben bis zum Ende des achtzehnten Jahrhunderts die häufigsten Formen der kulturellen Begegnung zwischen Zivilisierten und Eingeborenen in Übersee. Wenn diese Begegnung einen besonders
20 aggressiven Charakter gewann und die Europäer sich entschlossen, ihre militärisch-technische Überlegenheit mehr oder weniger rücksichtslos so lange einzusetzen, bis die Eingeborenen entweder ausgerot-
25 tet, in unwegsames Hinterland zurückgetrieben oder aber derart unterjocht waren, dass sie ihr kulturelles Eigenleben einem weite Daseinsbereiche er-
30 fassenden Abhängigkeitsverhältnis aufzuopfern hatten, wird man von einem Kulturzusammenstoß sprechen müssen. [...]
35 Im Unterschied zu den bereits beschriebenen Formen der kulturellen Begegnung setzen Akkulturation[1] und vor allem Kulturverflechtung ein länger
40 dauerndes Zusammenleben und Zusammenwirken von Bevölkerungsgruppen verschiedener Kulturen im selben geografischen Raum voraus. Während in der Beziehung, die wir als Kulturkontakt bezeichnet haben, Aspekte des Handels oder der Mission in der Regel im Vor-
45 dergrund stehen und die Permanenz des gegenseitigen Verhältnisses nicht so sehr durch Ansiedlung und Fortpflanzung der einen Partnergruppe, als vielmehr durch die laufende Ablösung ihrer Vertreter durch Neuankömmlinge gesichert wird, vollzieht sich besonders die Kulturverflechtung vor
50 dem Hintergrund einer intensiven gesellschaftlichen Durchdringung. Diese Durchdringung tritt dann an die Stelle des historisch häufiger zu beobachtenden Kulturzusammenstoßes, wenn sich zwischen zwei oder mehreren Kulturen die zwingende Notwendigkeit zur existenzsichernden Zusam-
55 menarbeit und das Bewusstsein einer verpflichtenden Aufeinanderangewiesenheit ergibt.

Urs Bitterli, Die „Wilden" und die „Zivilisierten". Grundzüge einer Geistes- und Kulturgeschichte der europäisch-überseeischen Begegnung, München ²1991, S. 81, 95, 130 und 161

---

1. **Präsentation:** Beschreiben Sie die von Urs Bitterli genannten Formen der Kulturbegegnung. Notieren Sie dazu die jeweiligen Merkmale in einem Schaubild. | **F**
2. Überprüfen Sie anhand eines selbst gewählten historischen Beispieles, inwiefern die von Bitterli genannten Formen der Kulturbegegnung sich anwenden lassen.
3. Entwickeln Sie anhand Ihrer eigenen Erfahrung und der historischen Darstellungen in diesem Lehrbuch eigene Definitionen für Formen der Kulturbegegnung.

---

[1] **Akkulturation:** kultureller Anpassungsprozess

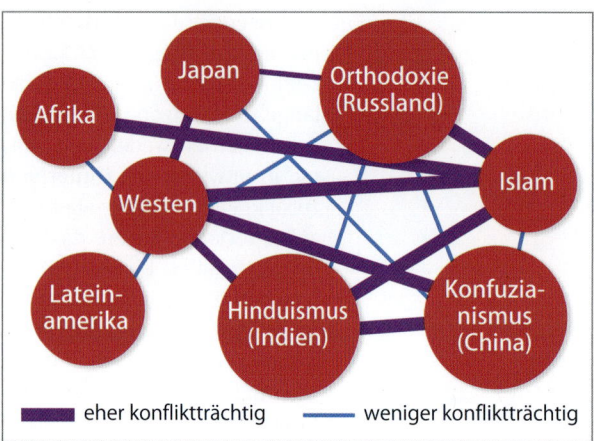

Kulturkreise nach Huntington.

Schaubild nach: Samuel P. Huntington, Kampf der Kulturen. Die Neugestaltung der Weltpolitik im 21. Jahrhundert, übersetzt von Holger Fliessbach, München ¹⁰2002, S. 398

M2 Kulturkonflikt

In seinem 1996 erschienenen Buch „The Clash of Civilizations and the Remaking of World Order" äußert sich der amerikanische Politikwissenschaftler Samuel P. Huntington über die Bedeutung und das Verhältnis von Kulturen und Kulturkreisen:

In der Welt nach dem Kalten Krieg sind die wichtigsten Unterscheidungen zwischen Völkern nicht mehr ideologischer[1], politischer oder ökonomischer Art. Sie sind kultureller Art. Völker und Nationen versuchen heute, die elementarste Frage zu beantworten, vor der Menschen stehen können: Wer sind wir? Und sie beantworten diese Frage in der traditionellen Weise, in der Menschen sie immer beantwortet haben: durch Rückbezug auf die Dinge, die ihnen am meisten bedeuten. Die Menschen definieren sich über Herkunft, Religion, Sprache, Geschichte, Werte, Sitten und Gebräuche, Institutionen. Sie identifizieren sich mit kulturellen Gruppen: Stämmen, ethnischen Gruppen, religiösen Gemeinschaften, Nationen und, auf weitester Ebene, Kulturkreisen. Menschen benutzen Politik nicht nur dazu, ihre Interessen zu fördern, sondern auch dazu, ihre Identität zu definieren. Wir wissen, wer wir sind, wenn wir wissen, wer wir nicht sind und gegen wen wir sind. [...]

Weltpolitik wird heute nach Maßgabe von Kulturen und Kulturkreisen umgestaltet. In dieser Welt werden die hartnäckigsten, wichtigsten und gefährlichsten Konflikte nicht zwischen sozialen Klassen, Reichen und Armen oder anderen ökonomisch definierten Gruppen stattfinden, sondern zwischen Völkern, die unterschiedlichen kulturellen Einheiten angehören. Innerhalb der einzelnen Kulturkreise werden Stammeskriege und ethnische Konflikte auftreten. Die Gewalt zwischen Staaten und Gruppen aus unterschiedlichen Kulturkreisen jedoch trägt den Keim der Eskalation in sich, da andere Staaten und Gruppen aus diesem Kulturkreis ihren „Bruderländern" (*kin countries*) zu Hilfe eilen werden. [...]

In der Welt nach dem Kalten Krieg ist die Kultur eine zugleich polarisierende und einigende Kraft. Menschen, die durch Ideologien getrennt, aber durch eine Kultur geeint waren, finden zusammen [...]. Gesellschaften, die durch Ideologie oder historische Umstände geeint, aber kulturell vielfältig waren, fallen [...] auseinander [...]. Länder mit kulturellen Affinitäten kooperieren miteinander auf wirtschaftlichem und politischem Gebiet. [...]

Die philosophischen Voraussetzungen, Grundwerte, sozialen Beziehungen, Sitten und allgemeinen Weltanschauungen differieren von Kulturkreis zu Kulturkreis erheblich. Die Revitalisierung der Religion in weiten Teilen der Welt verstärkt diese kulturellen Unterschiede. Kulturen können sich verändern, und die Art ihrer Auswirkung auf Politik und Wirtschaft kann von Epoche zu Epoche variieren. Gleichwohl wurzeln die wesentlichen Unterschiede in der politischen und wirtschaftlichen Entwicklung der Kulturkreise eindeutig in ihren unterschiedlichen kulturellen Grundlagen. [...]

Der Westen ist und bleibt auf Jahre hinaus der mächtigste Kulturkreis der Erde. Gleichwohl geht seine Macht in Relation zur Macht anderer Kulturkreise zurück. In dem Maße, wie der Westen versucht, seine Werte zu behaupten und seine Interessen zu schützen, sind nichtwestliche Gesellschaften mit einer Alternative konfrontiert. Einige versuchen, den Westen nachzuahmen und sich dem Westen anzuschließen, „mitzuhalten". Andere [...] versuchen, ihre wirtschaftliche und militärische Macht auszuweiten, um dem Westen zu widerstehen, „dagegenzuhalten". Eine zentrale Achse der Weltpolitik nach dem Kalten Krieg ist daher die Interaktion der westlichen Macht und Kultur mit der Macht und Kultur nichtwestlicher Gruppierungen.

Samuel P. Huntington, a.a.O., S. 21–28

---

[1] **ideologisch** > **Ideologie**: feste Weltanschauung einer sozialen Gruppe oder Organisation

---

1. Geben Sie mit eigenen Worten die Thesen von Samuel P. Huntington wieder.
2. **Gruppenarbeit:** Bilden Sie Gruppen. Suchen und analysieren Sie historische und aktuelle Beispiele, die entweder die Argumentation von Huntington stützen oder sie infrage stellen könnten. Nutzen Sie dabei auch das Schaubild.
3. Vergleichen Sie Huntingtons Vorstellungen von abgeschlossenen und weitgehend stabilen Kulturkreisen mit den Überlegungen von Mischa Meier zur Völkerwanderung (M4).
4. Vergleichen Sie Huntingtons Vorstellungen vom Verhältnis der Kulturen mit der Theorie der Kulturbegegnung von Urs Bitterli (M1).

M3 Kulturkontakt zwischen Annäherung und Abgrenzung

*Der Historiker Jürgen Osterhammel (*1952) entwirft ein Modell, wie Kulturen an ihren Grenzen mit anderen Kulturen umgehen:*

Eine Kultur erreicht dort ihre Grenze, wo die ihr eigentümlichen Regeln und Symbole die Lebensführung und die Weltbilder der Menschen nicht länger bestimmen. [...] Die kulturelle Grenze trennt vom Fremden. Sie ist meist eine
5 Zone des Übergangs, manchmal eine scharfe Linie. Kulturen unterscheiden sich zu bestimmten Zeitpunkten durch das Maß an Schroffheit, mit dem sie sich vom Fremden abgrenzen, durch ihre Exklusivität. [...] Kulturen variieren in den Kriterien, nach denen sie Fremdes vorzugsweise
10 definieren – religiös als Unglauben oder Ketzerei, säkular-zivilisatorisch als Barbarentum, biologisch als rassische Minderwertigkeit usw. Sie unterscheiden sich in der Intensität der Widerstände, die sie dem Eintritt Fremder in den eigenen zivilisatorischen Kreis entgegensetzen [...].
15 Schließlich lassen Kulturen in unterschiedlichem Maß Übergänge, Zwischenzustände, Ambivalenzen oder mehrfache Identitäten zu.

An einer kulturellen Grenze kommt es [...] zu Grenzverhalten: zu Abgrenzungspraktiken oder umgekehrt zur Verrin-
20 gerung einer zunächst großen Distanz. Gesellschaften steht dabei ein Grundrepertoire des Umgangs mit dem Fremden zur Verfügung:

1. seine *Inklusion* (oder Integration): das friedliche, mit keinem Bekehrungs- oder Anpassungsdruck verbundene
25 Hineinnehmen des Fremden, wie es ist, unter Sicherung seiner Rechtssphäre: gastfreundliche Aufnahme, strukturelle (nicht unbedingt auch gesinnungsmäßige) Toleranz, ethnisch-kultureller Pluralismus[1];
2. seine *Akkomodation*: die Herausbildung eines auf
30 gegenseitigem Nutzen beruhenden „modus vivendi" zwischen selbstständig bleibenden Gruppen, die sich lernend aufeinander einstellen, aber ihre jeweilige Identität im Kern nicht aufgeben;
3. seine *Assimilierung*: die Angleichung des Fremden an
35 das Eigene bis mitunter hin zur Auflösung einer eigenen Identität der Fremdgruppe: religiöse Missionierung, weltliche Zivilisierung – nicht immer mit gewaltlosen Mitteln;
4. seine *Exklusion*: die Abschottung der eigenen Gesell-
40 schaft durch Abwehr von Fremden, obrigkeitliche Schließung der Grenzen [...], scharfe ausländerrechtliche und fremdenpolizeiliche Maßnahmen, Immigrationskontrollen;
5. seine *Segregation*: die Ausgrenzung des Fremden, seine
45 Isolierung von der einheimischen Umwelt – typischerweise unter Bedingungen rechtlicher und materieller Benachteiligung: also Vertreibung, Zwangsumsiedlung, Gettoisierung[2], Apartheid[3], Einrichtung von Reservaten usw., manchmal aber in konfliktmildernder Absicht die Einkapselung des Fremden, z. B. in Handelsenklaven
50 [...], die zum beiderseitigen Vorteil den Austausch zwischen inkompatiblen Wirtschaftskulturen ermöglichen;
6. seine *Extermination*: durch Pogrome[4] und Genozid[5] [...], aber auch – schwächer – Kulturzerstörung durch radikale Zwangsassimilation oder durch Entzug der
55 Chancen für kulturelle Reproduktion der Gruppe [...].

Jede dieser Formen kann im Übrigen eine reflexive Note erhalten, also Selbst-Integration, Selbst-Assimilierung, auch Selbst-Abkapselung als Schutz vor einer feindseligen Umwelt. [...]
60

Welche der Möglichkeiten des Umgangs mit dem Fremden an der kulturellen Grenze in einem besonderen Fall in Erscheinung tritt, welche also in Verhalten, Handeln oder gar Politik umgesetzt wird, hängt von einer Vielzahl von Faktoren ab, zunächst zwischen den demografischen Proportionen
65 zwischen Selbst- und Fremdgruppe und von den inneren Dispositionen[6] der Gruppe, derjenigen Gruppe, die mit dem Fremden umgeht. Wichtig ist daneben die Art der Kontaktsituation, vornehmlich die Machtverteilung, die in ihr manifest wird.
70

Jürgen Osterhammel, Kulturelle Grenzen in der Expansion Europas, in: Saeculum 46/1995, S. 101–138, hier: S. 118–122

---

1. Geben Sie die unterschiedlichen Formen des Umgangs mit dem Fremden nach Jürgen Osterhammel mit eigenen Worten wieder.

2. Suchen und erläutern Sie historische und aktuelle Beispiele für die Formen des Umgangs mit dem Fremden nach Osterhammel.

3. Vergleichen Sie die Formen des Umgangs mit dem Fremden nach Jürgen Osterhammel mit den Typen des Kulturkontakts nach Urs Bitterli (M1). Inwiefern entwickelt Osterhammel die Theorie von Bitterli weiter?

4. Der amerikanische Psychologe John W. Berry schlägt ein eigenes Modell mit vier Formen der Akkulturation vor. Recherchieren Sie das Modell von Berry und vergleichen Sie es mit dem Modell von Osterhammel.

---

[1] **Pluralismus**: Vielfalt
[2] **Gettoisierung** > **Getto**: abgetrenntes Wohngebiet für Minderheiten, z. B. Immigranten
[3] **Apartheid**: staatlich festgelegte Rassentrennung
[4] **Pogrom**: Ausschreitungen gegen religiöse oder ethnische Minderheiten
[5] **Genozid**: Völkermord
[6] **Dispositionen**: Haltungen, Einstellungen

M4 „Völker" und Ethnogenese

*Der Althistoriker Mischa Meier (*1971) beschreibt die handelnden Gruppen und ihre Entstehung in der Völkerwanderungszeit:*

Heute wissen wir sehr gut, dass die romantische Vorstellung von Völkern als handelnden, überzeitlich existenten Einheiten jeglichem empirischen[1] Befund widerspricht. Völker sind keineswegs homogene, unveränderliche Entitäten[2],
5 sondern höchst instabile soziale Gebilde, die permanenten Transformationsprozessen ausgesetzt sind, vorwiegend durch politische Klammern definiert werden und deren Zusammenhalt auf komplexen Identitätsbildungsprozessen beruht, die allenfalls in der Lage sind, temporäre Kohärenz-
10 suggestionen[3] zu erzeugen.

Bereits das römische Kaiserreich selbst, ein gewaltiges Gebilde, das sich geografisch von Britannien bis in die Sahara, vom heutigen Portugal bis zum Zweistromland erstreckte, ließe sich als Vielvölkerstaat beschreiben, der
15 nie zu vollständiger innerer Homogenität gelangt ist. Seine Kohärenz gewann es vor allem als fest gefügte politische Einheit, die durch Faktoren wie das gemeinsame Bürgerrecht, einen übergreifenden Kaiserkult, eine für alle Reichsbewohner verbindliche Gesetzgebung, aber auch
20 durch weichere Aspekte wie etwa die Bedeutung des Lateinischen als Verwaltungs- und Militärsprache, weiträumige infrastrukturelle Maßnahmen sowie die Implementierung[4] der römischen Stadtkultur beziehungsweise des *Roman way of life* in den meisten Provinzen gewährleistet wurde.
25 Ein Bewohner Britanniens durfte sich dadurch ebenso als römischer Bürger fühlen wie ein Syrer, Ägypter oder eben auch ein Einwohner der Stadt Rom. Mit einem konventionellen Volksbegriff lässt sich dieses Konglomerat[5] nicht annähernd beschreiben. […]

30 Mittlerweile geht man mehrheitlich davon aus, dass es im *Barbaricum*[6] selbst im Verlauf der römischen Kaiserzeit – also seit dem 1. Jahrhundert – zu komplexen gesellschaftlichen Veränderungen und Ausdifferenzierungsprozessen gekommen ist, die im Ergebnis zur Ausformung (Ethno-
35 genese) größerer, schlagkräftiger Verbände geführt haben […]. Ihre Entwicklung kam freilich nicht an einem bestimmten Punkt zum Stillstand, vielmehr waren sie als hochdynamische, geradezu fluide Gebilde durch Abspaltungen, Zuzug aus verschiedenen Richtungen, durch Neudefinitionen im
40 Zusammenhang permanenter Identitätsbildungsprozesse, durch Kriegsverluste, Verträge, Königserhebungen und so weiter kontinuierlichen Veränderungen unterworfen. […] Auf diese Weise etablierten sich langsam neue, differenzierte soziale Strukturen im *Barbaricum*, was wiederum vielfach Spannungen und sozialen Stress auslöste, der Bug-
45 wellen verursachte, die im Laufe der Zeit auch die römischen Grenzen erreichten – teilweise auch in Form von Migrationen. Eine Schicht ambitionierter, wagemutiger Krieger und entsprechender Führungspersonen bildete sich heraus […]. Diese Krieger konstituierten das Substrat[7],
50 aus dem sich zunächst kleinere Raubgruppen und schließlich jene größeren Verbände herausbildeten, die seit dem 3. und 4. Jahrhundert den Druck auf die römischen Grenzen erhöhten. Äußere Impulsverstärker wie die Attacken der Hunnen konnten hinzutreten. Aber die entscheidenden
55 Veränderungen, die sich im *Barbaricum* vollzogen und damit überhaupt erst die Grundlagen für das „Völkerwanderungs"-Geschehen bereiteten, sind offenbar in hohem Maße von der römischen Seite selbst eingeleitet worden.

Mischa Meier, Die „Völkerwanderung", in: Aus Politik und Zeitgeschichte (APuZ) 26–27/2016, S. 3–10, hier S. 4 f. und 7 f.

---

1. Fassen Sie zusammen, was Mischa Meier zufolge in der modernen Forschung für „Völker" charakteristisch ist.
2. Erklären Sie, was man nach Mischa Meier unter „Ethnogenese" versteht. Führen Sie eine eigene Recherche durch und ergänzen Sie Ihre Definition des Begriffes. | H
3. Erörtern Sie, inwiefern sich der Prozess der Ethnogenese als Kulturbegegnung im Sinne Bitterlis (M1) kennzeichnen lässt.

M5 Kontakt und Identität

*Der österreichische Historiker Walter Pohl (*1953) beschreibt die Kontakte zwischen Barbaren und Römern und die sich daraus ergebenden Folgen:*

Die Anziehungskraft Roms musste die barbarischen Gesellschaften verändern, auch wenn darüber aus schriftlichen Quellen fast nichts zu erfahren ist. Dennoch wussten viele dort mehr oder weniger Bescheid über die Verhältnisse in
5 römischen Provinzen und über das Funktionieren der römischen Macht. […] Man wusste zum Beispiel in der Regel, wann ein günstiger Zeitpunkt für einen Plünderungszug war. Auch die Schwächen des römischen Systems blieben sicherlich nicht unbekannt.

Gerade die Grenzgebiete an Rhein und Donau waren in der
10 Spätantike keine Randzonen, sondern Verdichtungsgebiete einer wenn auch nicht in allem klassischen *Romanitas*[8], deren Außenwirkung beträchtlich war. Keine Kultur zuvor hatte derart vielfältige und wirksame Repräsentationsfor-

---

[1] **empirisch:** auf Erfahrung, Beobachtung beruhend
[2] **Entität:** Einheit
[3] **Kohärenz:** Zusammenhalt; **Suggestion:** die absichtliche Beeinflussung einer Vorstellung
[4] **Implementierung:** Einführung
[5] **Konglomerat:** Gemisch
[6] **Barbaricum:** die nicht von den Römern besetzten Gebiete nördlich von Rhein und Donau
[7] **Substrat:** Grundlage
[8] **Romanitas:** die römische Kultur und Lebensweise

men der Macht entwickelt. Dass die Chancen auf Reichtum, Prestige und Karriere in der römischen Armee die Möglichkeiten in barbarischen Gemeinschaften weit überstiegen, liegt nahe. Durch den Kontakt zum Imperium stieg wohl auch das Gewicht barbarischer Krieger in ihren Gesellschaften, innere Spannungen wuchsen. Andererseits wanderten vermutlich lange Zeit die aktivsten und ehrgeizigsten jungen Männer aus. [...]

Ab 375 wurde es die Regel, dass einmal eingewanderte Gruppen versuchten, auf Reichsboden zu bleiben und dazu ein Abkommen, *foedus*, mit den Römern zu schließen. Der politische ebenso wie der rechtliche und der administrative Rahmen solcher Ansiedlungen war aber umso prekärer, je mehr die Einwanderer ihre Geschlossenheit zu bewahren versuchten und eigene Führungsstrukturen entwickelten. Typisch bei West- wie Ostgoten, bei Vandalen oder Burgundern war der Wechsel zwischen Bündnis und Krieg, zwischen Drohgebärden und Verhandlungen, zwischen Kämpfen an Seite der Römer und Plünderungen in römischen Provinzen. Im Ergebnis entstanden so unter Ausnutzung der römischen Infrastruktur, zunehmend autonome Machtzentren auf römischem Boden. [...]

Diese Reichsgründungen gelangen freilich nur um den Preis schwerer Konflikte innerhalb und zwischen den verschiedenen Barbarenvölkern. Die meisten großen Entscheidungsschlachten der Völkerwanderungszeit wurden dementsprechend nicht zwischen Römern und Barbaren geschlagen, sondern zwischen verschiedenen römisch-barbarischen Allianzen oder zwischen barbarischen Rivalen. [...] Ein „Kampf der Zivilisationen" war die Völkerwanderungszeit nicht; zu sehr waren einander die Konkurrenten im Kampf um die Macht ähnlich geworden.

Für die Barbaren, die ihre Heimat verließen und in fremder (wenn auch nicht ganz unbekannter) Umgebung der römischen Provinzen ihren Platz suchten, muss damit eine Identitätskrise verbunden gewesen sein. Das gilt sowohl für Individuen als auch für Völker. Die Völker bewahrten zumeist ihren Namen, der sozusagen ihr symbolisches Kapital darstellte, ihr Prestige als Krieger und ihre Zugehörigkeit zu einem erfolgreichen Verband unterstrich. Dennoch bezeichnete der Name nun in römischer Umgebung etwas anderes: Goten waren nun diejenigen, die innerhalb einer römischen Verwaltung die *libertas Gothorum*, die gotische Freiheit, als Privileg genossen; sie lebten als Minderheit in römisch gebliebener Umgebung. Die Zusammensetzung der Völker änderte sich ebenfalls grundlegend, und dieser Prozess setzte sich während des Frühmittelalters fort, als die Mehrheit der Bevölkerung allmählich den Namen der neuen Herren annahm, während diese ihre Sprache und viele Bräuche aufgaben.

Walter Pohl, Die Völkerwanderung. Wandlungen und Wahrnehmungen, in: Matthias Knaut und Dieter Quast (Hrsg.), a.a.O., S. 20–25, hier S. 23 f.

---

1. Fassen Sie Walter Pohls Ausführungen über die Kontakte zwischen Römern und Barbaren zusammen.

2. Erklären Sie, wie diese Kontakte die Identitäten von Barbaren und Römern veränderten. | H

3. Setzen Sie Pohls Ausführungen zur Völkerwanderungszeit in Beziehung zu Bitterlis Thesen zur Kulturbegegnung (M1). | H

4. Analysieren Sie, inwieweit die Völkerwanderung als ein Kulturkonflikt im Sinne Huntingtons (M2) verstanden werden kann.

2.2 Kernmodul: Transformationsprozesse

Wechselspiel von Wandel und Kontinuität | Geschichte handelt von Wandel und Kontinuität. Die Beschäftigung mit der Vergangenheit steht daher immer vor der Frage, wie das gleichzeitige Sich-Verändern und Gleichbleiben beschrieben und erklärt werden kann. Dies ist auch der Hintergrund vieler historischer Debatten, wenn z. B. danach gefragt wird, ob der Nationalsozialismus ein Bruch in der deutschen Geschichte war oder in der Kontinuität langfristiger Entwicklungen stand. Häufig laufen solche Diskussionen darauf hinaus, die Frage nach Wandel und Kontinuität weniger allgemein zu stellen, sondern vielmehr einzelne Bereiche der Geschichte zu betrachten. Eine radikale Veränderung des politischen Systems muss keine Veränderung der sozialen Schichtung bedeuten. Der Ausgang eines Krieges mag die internationalen Machtverhältnisse beeinflussen; aber hat er zwingenderweise auch Konsequenzen für die Geschlechtergeschichte?

Für die wissenschaftliche Auseinandersetzung mit Wandel und Kontinuität ist vor allem der französische Historiker *Fernand Braudel* (1902–1985) von großer Bedeutung. In seinem 1949 erschienenen und 1966 grundlegend überarbeiteten Werk über „Das Mittelmeer und die mediterrane Welt in der Epoche Philipps II." unterschied er zwischen drei verschiedenen Zeitebenen: „Strukturen" mit einer „langen Dauer" (*longue durée*) von mehreren Jahrhunderten, „Konjunkturen" mit einer mittleren Dauer von einigen Jahrzehnten und kurzfristigen „Ereignissen" (→M1). Seit Braudel ist somit klar, dass historische Zeit relativ ist und von den Themen, die uns beschäftigen, abhängt.

Fernand Braudel zählte zu einer Gruppe französischer Historiker, die der „Schule der Annales" („Ecole des Annales") angehören. Sie ist eine bedeutende, über mehrere Generationen wirkende Historikerschule, die Methoden aus der Soziologie und der Geografie für die Geschichtswissenschaft nutzbar macht und auch Disziplinen wie Psychologie, Linguistik und Wirtschaftswissenschaften einbezieht. Die „Ecole des Annales" beschäftigt sich u. a. auch mit der Erforschung der Kultur- und Mentalitätsgeschichte. Ihr Name leitet sich von der seit 1929 erscheinenden geschichtswissenschaftlichen Zeitschrift „Annales" (franz.: „Chronik") ab.

Zahlreiche Schlüsselbegriffe der Geschichte bezeichnen Veränderungen unterschiedlichster Natur. Dazu gehören u. a. Begriffe wie Revolution, Reform und Krise, aber auch Industrialisierung, Urbanisierung und Europäisierung sowie Expansion, Kolonisation oder Romanisierung. „Transformation" (lat. transformare: umgestalten, verwandeln) bezieht sich ähnlich wie der Begriff „Revolution" nicht auf eine konkrete historische Entwicklung. Er ist vielmehr ein Oberbegriff, der tief greifende Veränderungen (Trans-Formierungen) bezeichnet. Sprechen wir von Transformationsprozessen, so meinen wir also nicht eine langsame Veränderung eines bestimmten Aspekts einer Gesellschaft, sondern wir beziehen uns auf einen Wandel, durch den grundlegende Strukturen einer Gesellschaft innerhalb eines überschaubaren Zeitraums verändert werden. Einer der wichtigsten Begriffe, um solche Veränderungen der letzten Jahrhunderte zu beschreiben, ist „Modernisierung" (→M2). Denn Modernisierung bezieht sich nicht auf einen Teilaspekt des Wandels (in der Politik oder Wirtschaft), sondern auf alle Bereiche menschlichen Lebens (einschließlich der Wertvorstellungen und Weltanschauungen). Gegen die Modernisierungstheorien ist in den letzten Jahren eingewandt worden, sie seien zu stark auf Europa ausgerichtet und berücksichtigten nicht die Rolle Lateinamerikas, Afrikas und Asiens. Daher gewann der Begriff „Globalisierung" an Bedeutung, da man hofft, mit ihm die weltweiten Verflechtungen der Veränderungen der letzten Jahrzehnte und Jahrhunderte besser beschreiben zu können (→M3).

M1 „Geschichte in mehrere Etagen [...] zerlegen"

Der Historiker Fernand Braudel entwickelt in der Mitte des 20. Jahrhunderts die Vorstellung verschiedener Zeitebenen. Im Vorwort zu seinem Werk „Das Mittelmeer und die mediterrane Welt in der Epoche Philipps II." schreibt er:

Dieses Buch zerfällt in drei Teile, von denen jeder den Versuch einer Gesamterklärung unternimmt.

Der erste führt eine gleichsam unbewegte Geschichte vor, die des Menschen in seinen Beziehungen zum umgebenden Milieu; eine träge dahinfließende Geschichte, die nur langsame Wandlungen kennt, in der die Dinge beharrlich wiederkehren und die Kreisläufe immer wieder neu beginnen. Diese fast außer der Zeit liegende, dem Unbelebten benachbarte Geschichte wollte ich weder vernachlässigen noch sie, wie es traditionell in so vielen Büchern geschieht, als nutzlose geografische Einführung an die Schwelle der eigentlichen Darstellung verbannen: jene Geschichte mit ihren mineralischen Landschaften, Äckern und Blumen, die man rasch vorzeigt und von der dann nie mehr die Rede ist, als ob die Blumen nicht in jedem Frühling wiederkämen, als ob die Herden in ihren Wanderungen innehielten, als ob die Schiffe nicht auf einem realen Meer segeln müssten, das sich mit den Jahreszeiten verändert.

Oberhalb dieser unbewegten Geschichte lässt sich eine Geschichte langsamer Rhythmen ausmachen; man möchte fast sagen – wäre dem Ausdruck sein voller Sinn nicht verloren gegangen – eine soziale Geschichte, die der Gruppen und Gruppierungen. Wie diese Grundsee das mediterrane Leben als Ganzes aufwühlt, das ist die Frage, die ich mir im zweiten Teil meines Buches gestellt habe. Dort werden nacheinander die Ökonomien, die Staaten, die Gesellschaften und die Zivilisationen untersucht; und damit mein Verständnis der Geschichte deutlicher wird, versuchte ich schließlich zu zeigen, wie all diese aus der Tiefe wirkenden Kräfte im komplexen Bereich des Krieges am Werk sind. Denn der Krieg ist, wie wir wissen, keine reine Domäne individueller Verantwortlichkeiten.

Der dritte Teil endlich ist der der traditionellen Geschichte; wenn man so will, der Geschichte nicht im Maßstab des Menschen, sondern des Individuums; der Ereignisgeschichte [...]. Eine ruhelos wogende Oberfläche, vom Strom der Gezeiten heftig erregte Wellen. Eine Geschichte kurzer, rascher und nervöser Schwankungen. Überempfindlich, wie sie ist, versetzt der geringste Schritt all ihre Messinstrumente in Alarm. So ist sie von allen die leidenschaftlichste, menschlich reichste, doch die gefährlichste auch. Misstrauen wir dieser Geschichte, deren Glut noch nicht abgekühlt ist, der Geschichte, wie sie die Zeitgenossen im Rhythmus ihres Lebens – das kurz war wie das unsere – empfunden, beschrieben, erlebt haben. Sie hat die Ausmaße ihres Zorns, ihrer Träume und ihrer Illusionen. Im 16. Jahrhundert folgt der eigentlichen Renaissance die Renaissance der Armen, Bescheidenen, die begierig sind zu schreiben, von sich zu erzählen, zu den anderen zu sprechen. Diese kostbaren Berge von Papier geben ein ziemlich verzerrtes Bild, verdecken die verlorene Zeit, stehen außerhalb der Wahrheit. Der Historiker, der die Papiere Philipps II.[1] liest, gleichsam an seinem Platz und an seiner Stelle, fühlt sich in eine bizarre, dimensionslose Welt versetzt. Eine Welt heftiger Leidenschaften, gewiss; blind wie jede lebendige Welt, wie die unsere, unbekümmert um die geschichtlichen Tiefen, um jene lebhaften Gewässer, auf denen unser Boot dahinzieht wie das trunkenste aller Schiffe. Eine gefährliche Welt, deren Zauber wir jedoch gebannt haben werden, sobald wir die großen, lautlosen Strömungen in der Tiefe erkennen, deren Richtung sich nur feststellen lässt, wenn man große Zeiträume umfasst. Die dröhnenden Ereignisse sind oft nur Augenblicke, nur Erscheinungen jener großen Schicksale und erklären sich nur aus diesen. So sind wir dahin gelangt, die Geschichte in mehrere Etagen zu zerlegen oder, wenn man will, in der Zeit der Geschichte eine geografische, eine soziale und eine individuelle Zeit zu unterscheiden.

Fernand Braudel. Foto vom 1. Oktober 1984.

Fernand Braudel, Das Mittelmeer und die mediterrane Welt in der Epoche Philipps II., Bd. 1, Frankfurt am Main ²2001, S. 20 f.

1. Fassen Sie die Thesen von Fernand Braudel zu den verschiedenen historischen Zeitebenen mit eigenen Worten zusammen. | F
2. Erläutern Sie die Aussagen Braudels anhand eines selbst gewählten historischen Beispiels.
3. Erörtern Sie, inwiefern der Klimawandel in Braudels Vorstellungen von Geschichte zu integrieren ist.

---

[1] Philipp II. (1527–1598): seit 1556 König von Spanien, seit 1580 auch König von Portugal

M2 Modernisierungstheorie

Der Historiker Hans-Ulrich Wehler (1931–2014) erläutert den Begriff „Modernisierung", indem er die Vorstellungen anderer Wissenschaftler darlegt, und begründet den Vorteil einer „historischen Modernisierungstheorie":

Modernisierung sei ein revolutionärer, unausweichlicher, irreversibler, globaler, komplexer, systemischer, langwieriger, aber in Phasen unterteilbarer, tendenziell homogenisierender und – last not least – progressiver Prozess. In diesem Modernisierungsprozess setzten sich angeblich vor allem sechs Subprozesse durch:

1. Wirtschaftliches Wachstum als eine kumulative Dauerbewegung industrieller Expansion; sie soll hier nicht weiter verfolgt werden.

2. „Strukturelle Differenzierung", wie sie Herbert Spencer oder vor ihm Adam Smith als Basisaxiom[1] entwickelt hat. Aus dem alteuropäischen „ganzen Haus" gliedert sich eine zunehmend arbeitsteilige Wirtschaft, aus Herrschaft als individueller Verfügungsgewalt über einen Personenverband die überindividuelle Staatsorganisation eines Territoriums, aus dem öffentlichen Leben die bürgerliche Privat- und Intimsphäre aus. Auf einer Integrationsebene müssen dann, ganz à la Spencer, die Differenzierungen wieder vermittelt werden, etwa im Konsens über allgemein akzeptierte Werte.

3. Wertewandel, z. B. [...] als Übergang von partikularistischen, diffusen, unspezifischen zu universalistischen, funktional spezifizierten Wertemustern, die in Sozialisationsprozessen verinnerlicht und handlungsleitend werden.

4. Mobilisierung. Sie wird verstanden als Erzeugung von räumlicher und sozialer Mobilität, aber auch als Erhöhung der Erwartungen (kulturelle Mobilisierung, Revolution of Rising Expectations) und als Verfügbarmachung von Ressourcen und Mitteln.

5. Partizipation. Je komplizierter die Differenzierung, umso mehr – so der Gedankengang – seien Vermittlungsmechanismen erforderlich, die Teilnahme unabweisbar machen. Und je erfolgreicher die Mobilisierung von Ressourcen sei, umso wichtiger würden Entscheidungsgremien, in denen zur Legitimierung von Präferenzentscheidungen Mitwirkung notwendig werde.

6. Institutionalisierung von Konflikten. Um die Tradition ungeregelter Konflikte überwinden zu können, die noch im 19. Jahrhundert (z. B. im Konflikt zwischen Kapital und Arbeit) tendenziell an die Grenze des Bürgerkrieges führen konnten, sei eine Vermeidungsstrategie erforderlich, die Konflikte dadurch einhegt, dass sie organisations- und verfahrensabhängig gemacht werden. Der gezähmte Konflikt kann fortab zum konfliktimitierenden Ritual werden, bei dem Drohgebärde und Imponiergehabe die potenziell systemsprengende Wirkung ersetzen (Tarifkonflikt).

Den Hauptgewinn des Modernisierungsprozesses sehen viele Theoretiker [...] in der anwachsenden Herrschaft des Menschen über seine natürliche und soziale Umwelt, anders gesagt: in der anhaltenden Ausweitung der Steuerungs- und Leistungskapazitäten. [...]

[...] Die historische Modernisierungstheorie trägt dazu bei:
a) die Voraussetzungen für den epochalen Einschnitt im ausgehenden 18. Jahrhundert weiter zu klären,
b) die Zäsur, den Durchbruch der „Moderne" genauer zu bestimmen,
c) die Folgewirkungen im Okzident und dann für die Welt, die Epoche der Modernisierung präziser als bisher zu analysieren. In diesem Sinn beansprucht sie tendenziell, die moderne Epoche allmählich auf eine adäquate historische Theorie zu bringen. Sie begreift mithin, um es zu wiederholen, Modernisierung als einen auf ganz spezifischen Ausgangskonstellationen beruhenden „bestimmten Typ des sozialen Wandels, der im 18. Jahrhundert eingesetzt hat ..., der seinen Ursprung hat in der englischen Industriellen Revolution ... und in der politischen Französischen (und Amerikanischen) Revolution; er besteht im wirtschaftlichen und politischen Vorgang einiger Pioniergesellschaften und den darauf folgenden Wandlungsprozessen der Nachzügler"; diese stehen vor dem Problem, „ihre historisch überkommene Struktur und ihre typischen Spannungen (einschließlich des Impulses zur Modernisierung) mit den Einwirkungen der von außen kommenden Ideen und Techniken in einen Zusammenhang zu bringen" [Reinhard Bendix].

[...] Für die Analyse dieses okzidentalen Modernisierungsprozesses bietet die historische Modernisierungstheorie mit der Summe aller ihrer Überlegungen und Begriffe, Theoreme[2] und Ergebnisse das zurzeit wahrscheinlich differenzierteste Instrumentarium an.

Hans-Ulrich Wehler, Modernisierungstheorie und Geschichte, Göttingen 1975, S. 16f. und 59

---

1. Geben Sie wieder, was Hans-Ulrich Wehler unter „Modernisierung" und unter „Modernisierungstheorie" versteht.

2. Erklären Sie, warum der Begriff „Modernisierung" mehr umfasst als z. B. der Begriff „Industrialisierung".

3. Überprüfen Sie, ob sich Braudels Vorstellungen von Zeit (M1) in dem von Wehler beschriebenen Begriff der „Modernisierung" finden.

---

[1] **Axiom:** Grundsatz, der keines Beweises bedarf

[2] **Theorem:** Lehrsatz

M3 Globalisierung

Die Historiker Jürgen Osterhammel (*1952) und Niels P. Petersson (*1968) erläutern den Begriff „Globalisierung":

„Globalisierung" scheint sich schon von der Wortform her für einen Platz unter den Makroprozessen der modernen Welt zu qualifizieren. Man muss den Begriff nicht gleich auf die oberste Ebene, also direkt neben (oder gar über) „Modernisierung", stellen und in der zunehmenden Verdichtung ferner Zusammenhänge das Hauptmerkmal der Weltentwicklung sehen. Es genügt zu fragen, ob „Globalisierung" möglicherweise so aussagekräftig und so wichtig sein könnte wie etwa „Industrialisierung". Das wäre schon eine ganze Menge und würde das Deutungsrepertoire der Geschichtswissenschaft deutlich bereichern. Es wäre umso willkommener, als sich keine der oben genannten „Jerungen" auf Zusammenhänge zwischen Völkern, Staaten und Zivilisationen bezieht. Sie alle machen sich im nationalen und regionalen Rahmen bemerkbar und werden auch auf diese Weise wissenschaftlich untersucht. Sollte „Globalisierung" sich einen Rang unter den großen Entwicklungsbegriffen verdienen, dann wäre damit endlich eine breite Lücke gefüllt. Es gäbe dann eine Stelle, an der alles Inter-Kontinentale, Inter-Nationale, Inter-Kulturelle (usw.) untergebracht werden könnte, das gegenwärtig zwischen den etablierten „Diskursen" der Historiker heimatlos herumvagabundiert.

Dass aber überhaupt eine solche Lücke existiert, liefert uns den Ausgangspunkt für die folgenden Überlegungen. Wir schlagen nicht vor, die bisherige Geschichtsschreibung in Bausch und Bogen zu verwerfen, und hüten uns vor dem albernen Anspruch, die Geschichte der Neuzeit als eine der Globalisierung neu schreiben zu wollen. Wir werden vielmehr versuchen, aus der *Perspektive* von Globalisierung einen neuen Blick auf die Vergangenheit zu werfen. Man kann es auch anders sagen: Dass viele Aspekte unseres Daseins heute nur noch im Zusammenhang weltweiter Verflechtungen verstanden werden können, ist ein Gemeinplatz. Haben solche Verflechtungen aber nicht auch in der Vergangenheit eine größere Rolle gespielt, als es im gängigen Geschichtsbild zum Ausdruck kommt? Welcher Art waren diese Verflechtungen, wie funktionierten sie, und summierten sie sich wirklich zu einem Prozess eigenen Charakters, der es rechtfertigt, den neu geschaffenen Begriff der „Globalisierung" dafür zu verwenden? Schließlich: Wenn sich die letzte Frage bejahen lässt – kann man dann eine Zeitenwende gegen Ende des 20. Jahrhunderts identifizieren, an der Globalisierungstendenzen so dramatisch und dominant wurden, dass man es wagen kann, von einer tiefen Zäsur, also dem Beginn einer neuen Epoche zu sprechen, eines „globalen Zeitalters" (Martin Albrow), einer „Zweiten Moderne" (Ulrich Beck, Anthony Giddens) oder welches Etikett man auch immer wählen mag?

Jürgen Osterhammel und Niels P. Petersson, Geschichte der Globalisierung. Dimensionen. Prozesse. Epochen, München 2003, S. 9f.

1. Charakterisieren Sie den Begriff „Globalisierung" nach Jürgen Osterhammel und Niels P. Petersson.

2. Erläutern Sie, was Osterhammel und Petersson mit der „oberste[n] Ebene" (vgl. Zeile 4) meinen und wie sich in ihrer Darstellung „Globalisierung" dazu verhält.

3. Nehmen Sie dazu Stellung, ob die „Globalisierung" heute etwas grundlegend Neues ist. | H

2.3 Kernmodul: Migration

Emigration und Immigration | Migration (lat. migrare: wandern) ist die längerfristige oder dauerhafte Verlagerung des Lebensmittelpunktes von einem Ort zu einem anderen. Dabei ist es nicht von entscheidender Bedeutung, dass eine große Entfernung überbrückt wird. Wichtig ist vielmehr, dass eine politische, soziale, geografische oder kulturelle Grenze überschritten wird. Die Abwanderung aus der alten Heimat wird als Emigration, die dauerhafte Zuwanderung in die neue Heimat als Immigration bezeichnet.

Push- und Pull-Faktoren | Die Gründe für menschliche Wanderungsbewegungen sind vielfältig: Menschen wandern ab, weil sie von Armut, Hunger, Kriegen oder Naturkatastrophen bedroht sind. Oder sie werden aufgrund ihrer Abstammung, Religion, Nationalität, politischen Überzeugung oder sexuellen Orientierung benachteiligt und verfolgt. Die Motive, die Menschen dazu bewegen, abzuwandern, werden auch Push-Faktoren genannt. Als Pull-Faktoren werden die Gründe bezeichnet, aus denen Migranten in ein ganz bestimmtes Zielgebiet zuwandern, z. B. mehr Freiheit, bessere Lebensbedingungen, größere Karrierechancen (→M2 und M3). Eine wichtige Rolle für Migrationsprozesse spielen Wissen und Netzwerke der Migranten: Informationen über Zielregionen und Kontakte zu bereits dorthin Gewanderten bestimmen maßgeblich, ob, wohin und wie Menschen migrieren (→M4). Wenn Menschen gezwungen werden, räumlich mobil zu werden, spricht man von Zwangs- oder Gewaltmigration: Versklavung, Deportation, Vertreibung, Umsiedlung und Flucht sind Typen solcher erzwungenen Wanderungsbewegungen.

Migration in Geschichte und Gegenwart | Migrationen hat es zu allen Zeiten der Geschichte gegeben: Die Menschen waren und sind mobil (→M1). Während der Völkerwanderungszeit (375–568) strebten Germanen und andere „Barbaren" nach Zuwanderung ins Römische Reich, um dort Siedlungs- und Herrschaftsgebiete zu finden oder um in römischen Diensten Karriere zu machen (→M4 und M5). Im 19. Jahrhundert führte eine umfangreiche europäische Massenauswanderung 50 bis 60 Millionen Europäer auf andere Kontinente. Zur Zeit der stalinistischen und nationalsozialistischen Diktaturen sowie nach dem Zweiten Weltkrieg kam es zu millionenfacher erzwungener Migration in Europa. In den 1950er- und 60er-Jahren warb die Bundesrepublik Deutschland Millionen von „Gastarbeitern" vor allem aus der Türkei, Italien, Spanien und Griechenland an. Seit einigen Jahren kommen vermehrt Menschen aus Afrika und dem Nahen Osten nach Europa: Die europäischen Staaten versuchen, diese Migration zu kontrollieren und zu steuern. Dabei gelten besondere Regelungen für Flüchtlinge, deren Leben oder Freiheit in ihrer Heimat bedroht ist. In Deutschland wird seit 2015 kontrovers darüber diskutiert, ob diese Zuwanderung notwendig und nützlich ist oder ob sie zu viele Probleme mit sich bringt.

Akkulturation und Integration | Mit Migration gehen immer auch Kulturkontakte und Neuorientierung einher.[1] Aber auch Konflikte und Ängste können damit verbunden sein. Denn Migranten werden von der Kultur der Aufnahmegesellschaft, in die sie kommen, verändert, und verändern diese ebenfalls (Akkulturation) (→M2). Im Laufe der Geschichte waren es häufig Migranten, die neue Ideen und Technologien mitbrachten und so die Entwicklung ihrer neuen Heimat positiv vorantrieben (→M1). Die Eingliederung von Migranten gilt als gelungen, wenn sie keine soziale Sonderstellung in der Aufnahmegesellschaft einnehmen.

Internettipp
Umfassende Informationen zum Thema bietet auch das Dossier „Migration" der Bundeszentrale für politische Bildung. Sie finden es unter dem Code 32202-01.

---

[1] Sehen Sie hierzu das Kernmodul „Kulturkontakt und Kulturkonflikt" auf den Seiten 8 bis 13.

Germanen während der Völkerwanderungszeit.
Holzstich von 1880 nach Zeichnung von Otto Knille (1832–1898). Spätere Kolorierung.

Auswanderung über See.
Holzstich von 1870. Das Bild zeigt das Zwischendeck eines Auswandererschiffes im 19. Jh.

▶ Charakterisieren Sie die Formen von Migration, die in den Bildern dargestellt werden. Nutzen Sie dazu auch M1 bis M3.

M1 Mobilität als „Wesenseigenheit" des Menschen

Der italienische Demograf und Politiker Massimo Livi Bacci (*1936) skizziert Geschichte und Bedeutung menschlicher Migration:

Sich räumlich zu bewegen ist eine „Wesenseigenheit" des Menschen, ein Bestandteil seines „Kapitals", eine zusätzliche Fähigkeit, um seine Lebensumstände zu verbessern. Es ist diese tief im Menschen verwurzelte Eigenschaft, die das
5 Überleben der Jäger und Sammler, die Verbreitung der menschlichen Spezies über die Kontinente, die Verbreitung des Ackerbaus, die Besiedlung leerer Räume, die Integration der Welt und die erste Globalisierung im 19. Jahrhundert ermöglichte. Dieselbe Eigenschaft lässt sich auch er-
10 klären als „Anpassungsfähigkeit" des Migranten, auf Englisch *fitness* genannt. Diese *fitness* – ein Gemisch biologischer, psychologischer und kultureller Eigenschaften – war in den verschiedenen historischen Epochen und den Umständen der Migration entsprechend nicht immer von
15 derselben Art. [...]
Mit der Entstehung von Staatswesen und den daraus folgenden internationalen Migrationen entwickelte sich dann auch eine „Migrationspolitik". Dabei griff die Regierung, entweder ein weltlicher Fürst oder mächtige Institutionen,
20 ein, um die Migrationsströme zu steuern, zu planen, im Voraus zu ordnen und zu unterstützen. Die Politik entzieht den beteiligten Personen einiges ihrer Entscheidungsfreiheit, ob viel oder wenig, ist situationsabhängig. Sie glaubt, besser als die Einzelpersonen beurteilen zu können, über
25 welche Art von Anpassungsfähigkeit der Migrant angesichts der Umstände verfügen muss. Manchmal trifft sie Vorkehrungen, welche die Anpassungsfähigkeit des Migranten „verbessern" sollen, indem sie ihm die notwendigen Ressourcen und Kenntnisse oder besondere Vorrechte mitgibt. [...]
30 Mit der Neuzeit nehmen, noch vor der industriellen Revolution, die Fähigkeiten zur räumlichen Bewegung zu: Die Ressourcen vermehren, die Techniken verbessern, die Infrastrukturen konsolidieren sich. Binnenländische und internationale Migrationssysteme werden geschaffen. Die
35 Schifffahrt verbindet Eurasien, Afrika und Amerika eng miteinander. Von 1500 an exportiert Europa Humanressourcen, nachdem es jahrtausendelang Ziel von Einwanderungen und Invasionen gewesen war. Der Wille und die Fähigkeit der Staaten, auf die individuellen Entscheidungen
40 der Mobilität Einfluss zu nehmen, steigern sich. Die Migrationen beschleunigen ihren Rhythmus, der sich im 19. Jahrhundert überstürzt [...].
Das vorige Jahrhundert war vom Ersten Weltkrieg bis heute geprägt von einer widersprüchlichen Politik, von der
45 Schockwirkung der großen Kriege auf den Ortswechsel der Menschen, von der Trennung des europäischen Ostens vom Rest Europas, von der Umkehrung des migratorischen Zyklus – das exportierende Europa beginnt wieder zu importieren –, vom tief greifenden Einfluss des demografi-
50 schen Zyklus.
In der letzten Zeit wurde die Migrationspolitik restriktiver und selektiver, während sich der Druck aus demografischen und ökonomischen Ursachen, die durch die Kluft zwischen Nord und Süd erzeugt wurden, vermehrte. Die
55 Vorrechte der Migranten werden schwächer. Die Migratio-

nen werden empfunden als ein Tribut, der dem demografischen Wandel zu entrichten ist, als ein Heilmittel gegen die Engpässe des Arbeitsmarktes, als ein zu behebender Notstand, als eine unmittelbar bevorstehende Gefahr. [...] Die Interessenkonflikte zwischen den Herkunftsländern, den Aufnahmeländern sowie den Migranten, den wahren Protagonisten[1], waren noch nie so evident wie heute. [...] Doch besteht gerade ein wachsender Bedarf an einer Kooperation [...], wenn die widerstreitenden Interessen ausgeglichen werden sollen und wenn man den Migrationen ihre positive Funktion in der Entwicklung von Gesellschaften wiedergeben will.

Massimo Livi Bacci, Kurze Geschichte der Migration, übersetzt von Marianne Schneider, Berlin 2015, S. 8–10

---

1. Arbeiten Sie historische Phasen der menschlichen Migration nach Massimo Livi Bacci heraus. | H

2. Erklären Sie, inwieweit Mobilität nach Bacci ein wichtiges „Kapital" des Menschen ist. Welche Arten von „fitness" könnten dabei von Nutzen sein?

3. Erläutern Sie, was man unter „Migrationspolitik" versteht. Welche migrationspolitischen Regelungen gelten aktuell in Deutschland?

4. Bacci schreibt Migrationen eine „positive Funktion in der Entwicklung von Gesellschaften" (vgl. Zeile 67) zu. Setzen Sie sich mit dieser These auseinander.

M2 Migration und Integration

Der Historiker Jochen Oltmer (*1965) benennt zentrale Merkmale von Migration und Integration:

Migrationen sind räumliche Bewegungen von Menschen. Jedoch wird keineswegs jede dieser Bewegungen als Migration verstanden, touristische Unternehmungen, Reisen oder das tägliche Pendeln zwischen Wohn- und Arbeitsort etwa zählen nicht dazu. Gemeint sind vielmehr jene Formen regionaler Mobilität, die weitreichende Konsequenzen für die Lebensverläufe der Wandernden haben und aus denen sozialer Wandel resultiert. Migration kann das Überschreiten politisch-territorialer Grenzen bedeuten. Aber auch räumliche Bewegungen innerhalb eines staatlichen Gebildes lassen sich als Migration fassen; denn selbst sie können es erfordern, dass Migranten sich mit wirtschaftlichen Gegebenheiten und Ordnungen, kulturellen Mustern sowie gesellschaftlichen Normen und Strukturen auseinandersetzen, die sich zum Teil erheblich von denen des Herkunftsortes unterscheiden. Migration kann unidirektional eine Bewegung von einem Ort zu einem anderen meinen, umfasst aber nicht selten auch Zwischenziele, die häufig dem Erwerb von Mitteln zur Weiterreise dienen. Fluktuation, beispielsweise zirkuläre Bewegung oder Rückwanderung, bildete immer ein zentrales Element von Migration. Die dauerhafte Ansiedlung andernorts stellt also nur eines der möglichen Ergebnisse von Wanderungsbewegungen dar. [...]

Der Prozess der Migration bleibt grundsätzlich ergebnisoffen, denn das Wanderungsergebnis entspricht bei Weitem nicht immer der Wanderungsintention: Eine geplante Rückkehr wird aufgeschoben, die Ferne schließlich zur Heimat, und die alte Heimat erscheint fern. Räumliche Bewegungen werden abgebrochen, weil bereits ein zunächst nur als Zwischenstation gedachter Ort unverhofft neue Chancen bietet. Umgekehrt kann sich das geplante Ziel als ungeeignet oder wenig attraktiv erweisen, woraus eine Weiterwanderung resultiert. Zudem vermag der Erfolg im Zielgebiet die Rückkehr in die Heimat möglich oder der Misserfolg sie nötig machen. [...]

Migrationsentscheidungen unterliegen in der Regel multiplen Antrieben. Meist sind wirtschaftliche, soziale, politische, religiöse und persönliche Motive in unterschiedlichen Konstellationen mit je verschiedenem Gewicht eng miteinander verflochten. Hoffnungen und Erwartungen hinsichtlich einer Verbesserung der Situation nach der Abwanderung können dabei immer auch Enttäuschungen über die individuelle Lage in der Herkunftsgesellschaft widerspiegeln. Sieht man von den Gewaltmigrationen ab, streben Migranten danach, durch den temporären oder dauerhaften Aufenthalt andernorts Erwerbs- oder Siedlungsmöglichkeiten, Arbeitsmarkt-, Bildungs-, Ausbildungs- oder Heiratschancen zu verbessern und sich neue Chancen durch eigene Initiative zu erschließen. Die räumliche Bewegung soll ihnen zu vermehrter Handlungsmacht verhelfen. [...]

In der historischen Lebenswirklichkeit war Integration weder für die Zuwanderer noch für die Mehrheitsbevölkerung *ein* Globalereignis *der* Anpassung an *eine* Gesellschaft. Integration bedeutet vielmehr das langwährende, durch Kooperation und Konflikt geprägte Aushandeln von Chancen der ökonomischen, politischen, religiösen oder rechtlichen Teilhabe. Sie wird von Individuen, Gruppen oder Organisationen in der Zuwanderer- wie in der Mehrheitsbevölkerung in ihren je verschiedenen Stadien unterschiedlich wahrgenommen und vermittelt. Die lange Dauer des Prozesses bedingt, dass er zugleich Teil eines mehr oder minder tief greifenden Wandels von Wirtschaft und Gesellschaft, Politik und Kultur im Ankunftsraum ist. Dabei verblassen als distinkt[2] verstandene Unterschiede zwischen Einwanderern und länger Eingesessenen in der Wahrnehmung der Einwanderungsgesellschaft immer weiter: ethnische Zugehörigkeit, kulturelle Muster, nationale oder regionale Identitäten, Sprache. [...]

In den Zielländern werden Migranten nicht selten als Konkurrenten um begehrte Ressourcen (etwa Erwerbsmöglich-

---

[1] **Protagonist:** Hauptperson, hauptsächlich Handelnder

[2] **distinkt:** klar und deutlich

keiten, Versorgungsgüter oder Sozialleistungen) wahrgenommen und müssen deshalb mit Ablehnung bis hin zu Hass rechnen. Außerdem gelten sie nicht selten als Gefahr für die innere und äußere Sicherheit und für gesellschaftliche Gewissheiten, wie beispielsweise Vorstellungen über die Homogenität von Bevölkerungen oder Kulturen.

Jochen Oltmer, Migration. Geschichte und Zukunft der Gegenwart, Darmstadt 2017, S. 18–40

1. Geben Sie wieder, wie Jochen Oltmer den Begriff „Migration" erklärt. | H
2. Analysieren Sie Oltmers Definition von Integration.
3. Überprüfen Sie, welche von Oltmers Aussagen sich auf die Ereignisse der Völkerwanderung anwenden lassen.
4. Erörtern Sie Chancen und Herausforderungen von Migration für die Migranten und ihre Zielländer.

M3 Dimensionen von Migration

*Die Sozialgeografin Felicitas Hillmann (*1964) stellt wichtige Dimensionen zur Beschreibung von Migration vor:*

		Merkmal	Ausprägung
Kriterien	räumlich	Distanz	Nahwanderungen, Fernwanderungen, Binnenmigration grenzüberschreitend (international / interkontinental)
		Richtung (= Unterscheidung nach Herkunfts- und Zielregion)	Peripherie – Zentrum, Land – Stadt / Stadt – Land
	zeitlich	Permanent, dauerhaft	Langfristige Verlagerung des Lebensmittelpunkts (i. d. R. länger als ein Jahr)
		Kurzfristig	Zeitlich begrenzter Aufenthalt mit Verlagerung des Lebensmittelpunktes
		Langfristig, aber nicht-permanent	Saisonal (wiederkehrend, episodisch), Tourismus (ohne Veränderung des Lebensmittelpunktes)
Rechtlicher Status		Legal	Unterschiedliche Formen der Aufenthaltsberechtigung, Duldung (z. B. Familiennachzug, anerkannte Flüchtlinge, Asylsuchende, Gastarbeiter, Saisonarbeitnehmer, angeworbene Fachkräfte)
		Illegal	Einwanderer ohne registrierten und gültigen Aufenthaltsstatus / Visum
Motivation: Grad der Freiwilligkeit / des Zwanges		Freiwilligkeit	z. B. Ruhesitzwanderung oder Bildungstourismus (Schüleraustausch, Praktika, Auslandsstudium)
		Unfreiwilligkeit	Gewaltmigration (z. B. Flucht, Vertreibung, Deportation)
Migrationsauslösende Faktoren (i. d. R. Motivbündel)		Ökonomische Faktoren	z. B. Einkommenseinbußen, Verarmung, Verschwinden lokaler und traditioneller Wirtschaftskreisläufe, Nahrungsunsicherheit
		Politische Faktoren	z. B. politische Unruhen, Konflikte, Umsiedlungsmaßnahmen
		Soziale Faktoren	Migrationsnetzwerke, soziale Konflikte
		Psychologische Faktoren	Migrationsmythen, Traum vom besseren Leben
		Kulturelle und religiöse Faktoren	z. B. Verfolgung von Minderheiten, Diskriminierung, Veränderung traditioneller Lebensformen
		Ökologische Faktoren	z. B. Landflucht, Umwelthavarien (z. B. Tschernobyl, Fukushima), Extremwetterlagen (z. B. Dürren, Überschwemmungen)
Umstände der Migranten		Individuelle Merkmale und Merkmale der Familie / des Haushalts	Vermögen und Einkommen, Alter, Geschlecht und Familienstand, Bildung, soziale Vernetzung, Migrationserfahrungen (in der Familie), Gesundheit

Tabelle nach: Felicitas Hillmann, Migration. Eine Einführung aus sozialgeographischer Perspektive, Stuttgart 2016, S. 19

1. Fassen Sie die Dimensionen von Migration nach Felicitas Hillmann in eigenen Worten zusammen.
2. Suchen und analysieren Sie Ihnen bekannte historische und aktuelle Migrationsprozesse mit den von Hillmann genannten Dimensionen.
3. Vergleichen Sie Hillmanns Dimensionen von Migration mit den Merkmalen von Migration nach Jochen Oltmer (M2).

M4 Wanderungen in der Antike

Der Historiker Walter Pohl (*1953) erläutert am Beispiel der Goten Charakter und Gründe von Wanderungen in der Antike:

In historischen Atlanten werden die Wanderwege der Goten, Vandalen oder Langobarden mit bunten Pfeilen markiert, ein verwirrendes Geflecht von Zügen quer durch ganz Europa. Folgt man der Linie der gotischen Wanderung, so beginnt sie in Skandinavien, zumindest aber an der unteren Weichsel, verläuft von dort in die Steppen nördlich des Schwarzen Meers und an der unteren Donau, durchquert dann, mehrfach verschlungen, die Balkanhalbinsel, von wo der Weg der Westgoten durch ganz Italien und Südfrankreich nach Spanien weitergeht. In der Tat haben Goten alle diese Gebiete durchwandert. [...]

Der Charakter dieser Wanderungen war von Fall zu Fall ganz unterschiedlich. Die Bewegung vom unteren Weichselraum und Pommern nach Südosten war [...] wohl eine allmähliche Expansion, in deren Verlauf über einen längeren Zeitraum hinweg ein Großteil der Bevölkerung das ursprüngliche Siedlungsgebiet verließ und sich anderswo ansiedelte; dort vermischten sie sich mit Ortsansässigen, wobei sich ihre Kultur veränderte. Von dort flohen Generationen später größere und kleinere Gruppen binnen recht kurzer Zeit vor den Hunnen über die Donau auf Reichsgebiet. Die Züge auf der Balkanhalbinsel waren zumeist wohlorganisierte Märsche eines gotischen Foederatenheeres[1] auf Befehl des Kaisers (oder in Rebellion gegen ihn). Auch die Wanderungen Alarichs[2] oder Theoderichs[3] waren im Wesentlichen gut geplante Heereszüge, denen sich allerdings aus vielerlei Gründen Kämpfer und Nichtkämpfer, Frauen und Kinder, Sklaven und Abenteurer anschlossen. Vom vertraglich zugewiesenen Herrschaftsgebiet in Südgallien aus besetzten die Goten schrittweise weitere Gebiete in Gallien und Spanien. Erst nach der Aufgabe eines großen Teiles von Gallien unter fränkischem Druck wurde der Siedlungsschwerpunkt auf die iberische Halbinsel verlagert. [...]

Schon in der Antike fragte man sich auch über den Grund der Wanderungen. Typisch antik ist die Vorstellung, dass das kalte Klima besondere Fruchtbarkeit zur Folge hatte und die nördlichen Länder an Überbevölkerung litten. Dazu kam die [...] Ansicht von der Gier der Barbaren nach Gold [...]. Oft wurden Naturkatastrophen oder Missernten als Auslöser einzelner Wanderungen angenommen. Manchmal [...] tritt dazu das Motiv von der Losentscheidung darüber, wer auswandern müsse. Sicherlich waren die barbarischen Gemeinwesen Mangelgesellschaften, die leicht in existenzielle Krisen gerieten. Dazu kamen [...] die Konflikte zwischen einzelnen Barbarengruppen, die die Unterlegenen zur Flucht zwangen. [...]

Ein grundlegender Zusammenhang blieb den antiken [...] Autoren aber weitgehend verborgen, und zwar die gesellschaftlichen Veränderungen, die durch die Expansion Roms [...] in den barbarischen Gemeinschaften ausgelöst wurden. Schon die erste genauer bekannte „Völkerwanderung" in Mitteleuropa, die der Kimbern und Teutonen[4] am Ende des 2. Jahrhunderts v. Chr. war wohl eher ein Aufbruch zu neuen Möglichkeiten als eine Flucht aus unhaltbarer Lage. [...] Dabei ging es nicht darum, [...] neues Ackerland zu erobern, wo man dann in Frieden den Boden bestellen konnte. Zumindest die Kerngruppen wandernder Barbarenheere strebten offenbar danach, mithilfe von stabilen Tributverhältnissen, Sklavenarbeit und Beute ein standesgemäßes Leben als Krieger zu führen. [...]

Doch bot Rom loyalen Barbaren auch zunehmend die Gelegenheit zur Karriere in der römischen Armee. [...] Der Soldatenbedarf Roms löste eine ständige, geregelte Migration ins Imperium aus; manche dieser militärischen „Gastarbeiter" kehrten auch wieder in die Heimat zurück [...]. Dadurch entstanden auch bleibende Verbindungen zwischen einer bestimmten barbarischen Bevölkerungsgruppe und römischen Provinzen [...]. Die moderne Migrationsforschung hat festgestellt, dass Wanderungsbewegungen meist Routen und Kontaktpunkten folgen, die zunächst von wenigen begangen werden. In der Spätantike wurden solche Kontakte zunehmend genutzt, um kurzfristig (etwa in einem Bürgerkrieg) eine größere Zahl von Barbaren zu rekrutieren. Öfters wurde das Wissen um die Verhältnisse in einer Provinz auch von barbarischen Plünderern verwendet, die genaue Informationen über römische Truppenbewegungen erhalten konnten.

Walter Pohl, Die Völkerwanderung. Eroberung und Integration, Stuttgart ²2005, S. 23–29

---

1. Geben Sie wieder, was Walter Pohl am Beispiel der Goten über Ursachen und Arten von Wanderungen in der Antike darlegt.

2. Analysieren Sie, inwieweit sich die von Hillmann genannten Dimensionen von Migration (M3) auf Wanderungen in der Antike anwenden lassen.

3. Erläutern Sie die Bedeutung von Routen und Kontaktpunkten für Migration anhand selbst gewählter Beispiele.

4. Diskutieren Sie, welche Herausforderungen mit der Darstellung von Migrationsbewegungen in Geschichtskarten verbunden sind. Beziehen Sie dazu auch die Karte auf Seite 24 sowie Ihre Erkenntnisse aus dem Methodenkapitel auf Seite 72 f. ein.

---

[1] **Foederatenheer**: Barbarengruppe, die aufgrund eines Vertrages (foedus) in römischen Militärdiensten steht
[2] **Alarich I.** (um 370–410): König der Westgoten ab 394
[3] **Theoderich** (um 453–526): König der Ostgoten 471–526
[4] **Kimbern** und **Teutonen**: germanische Gruppen

M5 Wie viel Wanderung steckt in der „Völkerwanderung"?

*Der Althistoriker Mischa Meier (*1971) erklärt Mobilität und Migration in der Geschichte des Altertums:*

Hatte man bisher außergewöhnlichen Migrationsphänomenen wie der „Völkerwanderung" als Ausnahmeerscheinungen innerhalb der Geschichte des Altertums besondere Aufmerksamkeit gewidmet, so wird inzwischen zunehmend anerkannt, dass Mobilität ein nahezu omnipräsentes[1] Phänomen darstellte – keineswegs eine erklärungsbedürftige, punktuelle Sonderentwicklung, sondern tendenziell der Normalzustand. Menschen waren in Bewegung: räumlich, sozial, kulturell. Migration wiederum, heute definiert als „die auf einen längerfristigen Aufenthalt angelegte räumliche Verlagerung des Lebensmittelpunktes von Individuen, Familien, Gruppen oder auch ganzen Bevölkerungen", stellt innerhalb dieser prinzipiellen Disposition[2] lediglich ein Teilphänomen dar. Es ist während der „Völkerwanderung" weder neu noch begrenzt auf Immigration beziehungsweise Invasion.

Vielmehr konstituierte das Römische Reich bereits seit Jahrhunderten einen Raum für Binnenmigrationen unterschiedlichster Art, und auch Ein- und Auswanderungen sowie ein kontinuierlicher grenzüberschreitender Austausch gehörten selbstverständlich zum Alltag. Denn das Römische Reich übte aufgrund des vergleichsweise hohen Lebensstandards nicht nur eine generelle Anziehungskraft aus, sondern der Zuzug aus dem *Barbaricum*[3] wurde mitunter sogar großzügig gefördert, wenn etwa Mangel an Arbeitskräften und insbesondere an Rekruten herrschte. [...]

Während der „Völkerwanderung" wurden die Römer also keineswegs mit einem grundlegend neuartigen Phänomen konfrontiert. Ungewöhnlich war lediglich die Massivität, mit der in einigen Grenzregionen nunmehr der Druck zunahm (zunächst an Donau und Rhein, später dann auch in anderen Regionen); ungewöhnlich war sodann die Intensität, mit der sich insbesondere seit dem frühen 5. Jahrhundert innere Probleme (Bürgerkriege) mit dem Geschehen an der Peripherie des Reichs vermengten, was zwangsläufig eine beträchtliche Ressourcenverknappung nach sich zog; ungewöhnlich war schließlich auch die Diversität und Variabilität der einzelnen Verbände, mit denen die Römer innerhalb weniger Jahrzehnte konfrontiert wurden und die plötzlich Herausforderungen konstituierten, denen die römische Regierung auch angesichts einer zunehmend angespannten innenpolitischen Lage zumindest im lateinischsprachigen Westen mittelfristig nicht gewachsen war.

All diese Gruppen pauschal unter das Stichwort „Wanderung" zu subsumieren, verwischt allerdings grundlegende Unterschiede und erscheint daher problematisch. Zu unterscheiden sind mindestens die folgenden Gruppen: militärisch schlagkräftige Flüchtlinge wie die Goten, die 376 die Donau überschritten; mobile Armeen mit wachsender ziviler Begleitung und zunehmender Kohärenz[4] wie der Verband, mit dem der [...] Gote Alarich[5] 410 die Stadt Rom eroberte; Großverbände auf der Suche nach Integration in das Römische Reich (so einigte man sich auf eine Ansiedlung von Westgoten in Aquitanien 418/19); Großverbände auf der Suche nach politischer und wirtschaftlicher Autonomie, die etwa den Vandalen 442 in Form eines *regnum*[6] zugestanden wurde; mobile Kriegergruppen in variierenden Aggregatzuständen[7], das heißt Gewaltgemeinschaften wie die gotischen Verbände im Balkanraum; nomadisch geprägte Reiterverbände wie die Hunnen [...].

Diese Liste erhebt keinen Anspruch auf Vollständigkeit; nicht berücksichtigt wurden beispielsweise all die gescheiterten und daher in unseren Zeugnissen nur schemenhaft sichtbaren Gruppen, deren Zahl jedoch nicht unterschätzt werden sollte. [...] Deutlich werden sollte allerdings, dass Migration allein keinen hinreichenden Ansatzpunkt darstellt, um das „Völkerwanderungs"-Geschehen zu erfassen; vielmehr wäre für jeden einzelnen Fall zunächst einmal zu klären, welche Rolle Migration grundsätzlich spielte, in welcher Ausprägung sie erfolgte und welche Konsequenzen sich aus ihr ergeben haben könnten.

Mischa Meier, Die „Völkerwanderung", in: Aus Politik und Zeitgeschichte (APuZ) 26–27/2016, S. 3–10, hier S. 6 f.

---

1. Fassen Sie zusammen, wie Mischa Meier Mobilität und Migration im Altertum erklärt.

2. Vergleichen Sie die Thesen von Mischa Meier mit denen von Walter Pohl (M4).

3. Setzen Sie sich mit der Frage auseinander, wie viel „Wanderung" in der „Völkerwanderung" steckt. | H

---

[1] **omnipräsent:** allgegenwärtig
[2] **Disposition:** Bereitschaft, Veranlagung, „Wesenseigenheit"
[3] **Barbaricum:** die nicht von den Römern besetzten Gebiete nördlich von Rhein und Donau
[4] **Kohärenz:** Zusammenhalt
[5] **Alarich I.** (um 370–410): König der Westgoten ab 394
[6] **regnum:** (lat.) (König-)Reich
[7] **Aggregatzustand:** Erscheinungsform, Zustand

2.4 Pflichtmodul: Die Völkerwanderung

Seit dem 2. Jh. v. Chr. gab es kriegerische und friedliche Begegnungen zwischen Römern und Germanen. Als Folge wurden Germanen als Sklaven, Siedler und Soldaten ins Römische Reich integriert. In Germanien entstanden durch die Kontakte mit Rom ab dem 3. Jh. neue, große Gruppen, die durch Plünderungszüge und Einwanderung am Wohlstand des Imperiums teilhaben wollten. Dabei nutzten sie Schwächephasen und Veränderungen im Römischen Reich und verstärkten diese. Als 375 die Hunnen Europa bedrohten, konnten die Römer die germanische Migration nicht mehr kontrollieren: Auf der Suche nach sicheren Siedlungs- und Herrschaftsgebieten drangen immer mehr Germanen unter ehrgeizigen Anführern dauerhaft ins Reichsgebiet ein. Dort mussten sie einen Ausgleich mit der römischen Bevölkerung finden. Kooperationen und Konflikte zwischen Germanen und Römern transformierten das Reich weiter. Zwischen dem 4. und 6. Jahrhundert entstanden germanisch-römische Königreiche, die das Kaisertum im Westen ablösten und das Europa des Mittelalters prägten.

Das Kapitel beschäftigt sich inhaltlich mit …

- den Kontakten und der wechselseitigen Beeinflussung zwischen Römern und Germanen
- der Bildung neuer germanischer Gruppen
- den Ursachen, Bedingungen und dem Verlauf der Völkerwanderung
- der Rolle von Germanen und Römern bei der Umgestaltung und Auflösung des Römischen Reiches
- der Entstehung von germanischen Reichen und ihrer Entwicklung
- der Darstellung und Deutung der Völkerwanderung von der Antike bis zur Gegenwart

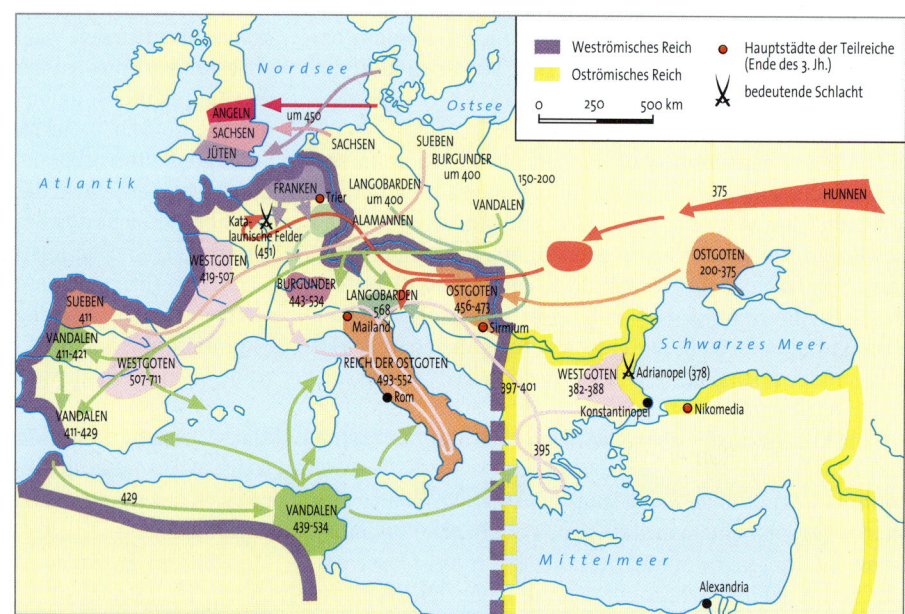

Wanderungen und Reichsgründungen germanischer Gruppen vom 4. bis 6. Jahrhundert.

▶ Analysieren Sie die Karte unter folgenden Fragestellungen:
a) Über welches Thema informiert die Karte?
b) Welchen Raum und welche Zeit stellt sie dar?
c) Zeigt sie einen Zustand oder Entwicklungen?

▶ Fassen Sie auf der Grundlage Ihrer Arbeitsergebnisse zu Aufgabe 1 und Ihres Vorwissens zusammen, was Sie bislang über die Völkerwanderung wissen.

▶ Führen Sie eine Recherche im Internet durch und ergänzen Sie Ihre bisherige Zusammenfassung.

105 v. Chr. Kimbern und Teutonen bedrohen das Röm. Reich, setzen sich nicht durch

ab 233 n. Chr.	Germanen attackieren das Römische Reich an Rhein und Donau: Die Römer geben den Limes als Grenze auf.	**Germanenangriffe und Reichskrise**
235 – 284	Das Römische Reich gerät in eine schwere politische, militärische und wirtschaftliche Krise: Germanen ziehen plündernd bis Spanien, Italien und Griechenland.	
284 – 337	Reformen unter den Kaisern Diokletian und Konstantin stabilisieren das Römische Reich: Die Römer nehmen vermehrt Germanen als Soldaten und Siedler auf.	
375/376	Die Hunnen erreichen aus Asien kommend Europa: Die Wanderungsbewegungen der Germanen verstärken sich. Die Westgoten finden Aufnahme im Römischen Reich.	**Hunneneinfall und germanische Völkerwanderung**
378	Die Westgoten besiegen den römischen Kaiser Valens bei Adrianopel.	
382/**395**	Kaiser Theodosius siedelt die Westgoten auf dem Balkan an und <u>teilt das Römische Reich in ein West- und ein Ostreich.</u>	
395 – 408	Der Germane Stilicho befehligt als Heermeister die römische Armee im Westreich.	
ab 400	Die Römer ziehen sich aus Britannien zurück. Das Land wird von germanischen Angeln, Sachsen und Jüten in Besitz genommen.	
ab 406/407	Die Römer können die Rheingrenze nicht mehr verteidigen: Vandalen, Sueben und Burgunder wandern dauerhaft ins Reich ein.	
410	<u>Die Westgoten erobern die Stadt Rom.</u>	
ab 418	<u>Die Westgoten gründen ein Reich in Südfrankreich.</u>	**Germanische Reiche und Ende des Westreiches**
ab 429	In Nordafrika entsteht das Reich der Vandalen.	
451	Römer und Germanen besiegen gemeinsam die Hunnen in der Schlacht auf den Katalaunischen Feldern.	
455	Die Vandalen plündern Rom.	
476	Der letzte weströmische Kaiser Romulus Augustulus wird vom germanischen Offizier Odoaker abgesetzt – damit endet das Westreich.	
ab 486	Der fränkische König und römische Offizier Chlodwig gründet das Frankenreich in Belgien und Nordfrankreich.	
488	Der oströmische Kaiser Zenon beauftragt den Ostgoten Theoderich, die Herrschaft Odoakers über Italien zu beenden.	
493	Theoderich gründet in Italien das Reich der Ostgoten.	
498	Der Frankenkönig Chlodwig lässt sich katholisch taufen.	
507	Chlodwig und die Franken besiegen die Westgoten. Die Westgoten ziehen sich nach Spanien zurück.	
527 – 565	Der oströmische Kaiser Justinian versucht, die ehemaligen Gebiete des Westreiches wieder unter seine Kontrolle zu bringen.	
534	Das Vandalenreich wird von den Oströmern zerstört.	
552	Das Ostgotenreich wird von den Oströmern erobert.	
568	Die Langobarden ziehen nach Italien und gründen ein Reich.	

Ursachen und Verlauf der Völkerwanderung

Barbaren und Germanen: Die Römer bezeichneten alle Zivilisationen, die sie als unterlegen ansahen, als Barbaren, d. h. wörtlich als unzivilisierte Menschen, die eine unverständliche Sprache sprechen. Dazu gehörten u. a. Kelten, Skythen und Germanen. Der von ihnen bewohnte Raum ist das „Barbaricum". Der Begriff „Germanen" ist eine Sammel- und Fremdbezeichnung der Römer für einen Teil dieser Barbaren, nämlich die nördlich der römischen Grenzen bis zur Nord- und Ostsee lebenden, in eine Vielzahl von Stämmen aufgeteilten Gruppen.

Internettipp
Der Ort der „Varusschlacht" im Teutoburger Wald wird von der Forschung heute in Kalkriese bei Osnabrück lokalisiert. Weitere Informationen finden Sie unter dem Code **32202-02**.

Limes: Der obergermanisch-rätische Limes war die Landgrenze des Römischen Reiches zwischen den Flüssen Rhein und Donau. Er war mit Gräben, Wällen, Mauern und Wachttürmen gesichert.

Foedus (Pl.: foedera): So wurde von den Römern ein Bündnis oder ein Vertrag mit auswärtigen Gruppen bezeichnet. Die Vertragspartner wurden Föderaten genannt. Häufig wurden solche Föderaten in die römische Armee aufgenommen.

Römer und Germanen: eine lange Beziehung | Das erste große Zusammentreffen zwischen Römern und Germanen fand Anfang des 2. Jahrhunderts v. Chr. statt, als die Kimbern und Teutonen aus dem heutigen Dänemark in den Alpenraum vorstießen. Diese waren vermutlich auf der Suche nach neuen Siedlungsgebieten, boten den Römern aber auch ihre Militärdienste an. Nachdem entsprechende Verhandlungen scheiterten, kam es zum militärischen Konflikt: Erst nach mehreren schweren Niederlagen, konnten die Römer die Kimbern und Teutonen schließlich besiegen, als diese bis nach Italien vorzudringen versuchten. Die Fremdartigkeit der germanischen Barbaren und ihre Kampfkraft beeindruckten die Römer nachhaltig.

Mitte des 1. Jahrhunderts v. Chr. dehnte *Gaius Julius Caesar* den römischen Machtbereich auf ganz Gallien (das heutige Frankreich) aus. Dort traf er auch auf Germanen, die als Siedler, Söldner oder auf Raubzügen aus den Gebieten östlich des Rheins gekommen waren. Nachdem Caesar eine große germanische Gruppe unter *Ariovist* aus Gallien vertrieben hatte, erklärte er den Rhein zur Grenze zwischen den unter römischer Herrschaft stehenden Galliern und den Germanen.

Als es trotzdem weiterhin zu germanischen Einfällen nach Gallien kam, versuchten die Römer unter Kaiser *Augustus* ab 16 v. Chr., ihre direkte Herrschaft auf die Siedlungsgebiete der Germanen zwischen Rhein und Elbe auszuweiten. Im Jahre 9 erlitt der römische Feldherr *Varus* dabei im Teutoburger Wald eine katastrophale Niederlage. Aufgrund des militärischen und politischen Widerstandes und weil die germanischen Gebiete wirtschaftlich nicht sehr ertragreich waren, verzichteten die Römer schließlich darauf, das „freie" Germanien als Provinz in ihr Reich einzubeziehen. In der Folge beschränkten sie sich auf die Defensive und die Sicherung der Flüsse Rhein und Donau sowie die Befestigung des Limes als Grenze zu den von zahlreichen kleineren germanischen Stammesgruppen besiedelten Gebieten Mitteleuropas.

Schon lange vor der Völkerwanderung[1] im 4. bis 6. Jahrhundert gab es also Migrationsbewegungen germanischer Gruppen, die von Wohlstand und Kultur der Zivilisationen am Mittelmeer angezogen wurden. Ihre Wanderungen und Vorstöße wurden aber durch die römische Expansion und Grenzsicherung im 1. und 2. Jahrhundert zunächst weitestgehend unterbunden (→ M1).

Römer und Germanen als Nachbarn | Die Grenze zwischen Römern und Germanen war allerdings nicht undurchdringlich, sondern es entwickelten sich fast zwei Jahrhunderte lang weitgehend friedliche Kontakte, die nur gelegentlich durch kriegerische Konflikte unterbrochen wurden.

Die Römer übten weiterhin Einfluss in Germanien aus und waren bestrebt, dort für stabile politische Verhältnisse zu sorgen und Bedrohungen ihrer Grenze zu verhindern. Diesem Ziel dienten Geschenke, Geldzahlungen, Gesandtschaften, der Abschluss von Bündnissen (foedera) und die Verleihung des römischen Bürgerrechts an romfreundliche germanische Anführer. Regelmäßig wurden auch die Kinder vornehmer Germanen als Geiseln im Römischen Reich erzogen und später als Herrscher zu ihren Stämmen zurückgeschickt. Germanen wurden für die römische Armee oder die Leibwache des Kaisers rekrutiert. Nach dem Ende ihrer Dienstzeiten siedelten sie als Veteranen auf römischem Gebiet oder kehrten nach Germanien zurück. Mitunter fanden bereits ganze Gruppen von Germanen als Siedler dauerhaft Aufnahme in römischem Gebiet. Auch ein grenzüberschreitender Waren- und Personenverkehr entwickelte sich.

Als Folge dieser Kontakte wurden die grenznahen germanischen Gebiete mit der Zeit wirtschaftlich und kulturell mit dem Römischen Reich verflochten und die Kenntnisse der Germanen über die sich dort bietenden Möglichkeiten nahmen immer mehr

---

[1] Zur Problematisierung des Begriffes „Völkerwanderung" in der heutigen Forschung siehe Seite 78.

Militärdiplom von 149 n. Chr.
Bei Militärdiplomen handelt es sich um bronzene Urkunden, mit denen nichtrömischen Soldaten bei der ehrenvollen Entlassung nach üblicherweise 25 Jahren Dienst in der römischen Armee das Bürgerrecht und/oder das Recht zur Eheschließung verliehen wurde.

▶ Erläutern Sie, inwieweit die Militärdiplome ein Mittel der Akkulturation und Integration von Barbaren ins Römische Reich waren. Warum könnten die Römer Germanen in ihre Streitkräfte aufgenommen haben?

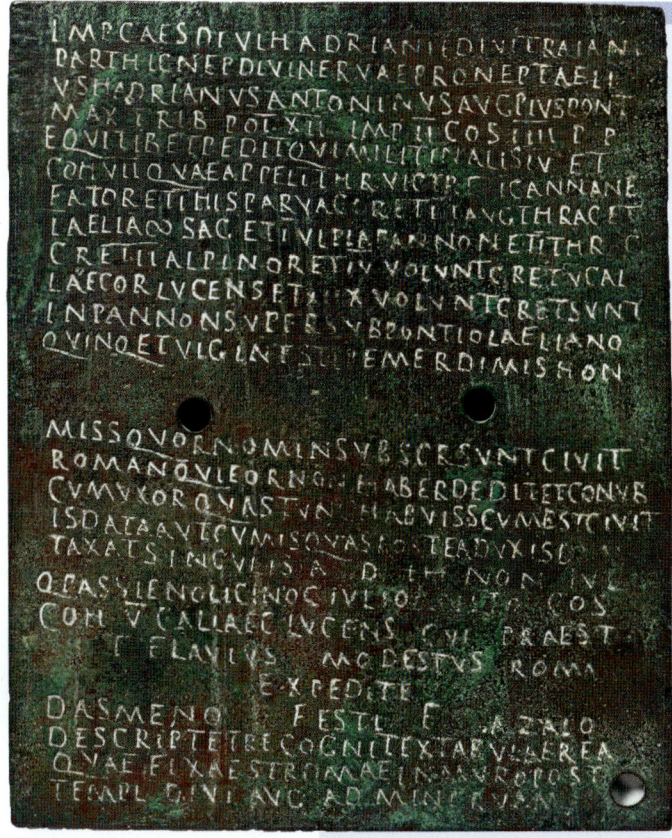

zu. Dies schuf grundsätzlich Anreize und Voraussetzungen für weitere Migration, die zunächst durch eine römische Politik der Abschreckung und kontrollierter Teilhabe der Germanen an den kulturellen und zivilisatorischen Errungenschaften des Reiches bis ins 2. Jahrhundert gut gesteuert werden konnte. In den Jahren 166 bis 182 gab es allerdings erste größere militärische Auseinandersetzungen mit Markomannen und anderen Germanen an der Donau, die auf tief greifende Veränderungen in Germanien hindeuteten.

Wandel durch Kontakt: Rom verändert die Germanen
Der stete Zustrom von Geld und Waren führte zu höherem Wohlstand und sich vergrößernden sozialen Unterschieden bei den Germanen, sodass sich die traditionellen Stammesstrukturen auflösten und sich in den germanischen Oberschichten ehrgeizige neue Führungspersönlichkeiten etablieren konnten. Viele der vormals kleinen germanischen Stammesgruppen schlossen sich unter solchen Anführern zu größeren Verbänden zusammen – so etwa die Franken, Alamannen und Goten.

Dabei handelte es sich nicht um „Völker" mit einer gemeinsamen biologischen Abstammung, Sprache und Kultur, sondern um Zusammenschlüsse von Germanen ganz unterschiedlicher Herkunft, die einem Anführer folgten, von dem sie sich Schutz und Wohlstand versprachen. Durch Kriegszüge und andere gemeinsame Erlebnisse entwickelten diese Gruppen mit der Zeit eine eigene Identität, Traditionen und ein Gemeinschaftsgefühl, mitunter auch den Glauben an eine gemeinsame Abstammung und Geschichte. Wenn sie erfolgreich waren, konnten sie weitere Gruppen, die dazugehören wollten – durchaus auch Römer –, integrieren. Nach militärischen Niederlagen lösten sich solche „Völker" aber mitunter auch rasch wieder auf. Diese Prozesse der Bildung von Gruppen bezeichnet die Forschung als „Ethnogenese" (→M5)[1].

Auch lernten die Germanen militärisch von den Römern, sodass die römische Überlegenheit im Bereich der Bewaffnung und Taktik schrumpfte. Hinzu kamen vermutlich ein Anwachsen der Bevölkerung und grundlegende Klimaverschlechterungen in Nord- und Mitteleuropa, wodurch sich die ohnehin häufigen Nahrungsmittelkrisen in den germanischen Mangelgesellschaften noch verschärften. Aufgrund solcher regionaler Versorgungsschwierigkeiten wurden möglicherweise weiter von den römischen Grenzen entfernt lebende Gruppen mobil und wanderten in Richtung der Reichsgrenze, wodurch sie auch grenznahe Germanenstämme in Unruhe und Bewegung versetzten. Den Römern fiel es unter diesen Umständen offenbar immer schwerer, den Überblick über die politischen und militärischen Verhältnisse im Innern Germaniens zu behalten, und der Druck auf die Reichsgrenzen nahm zu.

Franken, Alamannen und Goten: Die neu entstehenden germanischen Verbände am Niederrhein wurden von den Römern als „Franken" bezeichnet, am Oberrhein als „Alamannen". Die Germanen nördlich der Donau fassten die Römer als „Goten" zusammen.

Internettipp
Eine Übersicht über die wichtigsten germanischen Stämme sowie eine interaktive Karte zu den Wanderungsbewegungen in der Völkerwanderungszeit finden Sie unter dem Code 32202-03.

---

[1] Zum Begriff „Ethnogenese" siehe auch M4 auf Seite 12.

Wandel durch Konflikt: Germanen bedrohen das Römische Reich
Mitte des 3. Jahrhunderts brach schließlich das System aus befestigten Grenzen, Militärschlägen, Diplomatie und Handelsbeziehungen zusammen, mit dem das Römische Reich sein Gebiet gesichert und seine Nachbarn kontrolliert hatte. Dazu trug entscheidend bei, dass im Osten das Perserreich der Sassaniden eine aggressive Politik verfolgte und den Römern empfindliche Niederlagen zufügte. Deshalb zogen die Römer wiederholt Truppen von Rhein und Donau ab, um sie im Osten einzusetzen.

Die Germanen nutzten die ausgedünnte römische Grenzverteidigung für ausgedehnte Raub- und Plünderungszüge bis tief ins Reich hinein. In der Regel zogen sie sich anschließend mit ihrer Beute wieder zurück, ohne eine dauerhafte Einwanderung anzustreben. Franken überquerten den Rhein und drangen bis nach Spanien und Afrika vor. Goten plünderten den Balkan und Griechenland. Auch der Limes, die Grenzbefestigung zwischen Rhein und Donau, konnte von den Römern nicht verteidigt werden, sodass Alamannen in das dahinterliegende Gebiet eindrangen und sogar bis Italien vorstießen. Die Römer reagierten mit Militärschlägen, schlossen aber auch Verträge mit den Germanen oder zahlten ihnen Stillhaltegelder (Tribute).

Ausgrabungen am Harzhorn im Jahr 2013.
Um das Jahr 235/36 n. Chr. fand in Niedersachsen am Westrand des Harzes, am Harzhorn, eine militärische Auseinandersetzung zwischen einer großen Zahl römischer Soldaten und Germanen statt. Die Forschung vermutet einen Zusammenhang mit einem Feldzug des Kaisers Maximinus Thrax gegen germanische Gruppen im Elbegebiet, aus denen sich in dieser Zeit der Großverband der Alamannen bildete. Die Abbildung zeigt die archäologische Ausgrabung am Harzhorn, bei der zahlreiche römische und germanische Waffen und Ausrüstungsgegenstände gefunden wurden. Die Römer befanden sich am Harzhorn offenbar auf dem Rückweg zur Reichsgrenze und gerieten in einen Hinterhalt der Germanen, konnten sich aber mithilfe von Katapultgeschützen den Weg freikämpfen.

▶ Recherchieren Sie weitere Informationen zum „Harzhornereignis" und analysieren Sie die möglichen Gründe für diesen römischen Feldzug.

Bald überforderten diese Einfälle und der Mehrfrontenkrieg die römischen Ressourcen und stürzten das Römische Reich in eine schwere wirtschaftliche und politische Krise. Die kriegerischen Auseinandersetzungen verwüsteten viele Gebiete des Reiches. Hinzu kamen Seuchen, Bevölkerungsverluste und ein Mangel an Arbeitskräften. Warenproduktion und Handel gingen zurück und die Währung verlor an Wert. Infolgedessen sanken die Steuereinnahmen und die Finanzkraft des Staates nahm drastisch ab. Politisch ging das Vertrauen in die Zentralregierung verloren. Die Kaiser wechselten in rascher Folge, waren fast nur noch mit Kriegführung beschäftigt und wurden von der Armee ein- und abgesetzt („Soldatenkaiser").

Internettipp
Hintergründe zu den Ausgrabungen am Harzhorn sowie zu den dort gemachten Funden finden Sie unter dem Code **32202-04**.

Soldatenkaiser: So werden die Kaiser bezeichnet, die zwischen 235 und 284/85 im Römischen Reich herrschten. Mitunter gab es gleichzeitig mehrere konkurrierende Kaiser in verschiedenen Teilen des Reiches. Die Bürgerkriege unter den verschiedenen Herrschern schwächten die Verteidigungskraft zusätzlich und lösten so neue germanische Einfälle aus.

Für die Germanen bot diese Krise Möglichkeiten, durch Beute, Tribute oder auch Militärdienst am Wohlstand des Reiches teilzuhaben. Keinesfalls wollten sie das Römische Reich erobern oder zerstören. Aber es förderte die Militarisierung und die Bildung neuer Großverbände, wenn es germanischen Anführern gelang, ihren Leuten römisches Geld, Getreide oder gar Land zu verschaffen.

Stabilisierung und „Barbarisierung" des Römischen Reiches | Ab Ende des 3. Jahrhunderts beruhigte sich die Lage. Das Römische Reich passte sich durch Reformen insbesondere unter den Kaisern *Diokletian* und *Konstantin* an die Herausforderungen an und gewann an Stabilität und Stärke zurück.

Die Kaiser bauten den Verwaltungsapparat aus und trennten zivile und militärische Bereiche. Die Armee wurde stark vergrößert und umstrukturiert: Man unterschied die Grenztruppen von einer mobilen Feldarmee im Hinterland, um Gefahrensituationen besser begegnen zu können. Als neues Oberkommando der Armee wurde das Amt des Heermeisters (*magister militum*)[1] eingerichtet. Den Limes und alle nördlich von Rhein und Donau gelegenen Gebiete gaben die Römer auf. Die Grenzen und auch die Städte im Innern des Reiches erhielten neue Befestigungen. Wirtschaft und Geldsystem wurden neu geordnet. Das Kaisertum teilten sich zeitweise bis zu vier rechtmäßige Kaiser, von denen jeder für einen Teil des Reiches zuständig war. Ihre Residenzen nahmen die Kaiser in neuen Hauptstädten dichter an den Grenzen. Konstantin und seine Nachfolger führten zudem ab 312 das katholische Christentum als neue Staatsreligion im Römischen Reich ein. Das ist insofern bedeutsam, als viele Germanen mit der Zeit eine andere Form des Christentums, den *Arianismus*[2], annahmen, was dann im 5. Jahrhundert ihre religiöse Integration ins Reich erschwerte. Die Finanzlage des Reiches blieb allerdings auch weiterhin angespannt, und die einzelnen Regionen des Reiches waren nun deutlich stärker auf ihre Probleme vor Ort als auf ihre Einbindung in das Gesamtreich fokussiert.

Gegen ins Reich einfallende germanische Gruppen konnten die Kaiser nun wieder Abwehrsiege erringen. Besiegte Germanen mussten sich unterwerfen und wurden in kleinen Einheiten über das ganze Reich verteilt, um Militärdienste zu leisten, oder in verwüsteten Gebieten angesiedelt, um diese zu bewirtschaften und zu verteidigen (→M4 und M6). Mit germanischen Anführern außerhalb der Reichsgrenzen schlossen die Römer Verträge, die sie verpflichteten, die Reichsgrenzen zu respektieren, Abgaben zu leisten und dem Kaiser Truppen zur Verfügung zu stellen. Diese Rekrutierung von Germanen war billiger, einfacher und schneller als die Aushebung von Truppen innerhalb des Reiches. Bevorzugt setzen die Römer Germanen gegen Germanen ein. Durch die vielen germanischen Soldaten veränderte sich die römische Armee: In Bewaffnung, Kleidung, Haartracht und Kampfweise ähnelte sie immer stärker germanischen Militärverbänden. Auch aus dem Römischen Reich stammende Soldaten passten sich entsprechend an. Trotz dieser „Barbarisierung" traten die Soldaten – sofern Bezahlung und Versorgung funktionierten – in der Regel verlässlich für Kaiser und Reich ein. Germanen konnten nun hohe Führungspositionen in der römischen Armee erreichen und hatten somit häufig eine doppelte Identität als germanische Anführer und römische Amtsträger.

„Hunnensturm" und Völkerwanderung | Der Vorstoß der **Hunnen** nach Europa brachte Ende des 4. Jahrhunderts eine ganz neue Dynamik in die römisch-germanischen Beziehungen. Militärisch waren die Hunnen Ende des 4. Jahrhunderts sowohl Germanen als auch Römern zunächst überlegen und nutzten das für verheerende Kriegs- und Beutezüge. Zunächst wurde 375 das Reich der *Ostgoten* von den Hunnen zerstört, anschließend griffen sie die *Westgoten* an, die Aufnahme im Römischen Reich fanden. Diese Ereignisse gelten in der Forschung als der Beginn der eigentlichen Völkerwanderung.

---

[1] Über germanische Heermeister erfahren Sie mehr auf der Seite 40 f.
[2] Siehe hierzu auch Seite 44.

Hunnen: Mit dem Begriff „Hunnen" wurden verschiedene nomadisch lebende Reitergruppen aus den eurasischen Steppengebieten zusammengefasst. Ihre sehr mobile Lebens- und Wirtschaftsform basierte ausschließlich auf der Viehzucht ohne Ackerbau und erbrachte nur geringe Überschüsse. Um sich zuverlässig zu versorgen und Wohlstand zu erwerben, waren die Hunnen deshalb auf den Kontakt zu ackerbautreibenden Nachbarn angewiesen.

Attila (†453): König der Hunnen (434–453). Sein Tod wird in der Nibelungensage literarisch verarbeitet.

Schlacht auf den Katalaunischen Feldern: In der Schlacht im heutigen Nordostfrankreich konnte der römische Heermeister Aetius mit Unterstützung germanischer Föderaten, insbesondere der Westgoten, den hunnischen Angriff stoppen. Die Schlacht endete unentschieden, wobei der westgotische König Theoderich im Kampf fiel.

Hunnenzug.
Holzstich, um 1890, nach einem Gemälde von Friedrich Emil Klein, spätere Kolorierung.
Der militärische Erfolg der Hunnen gegen Germanen und Römer beruhte auf dem Einsatz ungepanzerter berittener Bogenschützen. Diese griffen aus der Entfernung mit speziellen Bögen an, deren Pfeile auch starke Panzerungen durchdrangen. Nach überraschenden Angriffen zogen sie sich schnell zurück, um dann erneut anzugreifen. Durch diese Taktik fügten sie ihren Gegnern große Verluste bei, blieben aber selbst außer Reichweite.

Ab 395 gelang es einer Reihe militärisch besonders erfolgreicher Anführer, die diversen hunnischen Gruppen zu vereinigen und so nördlich der römischen Donaugrenze im heutigen Ungarn ein starkes Machtzentrum zu errichten. Den Höhepunkt seiner Macht erreichte dieses Hunnenreich, in das auch verschiedene germanische Gruppen eingegliedert wurden, unter Attila. Existenzgrundlage blieben Raub- und Beutezüge ins Römische Reich oder aber Tribute, welche sowohl das Ost- wie auch das Westreich für die Einhaltung des Friedens an die Hunnen zahlen mussten. Im Unterschied zu den Germanen strebten die Hunnen keine Integration ins Römische Reich an. Nur vereinzelt traten kleinere hunnische Gruppen in römische Militärdienste.

Für die Römer hatte die Existenz des Hunnenreiches sowohl positive als auch negative Auswirkungen: Die Beutezüge der Hunnen und die Tributzahlungen stellten zwar einerseits eine erhebliche wirtschaftliche Belastung dar, andererseits stabilisierte das Hunnenreich die römische Donaugrenze, indem es ab 395 germanische Angriffe und Wanderungsbewegungen in diesem Bereich weitgehend unterband. In gewisser Weise gab es also eine Symbiose zwischen Römerreich und Hunnenreich.

In den Jahren 451 und 452 unternahm Attila großangelegte Einfälle nach Gallien und Norditalien, um höhere Tributzahlungen des Westreiches durchzusetzen. Diese Aggression war aber nur bedingt erfolgreich. In Gallien wurden die Hunnen in der Schlacht auf den Katalaunischen Feldern abgewehrt. In Italien scheiterte der hunnische Vorstoß vor allem an Seuchen und Versorgungsproblemen. Mit dem Tod Attilas 453 zerfiel das Hunnenreich. Dadurch wurden die eingegliederten germanischen Gruppen, unter anderem die Ostgoten, wieder unabhängig und drängten nun ihrerseits ins Römische Reich.

Die Aufnahme der Westgoten ins Reich und die Folgen | Um dem Angriff der Hunnen auszuweichen, erbaten 376 Teile der Westgoten die Aufnahme ins Römische Reich. Dies war bei Anerkennung der römischen Oberhoheit ein bewährtes Verfahren für germanische Gruppen und wurde deshalb vom im Ostreich regierenden Kaiser *Valens* auch gewährt. Der Kaiser wollte durch eine friedliche Integration der Westgoten neue Soldaten und Siedler gewinnen (→M2 und M3).

Allerdings geriet die Situation rasch außer Kontrolle: Es kamen mehr Goten über die Donau als vereinbart, die geplante Entwaffnung der Migranten gelang nicht, und die römische Verwaltung war mit deren Versorgung überfordert. Infolgedessen plünderten die Goten den Balkan und Kaiser Valens rückte mit der Feldarmee des Ostreiches an, um die Ordnung wiederherzustellen. 378 kam es bei der Stadt Adrianopel zur

Schlacht, in der die Römer schwere Verluste erlitten und der Kaiser fiel. Nach weiteren römischen Niederlagen kam es dann 382 zu einem Vertragsschluss („Gotenfoedus") mit dem neuen Kaiser Theodosius: Die Westgoten erkannten den Kaiser an und durften sich als geschlossener Verband unter eigenen Anführern auf römischem Territorium ansiedeln. Dort konnten sie nach eigenen Gesetzen und ohne Steuern zu zahlen leben. Als sogenannte Föderaten übernahmen sie Militärdienste für die Römer, die sie dafür mit Getreidelieferungen und Geldzahlungen versorgten.

Für den weiteren Verlauf der Völkerwanderung hatten die Schlacht von Adrianopel und der Vertragsschluss von 382 weitreichende Folgen:
- Ein Großteil der römischen Feldarmee existierte nicht mehr, das Reich hatte nicht mehr genug reguläre Soldaten.
- Stattdessen wurden die Westgoten, und später auch andere germanischer Gruppen, als Föderaten zur Armee des Römischen Reiches. Da sie unter eigenen Anführern agierten, konnten diese geschlossenen Militärverbände von den Römern aber nur unzureichend kontrolliert werden und nutzten ihre militärische Macht immer wieder auch für eigene Interessen.
- Für andere germanische Gruppen wurde die Ansiedlung der Westgoten als weitgehend selbstständiger Stammesverband im Innern des Römischen Reiches zum Vorbild.
- Die Grenzen an Donau und Rhein konnten trotz des Einsatzes von Föderaten nicht mehr dauerhaft gesichert werden und standen so für die Migration weiterer germanischer Gruppen offen.

Die Entstehung germanischer Reiche: Chancen und Herausforderungen
395 hinterließ Kaiser Theodosius die Herrschaft im Römischen Reich seinen beiden minderjährigen Söhnen: *Honorius* übernahm den Westteil des Reiches, *Arcadius* die Osthälfte. Insbesondere das Weströmische Reich war in den Folgejahren mit weiteren Migrationsbewegungen germanischer Gruppen konfrontiert.

Grundsätzlich lassen sich dabei drei Arten der Migration von germanischen Gruppen ins Römische Reich unterscheiden. Einige wanderten gewaltsam ins Römische Reich ein und besetzten Gebiete ohne Abmachungen mit der römischen Seite. Andere schlossen, nachdem sie zunächst unkontrolliert ins Reich eingedrungen waren, nach dem Vorbild der Westgoten Verträge mit dem Kaiser und wurden gegen Leistung von Militärdiensten von den Römern versorgt bzw. in vereinbarten Regionen angesiedelt. Dort machten sie sich nach und nach selbstständig, strebten nach günstigeren Vertragsbedingungen und gründeten schließlich unter ihren Anführern eigene Reiche. Ein Sonderfall sind die Franken, die ohne großräumige Wanderung und ohne Ansiedlungsvertrag ihre ursprünglich rechts der römischen Rheingrenze gelegenen Siedlungsgebiete über den Fluss ins Römische Reich hinein ausweiten.

Im Einzelnen verließen 401 die Westgoten den Balkan und zogen nach Italien. Zur Verteidigung des römischen Kernlandes rief der Heermeister *Stilicho*[1] die römischen Grenztruppen vom Rhein und aus Britannien zu Hilfe. Dieser Truppenabzug führte dazu, dass die germanischen Stämme der *Angeln*, *Sachsen* und *Jüten* aus Dänemark und Norddeutschland in das ungeschützte Britannien übersetzten bzw. von den Bewohnern als Militärverbände angeworben wurden und dort eigene Reiche gründeten. Am Rhein drangen zum Jahreswechsel 406/07 die *Vandalen*, *Sueben* und *Burgunder* nach Gallien ein. Während sich die Burgunder unmittelbar am linken Rheinufer niederließen, zogen die Sueben und Vandalen bis nach Spanien weiter und teilten dort das Land zur Plünderung und Ansiedlung unter sich auf. Die Vandalen setzten 429 unter ihrem König *Geiserich* ins reiche Nordafrika über und eroberten zehn Jahre später die Stadt Karthago. Von dort aus kontrollierten sie nicht nur die für die Versorgung Roms lebenswichtigen Getreideexporte Afrikas, sondern beherrschten mit ihren Flotten auch das gesamte westliche Mittelmeer. 455 gelang ihnen sogar die Plünderung der Stadt Rom.

Theodosius I. (der Große) (347–395): 379 bis 395 römischer Kaiser. Nach seinem Tod wurde die Herrschaft zwischen seinen Söhnen Honorius im Westen und Arcadius im Osten aufgeteilt. Obwohl formal an der Einheit des Reiches festgehalten wurde, führte dies zu einer dauerhaften Teilung.

---

[1] Für weitere Informationen zu Stilicho siehe Seite 41.

Goldschatz von Como, Italien.

Dieser Schatz mit mehr als 300 römischen Goldmünzen wurde 2018 in der norditalienischen Stadt Como in einem vergrabenen Gefäß aus Speckstein gefunden. Die Münzen zeigen Porträts der römischen Kaiser Honorius, Valentinian III., Leo I., und Libius Severus. Keine Münze wurde nach 474 geprägt. Archäologen vermuten, dass die Münzen aufgrund von Unruhen und Kriegen im 5. Jahrhundert an der Fundstelle versteckt und später nicht mehr geborgen wurden. Aufgrund der Menge der Münzen und weil sich andere Wertgegenstände wie Schmuck in dem Gefäß befanden, könnte es sich nicht um den Besitz einer Privatperson, sondern um die Geldreserven einer Bank gehandelt haben.

▶ **Präsentation:** Überprüfen Sie, welche Krisen und Unruhen es in den Regierungszeiten der genannten Kaiser in Italien gab, und stellen Sie diese in einer Tabelle dar.

Internettipp
Weitere Informationen zum Goldschatz von Como liefert Ihnen der Code 32202-05.

Den Kaisern und Heermeistern im Weströmischen Reich fehlten Soldaten, Geld und die Unterstützung des Ostreiches, um diese Germanen militärisch zu besiegen. Deshalb schlossen sie mit den meisten von ihnen Ansiedlungsverträge nach dem Vorbild des 382 mit den Westgoten geschlossenen *foedus*, um die Migrationsbewegungen zu kontrollieren.

Die sich ansiedelnden Stämme und die expandierenden Franken standen alle unter der Herrschaft von Königen. Diese übten die Herrschaft sowohl über die germanische als auch die römische Bevölkerung ihres Machtbereiches aus und übernahmen weitgehend die römischen Verwaltungsstrukturen. Ihre Herrschaft stützten sie auf eine adlige Oberschicht, der auch Römer angehören konnten. Formal erkannten sie die Oberhoheit des römischen Kaisers an, mitunter bekleideten sie auch römische Ämter, praktisch regierten sie aber selbstständig. Die vertraglich vereinbarten Militärdienste für den Kaiser leisteten sie nur, wenn es ihren eigenen Interessen entsprach. Auf diese Weise entstanden in der ersten Hälfte des 5. Jahrhunderts eine Reihe germanischer Reiche auf dem Gebiet des Weströmischen Reiches. In allen diesen Reichen bildeten die Germanen nur eine sehr kleine Minderheit.

Die germanischen Herrschaftsgründungen sahen sich alle mit ähnlichen Herausforderungen der Integration und Akkulturation konfrontiert:
- Wie konnte das eigene Siedlungsgebiet gegen die Römer und konkurrierende germanische Gruppen gesichert und die Versorgung garantiert werden?
- Wie dauerhaft waren die mit dem Kaiser geschlossenen Verträge und wie genau waren die Rechte und Pflichten der eigenen Gruppe und deren Herrscher ausgestaltet?
- Wie ließ sich das Verhältnis zur römischen Bevölkerung des eigenen Machtbereiches gestalten? Welche religiösen Unterschiede und Gemeinsamkeiten gab es?
- Wie konnte man bei der Beherrschung des eigenen Machtbereiches mit der römischen Verwaltung, den Großgrundbesitzern und den Bischöfen kooperieren?
- Wie konnte die Identität und der Zusammenhalt der eigenen Gruppe in einer römischen Umwelt bewahrt bzw. weiterentwickelt werden?

Das Ende des Weströmischen Reiches: Kontinuitäten und Diskontinuitäten | Bis 450 hatten die germanischen Landnahmen und Reichsgründungen das Weströmische Reich auf Italien und die unmittelbar angrenzenden Gebiete reduziert. Dadurch verfügten die Kaiser kaum noch über Steuereinnahmen und konnten keine eigenständige Politik mehr gegenüber den germanischen Reichsgründungen betreiben. Große Bevölkerungsgruppen verloren das Vertrauen in die machtlos gewordene Regierung. 476 setzte der germanischstämmige Offizier *Odoaker*[1] schließlich den letzten weströmischen Kaiser *Romulus Augustulus* ab und ließ sich von der überwiegend aus Germanen bestehenden römischen Armee in Italien zum König ausrufen. Odoaker verzichtete auf den Kaisertitel und erkannte die Vorrangstellung des oströmischen Kaisers an. Damit hörte das Weströmische Reich auf zu bestehen.

Inwieweit das Ende des Römischen Reiches und die germanischen Herrschaftsgründungen einen Einschnitt in der europäischen Geschichte markierten, wird unterschiedlich bewertet. Es lassen sich sowohl Kontinuitäten als auch Diskontinuitäten feststellen. Die Germanen passten sich in einem Akkulturationsprozess immer mehr den Römern an, Teile der römischen Verwaltungsstrukturen und des Rechtswesens, die Städte, das Christentum und die Kirche bestanden relativ unverändert fort. In anderen Bereichen wandelte sich das Leben der Menschen stark: Die Sprachen und das Militärwesen änderten sich, der überregionale Handel ging zurück, Naturalwirtschaft und Tauschhandel ersetzten teilweise das Münzgeld, die Wirtschaft war einfacher und weniger arbeitsteilig organisiert und die Lebensweise der Menschen grundsätzlich ländlicher und regionaler orientiert.

Im Vergleich zum Weströmischen Reich bekam das Oströmische Reich die germanische Migration während der Völkerwanderungszeit deutlich besser in den Griff. Es kam dort nicht zu dauerhaften Gebietsverlusten oder zur Gründung germanischer Reiche. Wirtschaft und Verwaltung funktionierten und die Steuereinnahmen reichten zur Finanzierung der Armee aus. Kaiser *Justinian* nutzte diese günstigen Voraussetzungen, um Teile des ehemaligen Westreiches zurückzugewinnen: 534/35 besiegte er das Vandalenreich und machte Nordafrika wieder zu einer römischen Provinz, anschließend wurde bis 553 Italien von den Ostgoten zurückerobert und 552 die Südküste des von den Westgoten beherrschten Spaniens besetzt. Auf Dauer überforderte diese Rückeroberungspolitik aber die Ressourcen des Ostreiches und die gewonnenen Gebiete gingen relativ rasch wieder verloren. Norditalien wurde schon 568 von den germanischen Langobarden erobert. Ihre Reichsgründung gilt als Schlusspunkt der germanischen Völkerwanderung.

Langobarden: Die Langobarden siedelten ursprünglich an der unteren Elbe. Im Zuge der germanischen Migrationsbewegungen fanden sie zunächst neue Siedlungsgebiete an der Donau im heutigen Serbien und Ungarn. Unter Kaiser Justinian kämpften sie als oströmische Föderaten in Italien gegen die Ostgoten. Nach dem Sieg über diese machten sie sich selbstständig und gründeten ihr Reich in Italien.

---

[1] Zu Odoaker informiert Seite 50.

M1 Über die Wanderungen der Stämme und Völker

Der römische Philosoph und Schriftsteller Seneca der Jüngere (um 4 v. Chr. – 65 n. Chr.) berichtet über Migrationsbewegungen:

Leicht entschlossen zogen die Menschen durch unwegsames, unbekanntes Gelände. Ihre Kinder und Frauen und ihre vom Alter gebeugten Eltern nahmen sie mit. Manche wählten sich, nachdem sie lange umhergeirrt waren, nicht nach reiflicher Überlegung einen Platz, sondern erschöpft besetzten sie den nächstliegenden; andere verschafften sich auf fremder Erde mit Waffengewalt ihr Recht. Einige Stämme verschlang auf dem Marsch ins Ungewisse das Meer, und es gab welche, die ließen sich, weil sie überhaupt nichts mehr hatten, dort nieder, wo sie gerade waren. Auch hatten nicht alle denselben Grund, ihre alte Heimat zu verlassen und eine neue zu suchen. Die einen, die den Waffen der Feinde entkommen und des eigenen Landes beraubt waren, trieb die Zerstörung ihrer Wohnstätten in fremde Länder; andere verdrängte der innenpolitische Streit, dritte zwang das übermäßige Bevölkerungswachstum weg, damit die vorhandenen Ressourcen entlastet wurden; wieder andere verjagte die Pest oder häufige Erdbeben oder irgendwelche unerträglichen Missstände des armseligen Bodens; manche lockte die Kunde von einem fruchtbaren und hochgepriesenen Landstrich fort. Den einen führte dieser, den anderen jener Grund aus seiner Heimat. Eines jedenfalls ist offenkundig: Ein Verbleiben am Ort der Geburt gab es nicht. Dauernder Wechsel gehört eben zum Menschengeschlecht. Täglich verändert sich etwas auf dem großen Erdenrund: Fundamente neuer Städte werden gelegt, neue Völkernamen kommen auf, nachdem die alten ausgelöscht oder in einem größeren Volk aufgegangen sind.

Seneca, Dialogi, 12, 7, 3 – 5, zitiert nach: Klaus Rosen, Die Völkerwanderung, München ²2003, S. 23

1. Geben Sie die Gründe wieder, die laut Seneca zu Wanderungen von Stämmen und Völkern führten, und gliedern Sie diese.
2. Überprüfen Sie, welche weiteren Ursachen und Anlässe für Migrationsbewegungen es in Vergangenheit und Gegenwart geben könnte.
3. Nehmen Sie Stellung zu Senecas Aussage, „[d]auernder Wechsel gehör[e] eben zum Menschengeschlecht" (vgl. Zeile 24 f.). | H

M2 Die Aufnahme der Westgoten ins Römische Reich

Der römische Offizier und Historiker Ammianus Marcellinus (um 330 – um 395) berichtet um 390 über die Aufnahme der Westgoten ins Römische Reich, wo sie 376 Schutz vor den Hunnen suchten:

Wie sich die Kunde weithin bei den übrigen Stämmen der Goten verbreitete, dass eine bis dahin noch nie gesehene Menschenrasse[1], wie ein Schneesturm aus den hohen Bergen, aus einem verborgenen Winkel hervorgebrochen, alles in seinem Bereich niederriss und zerschmetterte, da suchte der größere Teil des Volkes […] eine Heimat in der Ferne, wo man noch nie von diesen Barbaren gehört hatte. Und nach langen Erwägungen darüber, welches Land sie als Wohnsitz wählen sollten, kamen sie zu dem Ergebnis, dass Thrakien[2] für sie eine geeignete Zufluchtsstätte sei, weil es fruchtbarstes Weideland und durch den Donaustrom von jenen Gebieten getrennt ist, die bereits schutzlos der Kriegsfackel des fremden Volkes preisgegeben waren. […] Sie besetzen daher unter der Führung des Alaviv[3] die Ufer der Donau, schickten Gesandte zu Valens[4] und baten unterwürfig, sie aufzunehmen. Sie versprachen dabei, als friedliche Bürger zu leben und im Notfall Hilfstruppen zu stellen. […] Die Sache erregte mehr Freude als Furcht, weil gerissene Schmeichler das Glück des Kaisers priesen, das ihm aus den fernsten Landen solch gewaltige Massen an Rekruten heranschleppe und ihm wider Erwarten anböte, damit er nach Vereinigung seiner eigenen und der fremdstämmigen Streitkräfte ein unbesiegbares Heer hätte […]. In dieser Hoffnung wurden Leute nach verschiedenen Seiten ausgesandt, die die wilde Masse mitsamt ihren Wagen über den Strom holen sollten. Und man gab sich wirklich größte Mühe, dass keiner von denen, die das römische Reich zu Fall bringen sollten, drüben zurückblieb, selbst wenn er von einer tödlichen Krankheit ergriffen war. Sie wurden daher, als sie vom Kaiser die Erlaubnis erhalten hatten, die Donau zu überschreiten und Teile von Thrakien zu besiedeln, Tag und Nacht übergesetzt, nachdem sie haufenweise auf Schiffe, Flöße und ausgehöhlte Baumstämme geladen waren. […] So wurde dank dem überstürzten Eifer der leitenden Stellen das Verderben der römischen Welt heraufgeführt. […] Zuerst wurden Alaviv und Fritigern[5] aufgenommen, denen der Kaiser in Anbetracht der Umstände Lebensmittel und Ackerland zur Bebauung angewiesen hatte.

Ammianus Marcellinus, Römische Geschichte, 31, 3 – 4, zitiert nach: Walter Arend (Bearb.), Altertum. Geschichte in Quellen, München ³1978, S. 786 f.

---

[1] Gemeint sind die Hunnen.
[2] **Thrakien:** römische Provinz südlich der Donau
[3] **Alaviv:** Anführer der Goten
[4] **Valens** (328 – 378): römischer Kaiser 364 – 378
[5] **Fritigern:** Anführer der Goten

1. Stellen Sie gegenüber, welche Ziele die Westgoten mit dem Überschreiten der Donau verfolgen und was sich dagegen die Römer von deren Aufnahme versprechen.
2. Analysieren Sie, unter welchen Bedingungen die Westgoten aufgenommen werden: Wozu verpflichten sich die Westgoten? Welche Zusagen machen die Römer?
3. Beurteilen Sie die Meinung, die der Autor Ammianus Marcellinus zu den Ereignissen des Jahres 376 vertritt. | H
4. Erörtern Sie, inwieweit die Hunnen als Ursache oder als Auslöser der Völkerwanderung angesehen werden können. Recherchieren Sie dazu auch weitergehende Informationen zu Herkunft, Lebensweise und Geschichte der Hunnen.

M3 Warnung vor der Integration der Westgoten

Synesios von Kyrene (um 370 – nach 412), griechischer Philosoph und Bischof von Ptolemais, richtet um 400 folgende Rede an den oströmischen Kaiser Arcadius (395–408):

Es darf der Hirte unter die Hunde (Wächter) nicht die Wölfe mengen; wenn sie auch einst jung aufgenommen wurden und zahm zu werden scheinen, oder er wird ihnen zu Verderben die Herde anvertrauen; denn sobald sie den 5 Hunden eine Schwäche oder Trägheit ansehen, werden sie über sie, die Herde wie die Hirten, herfallen. Und der Gesetzgeber darf die Waffen nicht denjenigen geben, die nicht in seinen Gesetzen geboren und erzogen wurden; denn er hat von solchen Leuten keine Bürgschaft für ihr Wohlwol- 10 len. Nur ein im Übermaß mutiger Mann oder einer, der die Zukunft kennt, kann, ohne dass ihn die Angst packt, zusehen, dass eine zahlreiche, in der Fremde aufgezogene Jugend, die nach eigenen Gesetzen lebt, in seinem eigenen Land kriegerische Übungen treibt. [...]
15 Man muss glauben, der Stein des Tantalos[1] hänge nur an einem zarten Faden drohend über dem Staate; denn sie werden heranstürmen, sobald sie glauben, der Versuch werde ihnen gelingen. [...] Statt dass man die Skythen[2] Waffen tragen lässt, sollte man aus dem Kreise der Leute, die an 20 ihrer Scholle hängen, Männer auffordern, ihren Boden zu verteidigen, und die Aushebung soweit ausdehnen, bis wir auch den Philosophen aus seiner Studierstube, den Handwerker aus der Werkstatt holen und den Krämer aus seinem Laden und den Drohnenpöbel[3], der vor lauter Müßiggang in 25 den Theatern sein Leben zubringt, einmal dazu bringen, ernst zu machen, ehe er vom Lachen zum Weinen gebracht wird. [...] Ist es nicht eine Schande, dass das an Männern so gesegnete Reich Fremden den Kriegsruhm überlässt? [...] Bevor es also dahin kommt, wohin es treibt, müssen wir den 30 Römergeist wiedererwecken und uns daran gewöhnen, unsere Siege wieder mit eigener Hand zu erringen. [...] Demnach verdränge man sie zuerst von öffentlichen Ämtern und schließe sie aus von den Würden eines Senators, sie, die das als Schande ansehen, was einst den Römern das Heiligste schien und war. Will mir doch scheinen, dass jetzt 35 auch die ratgebende Themis[4] selbst und der Gott der Heere[5] das Gesicht verhüllen, wenn der Mann im Pelzrock[6] Leute im römischen Kriegsmantel anführt und wenn einer den Pelz, den er umhatte, auszieht, die Toga[7] anlegt und mit römischen Beamten über die vorliegenden Aufgaben berät 40 und dabei den ersten Platz behauptet neben dem Konsul selbst, wobei Leute, denen er von Rechts wegen zukäme, hinten zu sitzen haben. Doch kaum, dass sie aus dem Senat gekommen sind, sind sie schon wieder in ihren Pelzkleidern und spotten dann, wenn sie unter ihren Leuten sind, 45 über die Toga, in der sich das Schwert so schwer ziehen lasse. Neben vielem anderen, wundere ich mich besonders in einem über unser unsinniges Verhalten: Jede Familie, die auch nur etwas Vermögen besitzt, hat einen skythischen Sklaven; und der Mann, der die Tafel deckt, der Mann am 50 Backofen und der Wasserträger ist allenthalben ein Skythe, und von den Dienern sind alle, die einen Tragsessel auf die Schultern nehmen, [...] Skythen [...], als ob dies Volk seit alters besonders geeignet und würdig sei, den Römern zu dienen. Dass aber diese Blonden [...] bei denselben Leuten 55 im häuslichen Bereich Diener, im öffentlichen Leben aber Amtspersonen sind [...], das ist doch von dem, was man da ansehen muss, das Widersinnigste.

Synesios von Kyrene, Über das Königtum, 21 f., zitiert nach: Walter Arend (Bearb.), a.a.O., S. 789 f.

1. Fassen Sie Synesios' Kritik an der Integration der Westgoten ins Römische Reich zusammen. Vor welchen Gefahren warnt er? | F
2. Arbeiten Sie heraus, welche Alternativen zur Integration der Westgoten der Autor aufzeigt.
3. Erörtern Sie, mit welchen Argumenten Kaiser Arcadius auf diese Rede hätte antworten können. | H
4. Setzen Sie sich mit den Chancen und Herausforderungen der Integration der Westgoten und anderer germanischer Gruppen ins Römische Reich auseinander. | H

---

[1] **Tantalos**: Sagengestalt, die von den Göttern bestraft wurde, indem über seinem Kopf ein Stein hing, der jederzeit herabzustürzen und ihn zu erschlagen drohte
[2] Gemeint sind die (West-)Goten.
[3] Gemeint ist der arbeitslose Teil der Stadtbevölkerung in Konstantinopel.
[4] **Themis**: Göttin der Gerechtigkeit und der Ordnung
[5] Gemeint ist der römische Kriegsgott Mars.
[6] **Pelzrock**: als typisch für Germanen und Soldaten geltendes Kleidungsstück
[7] **Toga**: typisches Kleidungsstück der römischen Oberschicht und Amtsträger (Senatoren)

M4 Großer Ludovisischer Schlachtensarkophag

Der aus Marmor angefertigte Sarkophag stammt aus dem 3. Jahrhundert und ist 1,53 m hoch, 2,73 m breit und 1,37 m tief. Er befindet sich heute im Museo Nazionale in Rom. Auf der Kastenfront ist eine Schlachtszene zwischen Römern und Barbaren dargestellt. Aufgrund ihrer Kleidung und Ausrüstung werden die Barbaren als Germanen identifiziert. Im Mittelpunkt ist ein siegreicher römischer Feldherr zu Pferde abgebildet, bei dem es sich um den Kaiser Hostilianus (um 235–251) handeln könnte.

1. Beschreiben Sie die Szene auf dem Schlachtensarkophag.
2. Charakterisieren Sie das Verhältnis zwischen Römern und Germanen, das in dieser Darstellung zum Ausdruck kommt. Beachten Sie dabei auch Gestik, Mimik, Kleidung und Ausrüstung.
3. Vergleichen Sie die Aussage des Schlachtensarkophags mit der Aussage des Lyoner Bleimedaillons (M6).

M5 Was ist ein Volk?

Die Historiker Hubert Fehr und Philipp von Rummel erklären die Bedeutung des Begriffes „Volk" für das Verständnis der Völkerwanderung:

Häufig versteht man unter einem Volk eine klar abgrenzbare Menschengruppe, die ein bestimmtes Territorium bewohnt und sich durch eine Reihe gemeinsamer Merkmale von benachbarten Völkern unterscheidet: gemeinsame Sprache, spezifische „Kultur" und einheitliche Abstammung. Gewissermaßen setzt man die Völker mit Organismen gleich, die sich zwar wandeln, grundsätzlich aber über lange Zeit konstant fortbestehen.

Diese Vorstellung von dem, was ein Volk ausmacht, hat ihren Ursprung im späten 18. Jahrhundert, als sich in Europa die Idee der Nationalstaaten entwickelte und verbreitete. Völker galten nun als quasi natürliche Einheiten, die ursprünglicher und älter sind als alle Staaten und deren einzig sinnvolle Organisationsform der Nationalstaat ist. Gewissermaßen stellte man sich Völker als „kollektive Individuen" vor, die ähnlich wie Personen über unverwechselbare Züge verfügen, über einen einheitlichen Willen, ein gemeinsames Schicksal und selbstverständlich auch über eine gemeinsame Geschichte. In diesem Sinne handelt es sich bei dem „Volk" um eine politische Idee, genau genommen sogar um eine Utopie, und nicht um die Beschreibung einer realen sozialen Gegebenheit. Bereits die damalige, aber auch unsere heutige Gegenwart zeigt etwa, dass Sprachgruppen keineswegs mit Völkern gleichzusetzen sind. Ebenso wenig sind Nationen in sich kulturell homogen, noch besitzen deren Angehörige eine einheitliche Abstammung.

Ungeachtet der Tatsache, dass die Existenz von Völkern in der beschriebenen Form weder in der Gegenwart noch in früheren Epochen nachzuweisen ist, schrieb die Geschichtswissenschaft seit dem 19. Jahrhundert unsere Vergangenheit zu einer Geschichte der Völker und Stämme um. Völker galten ihr als eigentliche Akteure des historischen Geschehens, die nacheinander auf der Bühne der Weltgeschichte auftraten, sich dramatisch bekämpften, um zu siegen oder unterzugehen.

Die nationale Geschichtsschreibung instrumentalisierte die Epoche der Völkerwanderung in besonderem Maße. Einerseits sah eine ganze Reihe moderner Staaten in Europa bestimmte völkerwanderungszeitliche Gruppen als unmittelbare Vorfahren an. Die Gelehrten aus diesen Ländern ergriffen in ihren Geschichtsdarstellungen deshalb häufig Partei für eine bestimmte Gruppe, deutsche Historiker und Archäologen beispielsweise für „die Germanen". Andererseits reduzierte man das chaotische, vielstimmige und nicht zielgerichtete Geschehen der Völkerwanderung auf ein einheitliches Motiv, nämlich die Auseinandersetzung zwischen verschiedenen Völkern.

Heute wissen wir, dass dies als historisches Erklärungsmuster in die Irre führt. Hinter den schriftlich überlieferten Gruppenbezeichnungen wie „Goten" oder „Franken" verbergen sich keine langlebigen, unveränderlichen Einheiten, sondern sich ständig wandelnde Interessengemeinschaften, die vor allem durch gemeinsame Ziele zusammengehalten wurden. Mitunter besaßen diese zwar eine gemeinsame Sprache und Religion sowie einen gemeinsamen Abstammungsglauben – zumindest ihre Kerngruppen –, mussten es aber nicht. Daher ist in jedem Einzelfall zu prüfen, was ein „Volk" tatsächlich ausmachte.

Hubert Fehr und Philipp von Rummel, Die Völkerwanderung, Stuttgart 2011, S. 10 f.

1. Gliedern Sie die Aussagen von Fehr und von Rummel über die Entwicklung des Begriffes „Volk". | F
2. Vergleichen Sie die Ausführungen von Fehr und von Rummel mit den Aussagen von Mischa Meier zum Thema „Völker" und Ethnogenese (M4 auf Seite 12).
3. Überprüfen Sie, inwieweit der Begriff „Völkerwanderung" den Ereignissen in Europa im 4. bis 6. Jahrhundert gerecht wird. | H

M6 Lyoner Bleimedaillon

Bei der Abbildung handelt es sich um die Nachzeichnung einer 1862 in Lyon gefundenen römischen Medaillons aus Blei. Dieses stammt aus dem 4. Jahrhundert und hat einen Durchmesser von 8,5 cm. Auf der Vorderseite ist die Aufnahme einer Gruppe von Germanen ins Römische Reich abgebildet. In der oberen Hälfte des Medaillons gewähren zwei sitzende römische Kaiser den Germanen die Bitte um Ansiedlung. In der unteren Hälfte überqueren diese Germanen den Grenzfluss Rhein (lat. Fl(umen) R(h)enus) auf der Brücke zwischen der Festung Mainz-Kastel (lat. Castel) und der Stadt Mainz (lat. Mogontiacum) in Richtung Römisches Reich. Die Inschrift des Medaillons lautet „Glück des Zeitalters" (lat. saeculi felicitas).

1. Analysieren Sie das Medaillon mithilfe der Arbeitsschritte auf Seite 38 f. | H
2. Setzen Sie sich mit der Aussage des Medaillons auseinander: Wie werden Aufnahme und Ansiedlung von Germanen ins Römische Reich dargestellt? | H
3. Vergleichen Sie die Darstellung des Medaillons mit der Schilderung der Aufnahme der Westgoten ins Römische Reich bei Ammianus Marcellinus (M2).

Münzen und Medaillons analysieren

Münzen und Medaillons sind eine wichtige Text- und Bildquelle für die Geschichtswissenschaften. Die wissenschaftliche Beschäftigung mit ihnen ist die **Numismatik**.
Neben ihrer Funktion als Zahlungsmittel sind Münzen und Medaillons auch als **Kommunikations- und Propagandamedium** von Bedeutung. Sie enthalten politische Botschaften, indem z. B. Herrscher oder staatliche Symbole auf ihnen abgebildet sind. Die bildlichen Darstellungen auf Münzen und Medaillons werden häufig durch Inschriften (Legende) mit – zum Teil abgekürzten – Wörtern oder Wortfolgen ergänzt.
Die **Vorderseite (Avers)** römischer Münzen der Kaiserzeit zeigte in der Regel den Kopf des regierenden Kaisers. Die abgekürzten Inschriften gaben Namen, Ehrentitel, Ämter und Regierungszeiten des Herrschers an.
Auf die **Rückseite (Revers)** wurden Bilder oder Abkürzungen geprägt, die über politische Ereignisse oder Programme informierten. Gezeigt wurden z. B. Götter, besiegte Feinde oder Bauwerke. Oft finden sich auch personifizierte Darstellungen von Eigenschaften, mit denen der auf der Vorderseite gezeigte Kaiser identifiziert werden wollte. Die Münzrückseite enthält oft auch abgekürzte Hinweise auf die Münzstätte und den Prägeort.
In der **Völkerwanderungszeit** prägten germanische Könige zunächst weiter Münzen mit dem Bildnis des regierenden römischen Kaisers, dann auch eigene Münzen und Medaillons, die sich in Bild und Text aber an römischen Vorbildern orientierten.
Medaillons sind münzartige Sonderprägungen, die nicht für den täglichen Zahlungsverkehr gedacht waren. Sie waren größer und schwerer als normale Münzen und zeigten besondere Bildmotive. Wahrscheinlich wurden sie zu besonderen Anlässen (z. B. Geburtstage, Regierungsjubiläen, erfolgreiche Feldzüge etc.) vom Kaiser verschenkt.

> Weitere Anwendungsbeispiele finden Sie auf den Seiten 31, 37, 55 f., 105 und 107.

AVG	Augustus (Kaiser)	GER	Germanicus = Sieger über Germanen
CAES	Caesar	IMP	Imperator = Feldherr, Kaiser
DN	Dominus Noster = Unser Herr (der Kaiser)	P	Pius = fromm
F	Felix = glücklich	PRIN	Princeps = Herrscher

Abkürzungen von Inschriften aus römischer Zeit und aus der Völkerwanderungszeit.

Arbeitsschritt	Leitfragen
1. beschreiben	• Aus welchem Material besteht die Münze / das Medaillon? Lassen sich Aussagen über den Wert treffen? • Wann und wo ist die Münze / das Medaillon entstanden? • Wer war der Auftraggeber (Prägeherr)? • Wer oder was ist auf der Vorder- und Rückseite zu sehen? • Welche Wörter, Abkürzungen, Zahlen oder Symbole werden verwendet? Wofür stehen sie bzw. was bedeuten sie?
2. erklären	• Was war der Anlass der Münz- / Medaillonprägung? • Auf welche politischen Ereignisse, Personen oder Sachverhalte wird Bezug genommen?
3. beurteilen	• Welchem Zweck diente die Anfertigung der Münze/des Medaillons? • Welche Botschaft wird transportiert? • Wer ist der Adressatenkreis? • Worüber gibt die Münze / das Medaillon keine Auskunft?

Münzen und Medaillons analysieren 39

Feldzeichen mit Christusmonogramm, bestehend aus den beiden griechischen Buchstaben X (Chi) und P (Rho) als Anfangsbuchstaben des griechischen Wortes *Christós*.

edelsteinbesetzte Krone (Diadem) als Zeichen der Kaiserwürde

Weltkugel / Globus als Zeichen der Herrschaft

ein gefangener Barbar

Römisches Silbermedaillon.
Geprägt zwischen 404 und 408, Vorderseite (links) und Rückseite (rechts), Gewicht: 13,03 g, Durchmesser: 37 mm.

DN HONORIUS PF AVG = Unser Herr Honorius (weströmischer Kaiser 395–423), frommer und glücklicher Kaiser

Brustpanzer und Feldherrnmantel (*paludamentum*). Der Mantel wird von einer Spange (Fibel) zusammengehalten.

RMPS = Zeichen der Münzstätte in Rom

Legende: TRIVMFATOR GENT BARB = Triumfator gentium Barbarorum – Sieger über (die) Barbarenvölker

▶ Analysieren Sie das Medaillon mithilfe der Arbeitsschritte auf Seite 38. Ihre Ergebnisse können Sie mit der Lösungsskizze auf Seite 151 vergleichen.
▶ Suchen Sie im Internet nach Abbildungen weiterer römischer Münzen und Medaillons aus der Völkerwanderungszeit und analysieren Sie diese mithilfe der Arbeitsschritte auf Seite 38.

Exkurs: Germanische Heermeister

Karriere und Integration in der römischen Armee | Nach den Reformen Anfang des 4. Jahrhunderts konnten Germanen hohe Führungspositionen, wie das neu geschaffene Amt des Heermeisters (*magister militum*), in der römischen Armee erreichen. Der ranghöchste dieser Heermeister hatte die Befehlsgewalt über alle Truppen des Reiches und war nur dem Kaiser unterstellt. Für germanische – aber auch römische – Soldaten bot eine Laufbahn als Offizier bis hin zum Heermeister attraktive Karriere- und Aufstiegsmöglichkeiten. Häufig heirateten Angehörige von Offiziersfamilien auch untereinander, sodass sich im Reich allmählich eine militärische Oberschicht bildete, die Römer und Germanen integrierte. Immer wieder aber rivalisierten die Familien dieser Militäraristokratie, gestützt auf ihre Truppenverbände, auch untereinander um Ämter und Einfluss. Solche Konkurrenzkämpfe unter den Heermeistern schwächten die Verteidigung des Reiches gegen auswärtige Gegner.

Im Verlauf des 4. Jahrhunderts wurden im Weströmischen Reich viele Alamannen, später dann insbesondere Franken Heermeister. Im Ostteil des Reiches gab es bis ins 5. Jahrhundert hinein viele Goten in diesem Amt. Man kann vermuten, dass die Herkunft der Heermeister damit zusammenhing, welche germanischen Gruppen zu dieser Zeit besonders stark in römischen Militärdiensten vertreten waren. Mitunter wurden germanische Anführer auch mitsamt ihren Kriegern als geschlossener Verband von Föderaten in römische Militärdienste genommen. Wie im Falle des westgotischen Königs Alarich erhielten die Anführer dann unmittelbar das Amt eines Heermeisters. Somit sicherten sich die Kaiser deren Loyalität und integrierten sie in die römischen Militärstrukturen.

Konkurrenz zum Kaisertum und Ablehnung durch die Eliten | Ab 350 verschob sich das Machtgefüge zwischen Kaiser und Heermeistern. Die Heermeister übernahmen neben militärischen auch zivile Verwaltungsaufgaben. Damit traten sie zunehmend in Konkurrenz zu den Kaisern und wurden, da sie das Militärwesen kontrollierten, schließlich mächtiger als diese selbst. Zu dieser Entwicklung trug bei, dass in der ersten Hälfte des 5. Jahrhunderts mehrfach minderjährige Kaiser den Thron bestiegen. Für solche „Kinderkaiser" übernahmen wiederholt Heermeister die Regentschaft und führten die Regierungsgeschäfte. In aller Regel versuchten auch diese Heermeister mit den begrenzten Ressourcen, das Reich zu stabilisieren und die Migration germanischer Gruppen ins und im Reich zu kontrollieren. Allerdings blieb ihre Position stets unsicher, da die Machtfrage im Verhältnis zum Kaisertum nicht eindeutig geklärt werden konnte und die zivilen römischen Eliten vor allem den germanischen Heermeistern wegen ihrer „barbarischen" Abstammung und ihres arianischen Christentums[1] feindselig gegenüberstanden. Integration und Akkulturation der germanischstämmigen Militärs im Römischen Reich stießen hier an Grenzen.

Während im Oströmischen Reich die Kaiser die Machtposition der Heermeister wieder stark einschränkten, wurden diese im Westen immer mächtiger und entschieden dort als sogenannte „Kaisermacher" über die Besetzung des Kaiserthrones. 476 setzte schließlich der germanische Offizier Odoaker den Kaiser Romulus Augustulus ab und übernahm die Regierung im Westreich. Sein Nachfolger, der Ostgote *Theoderich*, legitimierte seine Herrschaft über die römische Bevölkerung Italiens dann unter anderem mit seinem vom oströmischen Kaiser verliehenen Amt als Heermeister.[2] Und auch *Chlodwig*, der Gründer des Frankenreiches, stützte seine Regentschaft in Belgien und Nordfrankreich anfänglich auf ein römisches Militäramt[3].

---

[1] Zum Arianismus siehe Seite 44.
[2] Hierüber informiert Sie das Kapitel „Die Ostgoten und ihre Reichsgründung in Italien" ab Seite 50.
[3] Zu Chlodwig und dem Frankenreich erfahren Sie mehr ab Seite 60.

Exkurs: Germanische Heermeister

Diptychon des Stilicho und der Serena.
Zweiteilige Elfenbeintafel, 32,2 x 16,2 cm, Elfenbein, Mailand, um 400, Domschatz zu Monza (Italien).
Die Abbildungen zeigen rechts den germanischen Heermeister Flavius Stilicho (um 365 – 408) und links seine Frau Serena mit dem gemeinsamen Sohn Eucherius. Stilicho befehligte von 394 bis 408 die Armee in der Westhälfte des Römischen Reiches und führte dort die Regierungsgeschäfte für den minderjährigen Kaiser Honorius. Unter anderem verteidigte er Italien gegen die Westgoten unter Alarich. Serena war die Stieftochter des Kaisers Theodosius I. Der Vandale Stilicho ist in gestickter Tunika und römischem Feldherrnmantel mit Schwert, Lanze und Schild abgebildet. Auf Stilichos Schild sind zwei kleine Porträtköpfe zu erkennen. Wahrscheinlich handelt es sich dabei um Kaiser Honorius und seinen ebenfalls noch minderjährigen Bruder Arcadius, der in der Osthälfte des Reiches regierte.

▶ Erläutern Sie die Abbildung der Porträts der „Kinderkaiser" Honorius und Arcadius auf dem Schild des Heermeisters Stilicho: Welche Botschaften könnten damit vermittelt werden?

▶ Recherchieren Sie die Biografie Stilichos und erörtern Sie, inwiefern sich daran Prozesse der Integration und Akkulturation von Germanen im Römischen Reich zeigen lassen. Analysieren Sie unter diesem Gesichtspunkt auch die Darstellung Stilichos und seiner Familie auf dem Diptychon.

Die Westgoten und ihre Ansiedlung im Römischen Reich

Integrationsversuche und Konfrontation – von Adrianopel bis zur Eroberung Roms | Nach der Schlacht von Adrianopel 378 und dem Vertragsschluss (*foedus*) von 382 waren die Westgoten als geschlossene Gruppe auf dem Balkan angesiedelt worden. In den Folgejahren entwickelten sich diese gotischen Föderaten unter ihrem König Alarich I. zu einem besonders schlagkräftigen Militärverband. Insbesondere ihre Kampfweise als gepanzerte Reiter zeichnete sie aus. Die Kaiser des Oströmischen Reiches nutzten regelmäßig ihre Militärdienste gegen innere und äußere Gegner. Alarich erhielt sogar das Amt eines römischen Heermeisters (*magister militum*) und kombinierte so als erster Germane seine Stammesherrschaft mit einem römischen Amt. Trotzdem scheiterte eine nachhaltige Integration der Westgoten in das Ostreich und seine Militärstrukturen: Die Kaiser waren nicht bereit, den Westgoten günstigere Siedlungsgebiete und eine bessere Nahrungsmittelversorgung zuzugestehen. Große Teile der römischen Bevölkerung, insbesondere die Kirche und die Großgrundbesitzer, lehnten die Kooperation mit ihnen grundsätzlich ab.[1] Enttäuscht von nicht eingehaltenen römischen Versprechungen reagierte Alarich auf diese prekäre Situation mit Raubzügen auf dem Balkan und in Griechenland, um die Versorgung seiner Gruppe zu sichern. Anfang des 5. Jahrhunderts gelang es schließlich dem oströmischen Kaiser Arcadius, die aufsässigen Westgoten nach Italien ins Herrschaftsgebiet seines Bruders Honorius abzulenken. Mit ihren Familien und ihrem mobilen Besitz zogen sie nach Italien.

Doch auch im Weströmischen Reich konnte Alarich seine Forderung nach Zuweisung neuer Siedlungsgebiete und Abschluss eines *foedus* zu verbesserten Bedingungen nicht durchsetzen. Obwohl das Westreich angesichts von Barbareneinfällen in Gallien und Italien militärische Unterstützung eigentlich gut gebrauchen konnte, waren auch hier der Kaiser und die Mehrheit der Eliten strikt gegen eine Kooperation mit den Westgoten. 408 wurde im Westreich sogar der mächtige Heermeister Stilicho nicht zuletzt deshalb gestürzt, weil er mit Alarich zusammengearbeitet hatte. Um seinen Forderungen Nachdruck zu verleihen, plünderte Alarich in Italien, ernannte zeitweise sogar einen eigenen Gegenkaiser in Italien und eroberte schließlich 410 die Stadt Rom. Die dreitägige Plünderung der Hauptstadt des Römischen Reiches durch die Westgoten machte auf die Zeitgenossen einen ungeheuren Eindruck und wurde vielfach sogar als Zeichen für den bevorstehenden Weltuntergang angesehen. Politisch und militärisch brachte sie die Westgoten aber ihren Zielen nicht näher, denn Kaiser Honorius hatte sich in die uneinnehmbare Küstenstadt Ravenna zurückgezogen und verweigerte weiterhin Zugeständnisse an die Westgoten und Verhandlungen über ihre Integration, da er sie als rebellierendes und vertragsbrüchiges Föderatenheer betrachtete.

Alarich I. (um 370–410): Er wurde wahrscheinlich im heutigen Rumänien geboren und war spätestens ab 394 Anführer und König der Westgoten auf dem Balkan. Er starb 410 in Italien.

Gotische Adlerfibel.
12 cm hoch, 5,9 cm breit, Gold, Silber und Edelsteine, 5. Jahrhundert, gefunden in Domagnano (Italien), heute im Germanischen Nationalmuseum in Nürnberg.
Fibeln wurden wie Sicherheitsnadeln zum Zusammenhalten der Kleidung und gleichzeitig als Schmuckstück verwendet. Das Adlermotiv taucht häufig in der Kunst der Goten der Völkerwanderungszeit auf und ist ein Symbol für Macht, Herrschaft und Stärke. Es könnte auf die Feldzeichen der römischen Armee Bezug nehmen, zu denen Adler gehörten, könnte aber auch auf hunnische Vorstellungen vom Adler als höchster Gottheit zurückgehen. Das Kreuz auf der Brust des Vogels könnte eine christliche Bedeutung haben.

▶ Erläutern Sie, inwiefern sich die Adlerfibeln als Ausdruck von Akkulturation und Identitätsfindung der Goten der Völkerwanderungszeit interpretieren lassen.

---

[1] Siehe hierzu auch die gegen die Integration der Westgoten gerichtete Rede von Synesios von Kyrene (M3 auf Seite 35).

Als sich die Westgoten in Italien nicht mehr zu versorgen vermochten, änderte Alarich seine Ziele und versuchte, von Süditalien nach Nordafrika überzusetzen. Die wohlhabende römische Provinz Afrika war sowohl vor römischen Gegenangriffen als auch vor konkurrierenden germanischen Gruppen relativ sicher und bot den Westgoten eine verlässliche Getreideversorgung. Die geplante Überfahrt scheiterte allerdings wegen schlechten Wetters. Kurz darauf starb Alarich in Süditalien, ohne durch seine konfrontative Politik gegenüber den Römern eine gesicherte Ansiedlung und Integration seiner Westgoten erreicht zu haben. Eine erfolgreiche Überfahrt und Ansiedlung in Nordafrika gelang dann wenige Jahre später den Vandalen unter ihrem König *Geiserich* von Spanien aus.

Kooperation und Emanzipation – Ansiedlung in Südfrankreich | Alarichs Nachfolger versuchten deshalb auf anderem Wege einen Ausgleich mit der weströmischen Reichsregierung zu finden: Die Westgoten verließen Italien und zogen nach Südfrankreich und Spanien. 414 heiratete ihr neuer König Athaulf dort *Galla Placidia*, die Schwester des Kaisers Honorius, die bei der Eroberung Roms in die Hände der Westgoten gefallen war. Die Hochzeit und die Taufe des bald darauf geborenen Sohnes auf den römischen Kaisernamen *Theodosius* waren klare Signale für eine mögliche friedliche Kooperation zwischen Westgoten und Römern (→M3). Allerdings starben Athaulf und Theodosius bald darauf und Galla Placidia kehrte nach Italien zurück, sodass sich an der Situation der Westgoten zunächst nichts änderte.

Im Jahre 418 wurden die Westgoten schließlich in Südfrankreich auf sicheren und ertragreichen Ländereien angesiedelt. Wiederum verpflichteten sie sich in einem *foedus* zu Militärdiensten für die Römer und erhielten nun im Gegenzug entweder einen Teil des römischen Grundbesitzes oder einen entsprechenden Anteil an den Steuereinnahmen ihres Ansiedlungsgebietes. Die Westgoten bildeten fortan den Kern der römischen Feldarmee in der römischen Provinz Gallien und wurden sowohl gegen Räuberbanden, die sogenannten Bagauden, als auch gegen Vandalen und Sueben in Spanien eingesetzt. Im Jahre 451 waren die Westgoten der wichtigste Bestandteil einer großen Allianz von Römern und verschiedenen germanischen Föderaten, die unter dem Kommando des römischen Heermeisters Aetius auf den Katalaunischen Feldern die nach Gallien vorgedrungenen Hunnen unter Attila abwehrten.

Einerseits erfüllten die Westgoten also ihre Verpflichtungen als Föderaten und stabilisierten das Römische Reich, andererseits gerieten sie auch immer wieder in Konflikt mit den römischen Kaisern. Sie schwankten zwischen einer Mitarbeit im römischen Herrschaftssystem und einer stärkeren Eigenständigkeit und Emanzipation von den Römern. Dabei ging es um Anerkennung und Integration in die römische Mehrheitsgesellschaft, ohne die politischen, rechtlichen und sozialen Eigenheiten und damit die gotische Identität aufzugeben. Allmählich gelang es den Westgoten, ihr Siedlungs- und Herrschaftsgebiet deutlich zu vergrößern und bis nach Spanien auszuweiten. Je mächtiger die Westgoten wurden, desto mehr arrangierten sich die römischen Großgrundbesitzer mit ihnen, weil sie sich davon den wirksamen Schutz ihres Eigentums und ihrer Sicherheit versprachen (→M4). Die Herrschaft der westgotischen Könige wurde so für die Bevölkerung zu einer echten Alternative zur Herrschaft der römischen Kaiser: Während die Kaiser in Italien residierten und sich kaum noch in Gallien und Spanien engagierten, waren die Westgotenkönige vor Ort präsent und regierten bald nicht mehr nur über die Goten, sondern auch über die römischen Bewohner ihres Machtbereichs (→M6).

Gelingende Integration – das Tolosanische Reich | Die weströmischen Kaiser und das wohl nach wie vor bestehende *foedus* wurden aufgrund das Machtverlustes der römischen Zentralregierung in Gallien für die Westgoten allmählich bedeutungslos. Ab 466 kann man vom Ende des Föderatenverhältnisses und einem unabhängigen Reich der Westgoten in Südfrankreich und Spanien sprechen. Nach seiner Hauptstadt Toulouse wird es auch als Tolosanisches Reich bezeichnet.

Athaulf († 415): Er folgte 410 Alarich I. als König der Westgoten nach. Unter seiner Führung versuchten sich die Westgoten in Südfrankreich und Spanien anzusiedeln, scheiterten aber am Widerstand des weströmischen Kaisers Honorius. 415 wurde Athaulf in Spanien ermordet.

Arianismus: Vom Katholizismus unterschied sich der Arianismus vor allem dadurch, dass er einen Rang- und Wesensunterschied zwischen Gott und dessen Sohn Jesus Christus annahm. Während sich im Römischen Reich die katholische Form des Christentums durchsetzte und zur Staatsreligion wurde, blieben die Goten arianische Christen, was die Integration erschwerte und besonders ab dem 4. Jahrhundert zu Spannungen führte.

Internettipp
Über den Konflikt zwischen katholischen und arianischen Christen erfahren Sie mehr unter dem Code **32202-06**.

Den Kern der westgotischen Herrschaft bildeten der König, die Adligen, die am Königshof die wichtigsten Ämter übernahmen und den König berieten, sowie der Königsschatz, also das Vermögen des Königs, zu dem vor allem auch die großen Landgüter gehörten, die zuvor im Besitz des römischen Kaisers gewesen waren. Die Stellung des Königs beruhte ganz wesentlich darauf, dass er der größte Grundbesitzer in seinem Machtbereich war und deshalb über das größte Vermögen verfügte. Er war nicht nur oberster Heerführer, sondern auch oberster Gesetzgeber und Richter und leitete die innere Verwaltung seines Reiches und die Außenpolitik (→M4). Das Königtum wurde innerhalb der königlichen Familie in der Regel an den ältesten Sohn vererbt. Königliche Hofämter waren der Mundschenk, der Waffenträger, der Marschall als Oberaufseher der Ställe und der Pferde, der Verwalter des Schatzes sowie der Leiter der Kanzlei, der den königlichen Schriftverkehr verantwortete.

Die römische Armee in Gallien wurde durch das Heer der Westgoten ersetzt. An die Spitze der bisherigen römischen Verwaltung, die weitgehend bestehen blieb, trat der König. Auch die römischen Großgrundbesitzer behielten weitestgehend ihren Besitz und konnten hohe Ämter am Königshof, in der Zivilverwaltung und im Militär erreichen, da die Westgoten von ihren militärischen, ökonomischen und administrativen Fachkenntnissen und Kontakten profitierten.

Die Westgoten waren die erste germanische Gruppe, der es gelang, sich auf diese Weise längerfristig erfolgreich in die römischen Sozial-, Wirtschafts- und Verwaltungsstrukturen einzupassen. Schwieriger gestaltete sich hingegen das Verhältnis der Westgoten, die Anhänger der christlichen Glaubensrichtung des **Arianismus** waren, zur katholischen Kirche und ihren Bischöfen in Gallien. Hier kam es aufgrund der religiösen Unterschiede mitunter zu Konflikten, obwohl die westgotischen Könige die Kirchenhoheit sowohl über die Arianer wie auch die Katholiken ihres Machtbereichs hatten. Anders als im Vandalenreich in Nordafrika gab es bei den Westgoten aber keine Verfolgung und Unterdrückung der katholischen Kirche.

Seite aus dem Codex Argenteus.
Höhe: 24,5 cm, Breite: 20 cm, silber- und goldfarbene Tinte auf purpurfarbenem Pergament, hergestellt im frühen 6. Jahrhundert in Norditalien, heute in der Universitätsbibliothek im schwedischen Uppsala.
Der Codex Argenteus (lat.: „Silberbuch") enthielt eine gotischsprachige Übersetzung der Bibel, von der heute nur noch ein Teil erhalten ist. Bereits im 3. Jahrhundert kamen die Goten auf dem Balkan mit dem christlichen Glauben in Kontakt. Römische Christen, die von den Goten bei Raub- und Plünderungszügen gefangengenommen und verschleppt wurden, bekehrten Teile der Goten zum damals auch im Römischen Reich verbreiten arianischen Christentum. Die römischen Kaiser unterstützten diese Christianisierung der Goten, weil sie sich davon eine Akkulturation versprachen. Die im Codex Argenteus überlieferten Teile dieser Bibelübersetzung zählen zu den ältesten schriftlichen Zeugnissen einer germanischen Sprache.

Grundsätzlich erforderte das Zusammenleben von Goten und Römern gesetzliche Regelungen, da beide Bevölkerungsgruppen unterschiedliche Rechtssysteme hatten und zudem die Goten eine privilegierte Stellung gegenüber den Römern genossen. Deshalb wurden schon bald nach 418 vereinfachte römische Rechtsvorschriften und neue Gesetze des Königs in zwei umfangreichen Rechtssammlungen in lateinischer Sprache, dem *Codex Euricianus* und dem *Breviarium Alaricianum* zusammengefasst und niedergeschrieben. Ziel war es dabei eher, die beiden Bevölkerungsgruppen zu separieren als zu integrieren. Ehen zwischen Goten und Römern waren deshalb weitgehend verboten. Während die Westgoten von Steuerzahlungen befreit waren, waren sie zum Kriegsdienst verpflichtet. Die römische Bevölkerung blieb hingegen vom Kriegsdienst im Wesentlichen ausgenommen und hatte dafür die gesamte Steuerlast zu tragen. Dass die Steuerbelastung für die römische Bevölkerung unter den Westgoten insgesamt deutlich geringer war als unter der kaiserlichen Verwaltung, trug sehr zur Akzeptanz ihrer Herrschaft bei.

In den neu getroffenen gesetzlichen Regelungen wird auch die zentrale Frage greifbar, wie die Westgoten als Minderheit in einer römischen Mehrheitsgesellschaft die Identität und den Zusammenhalt der eigenen Gruppe bewahren bzw. weiterentwickeln konnten. Man kann annehmen, dass – neben der rechtlichen Stellung – Sprache und arianisches Bekenntnis für das Selbstverständnis der Westgoten eine wichtige Bedeutung hatten. Darüber hinaus dürfte die Überlieferung der eigenen Vergangenheit und insbesondere die Geschichte der Königsfamilie einen Traditionskern der westgotischen Identität gebildet haben (→M1). Vorstellbar sind zudem mündlich überlieferte Erzählungen und Lieder sowie Regeln und Gebräuche im sozialen Zusammenleben oder auch Haar- und Kleidungsmoden, die als typisch „gotisch" angesehen wurden und damit identitätsstiftend und identitätserhaltend waren. Im Laufe der Zeit passten sich die Westgoten, die nur ein bis zwei Prozent der Gesamtbevölkerung ihres Reiches ausmachten, allerdings immer mehr der römischen Lebensweise an und assimilierten sich (→M2 und M5).

Konkurrenz, Neuanfang und Scheitern – das Toledanische Reich | Anfang des 6. Jahrhunderts gerieten die Westgoten in Gallien in Konkurrenz zum expandierenden Frankenreich unter Chlodwig I.[1] Trotz Unterstützung durch die Ostgoten mussten sie sich nach Spanien zurückziehen und gründeten dort eine neue Herrschaft. Nach seiner Hauptstadt Toledo wird dieses zweite Reich der Westgoten als Toledanisches Reich bezeichnet. In Spanien gelang die Integration der Westgoten allerdings weniger gut als in Gallien und ihre Herrschaft blieb instabil. Immer wieder kam es zu Machtkämpfen zwischen dem König und mächtigen Adligen und auch das Verhältnis zur römischen Bevölkerung war angespannt, obwohl die Westgoten schließlich die katholische Form des Christentums annahmen. So konnten sie zwar ein weiteres Vordringen der Franken und auch Versuche des Oströmischen Reiches, Spanien zurückzugewinnen, abwehren. Aber 711 wurde das spanische Westgotenreich von den aus Nordafrika kommenden islamischen Arabern erobert und die in Spanien verbliebenen Goten gingen darin auf.

---

[1] Über Chlodwig und das Frankenreich erfahren Sie mehr ab Seite 60.

M1 Die Herkunft der Goten

Der oströmische Geschichtsschreiber Jordanes († nach 551) veröffentlicht um das Jahr 550 eine Geschichte der Goten und ihrer Herkunft:

Man erinnert sich, dass also aus dieser Insel Scandia[1] gleichsam wie aus einer Völkerwerkstatt – oder besser wie aus einem Mutterschoß der Völker – die Goten gemeinsam mit ihrem König Berig[2] ausgezogen seien: Sowie sie erst-
5 mals aus ihren Schiffen ausstiegen und das Festland erreichten, gaben sie dem Ort dort ihren Namen. Denn auch heute, sagt man, wird er da „Gothiscandia"[3] genannt. Von da zogen sie rasch weiter zu den Wohnsitzen der Ulmirugier[4], die damals die Küsten des Ozeans bewohnten, schlu-
10 gen ihr Lager auf und vertrieben sie in einer Schlacht aus deren Wohnsitzen; und dadurch, dass sie deren Nachbarn, die Vandalen, schon damals unterjochten, schlossen sie sich diese durch ihre Siege an. Sobald aber eine große Volksmenge heranwuchs und Filimer, der Sohn Gadarigs[5],
15 schon als fünfter König nach Berig regierte, kam er zu dem Entschluss, dass das Heer der Goten von dort mit den Familien fortziehen solle. Während es nun die geeignetsten Wohnsitze und passenden Orte suchte, gelangte es zu den Ländern Skythiens[6] […]. Nicht lange darauf kamen sie dort
20 zu dem Volk der Spalen, eröffneten eine Schlacht und erlangten den Sieg; und von dort eilten sie schon wie Sieger zu dem äußersten Teil Skythiens, der dem Schwarzen Meer benachbart ist. Dies wird so zum Beispiel auch im Allgemeinen in ihren alten Liedern in nahezu historischer Weise
25 erinnert […]. Wir lesen, dass sie in ihrer Bleibe auf dem Boden Skythiens, beim Asowschen Meer, in ihrer zweiten in Mösien, Thrakien und Dakien[7], in ihrer dritten wieder in Skythien gewohnt haben […]. An ihrem dritten Wohnsitz jedoch, oberhalb des Schwarzen Meeres, hatten sie schon
30 einen höheren Grad von Gesittung und Einsicht erreicht und teilten sich nach Familien, die Westgoten standen nun unter dem Geschlecht der Balthen, die Ostgoten unter den hochberühmten Amalern[8].

Jordanes, Getica, 4, 25 f., 38, und 42, zitiert nach: Hans-Werner Goetz und Karl-Wilhelm Welwei (Hrsg.), Altes Germanien. Auszüge aus antiken Quellen über die Germanen und ihre Beziehungen zum Römischen Reich von der Mitte des 3. Jahrhunderts bis zum Jahre 453 n. Chr., Bd. 1, Darmstadt 2013, S. 13–19

[1] Gemeint ist Skandinavien, evtl. die schwedische Insel Gotland.
[2] **Berig**: historisch nicht fassbarer, legendärer König der Goten
[3] Gemeint sein könnten hier Gebiete im heutigen Polen, in denen sich gotische Gruppen bildeten und ansiedelten.
[4] **Ulmirugier**: die germanische Gruppe der Rugier, die im heutigen Polen zwischen Oder und Weichsel lebte
[5] **Filimer** und **Gadarig**: historisch nicht fassbare, legendäre Könige der Goten
[6] **Skythien**: die Steppengebiete der Ukraine und Südrusslands
[7] **Mösien**, **Thrakien** und **Dakien**: römische Provinzen südlich der Donau
[8] **Balthen** und **Amaler**: Königsfamilien der Westgoten bzw. der Ostgoten ab dem 5. Jahrhundert

1. Geben Sie wieder, was Jordanes über die Herkunft und Frühgeschichte der Goten berichtet.
2. Erörtern Sie, welche Bedeutung eine solche Darstellung ihrer Herkunft und Frühgeschichte für die Identität der Goten gehabt haben könnte.
3. Nehmen Sie Stellung zu der Glaubwürdigkeit der Darstellung von Jordanes. Berücksichtigen Sie dabei auch M5 auf Seite 36.

M2 Germanischer Spangenhelm

Spangenhelme waren der meistverbreitete Helmtyp der Spätantike. Sie bestehen aus einem Stirnreif, auf dem 4 bis 6 Metallleisten (Spangen) angebracht sind, die gewölbt in der Helmspitze zusammenlaufen. Zwischen den Spangen befinden sich Metallplatten. Von den in Südrussland ansässigen Sarmaten übernahmen vermutlich zuerst die Römer den Spangenhelm, dann germanische Gruppen, u. a. die Goten. Im 6. Jahrhundert n. Chr. waren Spangenhelme in ganz Europa verbreitet. Dieses 18 cm hohe Exemplar wurde aus Eisen, Bronze und Gold gefertigt und 1962 in einem Fürstengrab bei Krefeld-Gellep gefunden.

▶ Erläutern Sie, inwieweit die Spangenhelme ein Beispiel für Technik- und Know-how-Transfer infolge von Migrations- und Akkulturationsprozessen sind. Beziehen Sie dabei auch das Schaubild auf Seite 9 ein.

M3 Das Verhältnis von Westgoten und Römern

Der christliche Historiker Paulus Orosius (um 380 – nach 418) berichtet im 5. Jahrhundert über die politischen Ziele des westgotischen Königs Athaulf und dessen Einstellung gegenüber dem Römischen Reich:

Damals führte König Athaulf die Völker der Goten an, der nach dem Einfall in die Stadt (Rom)[1] und dem Tod Alarichs […] (Galla) Placidia[2], die gefangengenommene Schwester des Kaisers, zur Frau genommen hatte und Alarich in der
5 Königsherrschaft gefolgt war. Wie man häufig vernommen hat, […] zog er es vor, als Anhänger des Friedens recht eifrig dem Kaiser Honorius Kriegsdienste zu leisten und die Streitkräfte der Goten zur Verteidigung des römischen Staates einzusetzen. Denn auch ich selbst habe gehört, wie
10 ein gewisser Mann aus Narbonne […] erzählte, er sei mit Athaulf bei Narbonne sehr vertraut gewesen und habe von ihm oft unter Zeugen erfahren, dass jener, wenn er bei guter Laune, bei Kräften und bei Verstand war, zu sagen pflegte: Zuerst aber habe er heftig danach getrachtet, den
15 römischen Namen (aus dem Gedächtnis) auszulöschen und dann den gesamten römischen Boden zu einem Reich der Goten zu machen und auch so zu benennen, auf dass, um das volkstümlich auszudrücken, zur „Gothia" werde, was jetzt die „Romania" sei, und Athaulf jetzt das werde, was
20 einst Cäsar Augustus[3] gewesen sei; da die vielfältige Erfahrung jedoch bewiesen habe, dass die Goten wegen ihres zügellosen Barbarentums weder auf irgendeine Weise Gesetzen gehorchen könnten, noch man dem Staat Gesetze untersagen dürfe, ohne die ein Staat (nun einmal) kein
25 Staat ist, habe er es vorgezogen, sich wenigstens darin eigenen Ruhm zu erwerben, dass er den römischen Namen mit den Streitkräften der Goten ungeschmälert wiederherstelle und noch vergrößere und in den Augen der Nachfahren als Begründer der römischen Erneuerung angesehen
30 werde, nachdem er schon dessen Verwandler sein könne. Deshalb bemühte er sich eifrig, sich vom Krieg zurückzuhalten und nach Frieden zu trachten, und wurde dazu vor allem durch die Überzeugung und den Rat seiner Gemahlin Placidia, einer Frau von wahrhaft scharfsinnigem Verstand
35 und recht bewährter Frömmigkeit, zu allen Werken von guter Ordnung umgestimmt.

Paulus Orosius, Geschichte gegen die Heiden, 7, 43, 2–7, zitiert nach: Hans-Werner Goetz und Karl-Wilhelm Welwei (Hrsg.), a. a. O., Bd. 2, Darmstadt 2013, S. 380–383

---

[1] **Einfall in die Stadt (Rom):** Die Westgoten erobern Rom im Jahre 410.
[2] **Galla Placidia** (um 390–450): Schwester des von 395 bis 423 regierenden weströmischen Kaisers Honorius (384–423)
[3] **Augustus** (63 v. Chr.–14 n. Chr.): erster römischer Kaiser (27. v. Chr.–14 n. Chr.)

---

1. Fassen Sie zusammen, wie sich Orosius zufolge die Einstellung des Westgotenkönigs Athaulf zum Römischen Reich verändert hat.
2. Erläutern Sie, warum sich Athaulfs politische Ziele geändert haben. | H
3. Erörtern Sie, mit welchen weiteren Argumenten Galla Placidia Athaulf von einer Kooperation mit den Römern überzeugt haben könnte.
4. Überprüfen Sie, inwieweit die Westgoten nach 410 diesen politischen Zielen Athaulfs folgten. | H

M4 Der König und sein Tagesablauf

Der in Gallien lebende römische Großgrundbesitzer und Schriftsteller Sidonius Apollinaris (um 431–481/86) beschreibt in einem Brief an einen Freund den von 453 bis zu seinem Tod 466 regierenden Westgotenkönig Theoderich II. und dessen Tagesablauf:

Schon oft hast du verlangt, dass Dir brieflich etwas von der äußeren Erscheinung und der Lebensart Theoderichs, des Königs der Goten, berichtet werde, empfiehlt doch sein guter Ruf den Völkern seinen (römisch-)kultivierten Lebensstil. […] Sein Charakter aber ist von solcher Art, dass 5 sein Lob durch nichts, nicht einmal durch den Neid auf sein Königtum, verringert werden kann.
Nun zur Frage nach seiner äußeren Gestalt: Sein Körper ist gerade recht; er ist kein Riese von Gestalt, aber doch größer und stattlicher gewachsen als der Durchschnitt. Er hat ei- 10 nen wohlgerundeten Kopf, auf dem sein Lockenhaar von der glatten Stirn zurück bis zum Hinterkopf reicht. […] Ohren und Ohrläppchen werden nach barbarischer Sitte von den zurückgekämmten Haaren bedeckt. […] Sein Gesichtshaar wächst dicht über die leicht gerundeten Schlä- 15 fen, doch wird der Bart, wenn er sich in der unteren Gesichtshälfte erhebt, ständig vom Barbier geschoren, sodass die Wangen wie die eines jungen Mannes wirken. […]
Die Schultern sind wohlgerundet, die Oberarme muskulös, die Unterarme kräftig, und breit die Hände […]. Beide Hüf- 20 ten strotzen vor starken Muskeln. Im gegürteten Leib herrscht Lebenskraft. Fest wie Horn ist der Oberschenkel, der von Gelenk zu Gelenk voll männlicher Kraft erscheint. Seine Knie sind völlig frei von Falten und voller Schönheit. Die Unterschenkel stützen sich auf feste Waden, aber die 25 Füße, die so mächtige Gliedmaßen tragen, sind dennoch zart. […]
Vor Tagesbeginn sucht er mit einem ganz kleinen Gefolge die Gemeinschaft seiner Priester auf und betet mit großem Ernst. Wenn man ihn aber persönlich spricht, kann man 30 freilich erkennen, dass er diese Andacht mehr aus Gewohnheit als aus Überzeugung übt. Der Rest des Morgens wird durch die Sorge um die Verwaltung des Reiches bestimmt. Neben dem Thronsessel steht der oberste Waffenträger.

Die Schar der in Pelze gekleideten Gefolgsleute wird nur
soweit zugelassen, dass sie im Notfall zur Hand ist, bleibt
aber, um nicht zu stören, aus der unmittelbaren Umgebung
verbannt. […] Unterdessen werden die Gesandten fremder
Völker vorgelassen. Der König hört meistens zu, antwortet
aber nur wenig. Bedarf eine Sache erst gründlicher Überlegung, schiebt er sie auf. Wenn sie rasch besorgt werden
soll, treibt er dazu an. Die zweite Stunde (7 Uhr) ist da. Er
erhebt sich vom Thron und hat nun Zeit, seine Schätze oder
die Stallungen zu besichtigen. […]
Wenn man ihm zum Gastmahl folgt, das außer an Feiertagen gerade so wie das eines privaten Hauses ist, gibt es
keine glanzlosen Haufen von verfärbtem alten Silber, das
der keuchende Diener auf sich biegenden Tischen auftürmt.
Das meiste Gewicht hat das Gespräch, da man bei dieser
Gelegenheit entweder nichts oder aber Ernsthaftes redet.
[…] Die Speisen begeistern wegen der kunstvollen Art ihrer
Zubereitung und nicht deswegen, weil sie an sich so wertvoll wären, und die Servierplatten beeindrucken ihrer blitzenden Sauberkeit und nicht ihrer Schwere wegen. […]
Nach dem Mahle fällt der Mittagschlaf entweder ganz aus
oder ist nur kurz. Zu den Stunden, in denen der König
spielen möchte, greift er rasch zu den Würfeln. […] Bei
guten Würfen schweigt er, bei schlechten lacht er. […]
Wenn Spiele veranstaltet werden, lässt er für deren Dauer
die königliche Strenge beiseite und ermuntert alle zu freier
Gemeinschaft. Um zu sagen, was ich meine: Er fürchtet,
gefürchtet zu werden. […]
Um die neunte Stunde (15 Uhr) hebt die Last des Regierens
wieder an. Neuerlich kommen die Bittsteller, neuerlich diejenigen, die sie entfernen sollen. Überall herrscht lautes
Gezänk und Begehren, was sich bis zum Abend hinzieht.
Der Tumult ebbt zur Zeit des königlichen Abendmahls ab;
schließlich werden die Geschäfte auf die verschiedenen
Höflinge, entsprechend ihrer Rolle als Schutzherren, aufgeteilt […]. Wenn [der König] sich von der Tafel erhoben
hat, zieht die Wache zuerst beim Schatzgewölbe auf, und
Bewaffnete, denen die erste Nachtwache übertragen ist,
besetzen die Zugänge zum Königspalast.

Sidonius Apollinaris, Epistulae I, 2, zitiert nach: Herwig Wolfram, Das Römerreich und seine Germanen. Eine Erzählung von Herkunft und Ankunft, Köln 2018, S. 247–249

1. Gliedern Sie die Aspekte, die Sidonius Apollinaris in seiner Beschreibung des Königs und seines Tagesablaufs nennt.
2. Erläutern Sie, warum der Autor so viel Wert auf die Schilderung der äußeren Gestalt des Königs legt. | H
3. Vergleichen Sie die Aussagen von Sidonius Apollinaris über den Westgotenkönig Theoderich mit denen von Synesios von Kyrene über die Goten (M3 auf Seite 35).
4. Analysieren Sie, welche Einstellung der Römer Sidonius Apollinaris zur Herrschaft der Westgoten in seiner Heimat Gallien hat.

M5 Germanischer Reiter

Das Mosaik stammt aus einer Villa bei Karthago in Nordafrika. Es ist um 500 entstanden und befindet sich heute im British Museum in London. In der Forschung ist umstritten, ob es sich bei dem abgebildeten Reiter um einen Römer oder einen Germanen, dann wahrscheinlich einem Vandalen, handelt. An der Kleidung und am dargestellten Verhalten ist das nicht eindeutig zu erkennen. Lediglich die Haar- und Barttracht deutet eher auf einen Germanen, passt aber auch zu einem römischen Soldaten der Völkerwanderungszeit.

▶ Erklären Sie, was es bedeuten könnte, wenn Römer und Germanen in zeitgenössischen bildlichen Darstellungen nur schwer zu unterscheiden sind.

M6 Die Herrschaft der Germanen als Alternative

Im Gallien des 5. Jahrhunderts wurde für viele Römer die Herrschaft der Westgoten und anderer germanischer Gruppen zunehmend zu einer Alternative zu der als ungerecht und bedrückend empfundenen römischen Verwaltungspraxis. Der christliche Geistliche und Schriftsteller Salvian von Marseille (um 400 – nach 480) schreibt dazu um 450:

Was den Lebenswandel der Goten und Vandalen anlangt: In welchen Punkten können wir uns ihnen voranstellen oder auch nur uns mit ihnen vergleichen? Um zuerst von der gegenseitigen Liebe und Zuneigung zu sprechen […]: Fast
5 alle Barbaren, wenn sie nur ein Volk unter einem Könige sind, lieben einander; fast alle Römer verfolgen einander […].

In einer Zeit, in der der römische Staat entweder schon tot ist oder doch sicher in den letzten Zügen liegt, und dort, wo
10 er noch zu leben scheint, von den Fesseln der Abgaben wie von Räuberhänden gedrosselt dahin stirbt, in einer solchen Zeit finden sich so viele Reiche, deren Abgaben die Armen zahlen müssen, das heißt, es finden sich viele Reiche, deren Abgaben die Armen töten. Unterdessen werden Arme aus-
15 geplündert, seufzen Witwen, werden Waisen mit Füßen getreten; ja, es ist so weit gekommen, dass viele von ihnen, und zwar solche aus nicht niedrigem Geschlecht und mit guter Bildung, zu den Feinden fliehen, um nicht unter dem Druck der staatlichen Verfolgung zu sterben. Sie suchen bei
20 den Barbaren die Menschlichkeit der Römer, weil sie bei den Römern die barbarische Unmenschlichkeit nicht ertragen können.

Und obwohl sie von denen, zu denen sie flüchten, in Gebräuchen und Sprache abweichen, ja sogar schon, wenn ich
25 so sagen darf, durch den üblen Geruch der Leiber und der Barbarenkleider sich abgestoßen fühlen, wollen sie doch lieber bei den Barbaren unter der ungewohnten Lebenshaltung leiden als bei den Römern unter wütender Ungerechtigkeit. Deshalb wandern sie scharenweise entweder zu den
30 Goten oder zu den Bagauden[1] oder zu anderen Barbaren, die ja allenthalben herrschen; und es reut sie nicht, hinübergewandert zu sein. Denn lieber leben sie unter dem Schein der Gefangenschaft frei als unter dem Schein der Freiheit als Gefangene. Deswegen wird der Name des römi-
35 schen Bürgers, der einst nicht nur hoch geschätzt, sondern auch um viel Geld gekauft wurde, jetzt aus freien Stücken verschmäht und gemieden […].

Unter züchtigen Barbaren leben wir in Unzucht. Ja, ich sage sogar noch mehr: Die Barbaren nehmen sogar an unserer Unkeuschheit Anstoß […]. Das Volk der Goten ist
40 treulos, aber züchtig; die Alanen sind unzüchtig, aber weniger treulos; die Franken sind lügnerisch, aber gastfreundlich; die Sachsen sind wild und grausam, aber von bewundernswerter Keuschheit; alle Völker haben, kurz gesagt, zwar ihre besonderen Fehler, aber auch einige gute
45 Eigenschaften. […] Was für eine Hoffnung, so frage ich, kann der römische Staat noch haben, wenn die Barbaren keuscher und reiner sind als die Römer? […] Weder gibt ihnen die natürliche Kraft des Leibes den Sieg, noch ist unsere natürliche Schwäche schuld an unserer Niederlage.
50 Niemand soll sich etwas anderes einreden, niemand etwas anderes glauben. Unsere lasterhaften Sitten allein haben uns besiegt.

Salvian von Marseille, Von der Weltregierung Gottes, 5, 4 – 8, 7, 15 und 7, 23, zitiert nach: Walter Arend (Bearb.), Altertum. Geschichte in Quellen, München ³1978, S. 803 f.

1. Geben Sie wieder, wie Salvian die Situation in Gallien um 450 beschreibt.
2. Erläutern Sie die Gründe, warum viele Römer Salvian zufolge bereit waren, unter der Herrschaft von Germanen zu leben.
3. Nehmen Sie Stellung zu Salvians Aussage: „Das Volk der Goten ist treulos, aber züchtig; die Alanen sind unzüchtig, aber weniger treulos; die Franken sind lügnerisch, aber gastfreundlich; die Sachsen sind wild und grausam, aber von bewundernswerter Keuschheit; alle Völker haben, kurz gesagt, zwar ihre besonderen Fehler, aber auch einige gute Eigenschaften" (vgl. Zeile 40 – 46). | F

---

[1] **Bagauden**: aufständische römische Bauern und Viehzüchter in Gallien, die sich gewaltsam gegen die hohe Steuerbelastung zu wehren versuchten

Die Ostgoten und ihre Reichsgründung in Italien

Drang nach Integration: die Ostgoten auf dem Balkan | Seit 375 lebten die Ostgoten in enger Koexistenz mit den Hunnen und beteiligten sich an deren Kriegszügen. Im Jahre 451 kämpften sie in der Schlacht auf den Katalaunischen Feldern in Frankreich aufseiten der Hunnen gegen die Römer und den mit diesen verbündeten Westgoten. Erst nach dem Tod Attilas 453 konnten sich die Ostgoten von ihrer Zwangsintegration in das Hunnenreich befreien und drängten nun ihrerseits ins Römische Reich. Als Föderaten des Ostreichs siedelten sie sich zunächst in der römischen Provinz Pannonien im heutigen Ungarn und Serbien entlang der Donau an und übernahmen gegen Zahlung von Jahrgeldern den Schutz der römischen Reichsgrenze gegen Hunnen und gegen andere germanische Gruppen. Auf diese Weise lernten die Ostgoten die römischen Militär- und Verwaltungsstrukturen kennen. Spätestens jetzt nahmen sie das arianische Christentum an. Gleichzeitig bildete sich in ihrem Stammesverband eine starke Führungsrolle der Königsfamilie der Amaler heraus. Weil ihr Siedlungsgebiet ihnen aber zu unsicher und ihre Versorgungslage schlecht war, verließen die Ostgoten Pannonien wieder und zogen plündernd durch die römischen Balkanprovinzen.

Ab 471 übernahm Theoderich die Führung der Ostgoten. Er schloss den Stammesverband mit weiteren gotischen und anderen germanischen Gruppen zusammen, die sich als römische Föderaten auf dem Balkan befanden. Durch diese Ethnogenese wurden die Ostgoten mit rund 20 000 Kriegern zur stärksten Militärmacht im Oströmischen Reich. Die oströmischen Kaiser ernannten Theoderich wiederholt zum Heermeister, um sich die ostgotischen Militärdienste gegen innere und äußere Gegner zu sichern. Sie vermieden es aber, die Ostgoten nachhaltig zu integrieren und dauerhaft in sicheren Gebieten ihres Reiches anzusiedeln. Insbesondere verhinderten sie mit militärischen und diplomatischen Mitteln deren Übersetzen vom Balkan in die reichen Provinzen Kleinasiens. Theoderich befand sich damit in einer ähnlich prekären Lage wie hundert Jahre zuvor Alarich und die Westgoten: Er konnte eine Integration seiner Gruppe ins Oströmische Reich nicht erzwingen und vermochte so deren Ernährungs- und Sicherheitsprobleme nicht nachhaltig zu lösen.

Im Auftrag des Kaisers: die Eroberung Italiens und die Stellung Theoderichs | Um seinen Verband aus spezialisierten Reiterkriegern zusammenzuhalten und seine eigene Stellung als König zu sichern, musste Theoderich ihnen in dieser angespannten Situation ein neues politisches und militärisches Ziel geben. Deshalb nahm er 488 den Auftrag des oströmischen Kaisers *Zenon* an, nach Italien gegen den dortigen Machthaber Odoaker zu ziehen. Zenon wollte damit einerseits Theoderich und die Ostgoten aus der Nähe seiner Hauptstadt Konstantinopel entfernen und andererseits wieder größeren politischen Einfluss in Italien gewinnen. Theoderich sollte dort nämlich nach einem Sieg über Odoaker anstelle des oströmischen Kaisers herrschen, bis dieser selbst nach Italien kommen würde (→M1).

Tatsächlich gelang es Theoderich nach einem fünfjährigen wechselvollen Kampf in Italien und mithilfe der Westgoten, Odoaker 493 zu besiegen. Die Ostgoten waren die erste germanische Gruppe, die ein Reich in Italien, dem Kernland des ehemaligen Römischen Reiches, und in angrenzenden Gebieten im Alpenraum und auf dem Balkan gründete – und sie taten dies im Auftrag des oströmischen Kaisers. Hauptstadt des Ostgotenreiches wurde die vormalige Kaiserresidenz Ravenna. Rom besuchte Theoderich erst im Jahre 500, anlässlich des dreißigjährigen Jubiläums seiner Königserhebung, zum ersten Mal.

Theoderichs Stellung als Herrscher in Italien war kompliziert, weil er sowohl auf die Goten als auch auf die römische Bevölkerung und den Kaiser in Konstantinopel Rücksicht nehmen musste. Zum einen war er von seinen ostgotischen Kriegern nach dem Sieg über Odoaker zum König von Italien und aller dort lebenden Goten und Römer ausgerufen worden, zum anderen hatte er das römische Amt eines Heermeisters inne.

Theoderich der Große (um 453 – 526): 461 kam Theoderich im Alter von acht Jahren als Geisel an den oströmischen Kaiserhof in Konstantinopel. Stark durch die römische Kultur geprägt, erhielt er das römische Bürgerrecht und führte den römischen Namen Flavius Theodericus. 471 kehrte er aus der Geiselhaft zu den Ostgoten auf den Balkan zurück.

Odoaker (um 433 – 493): Der Germane Odoaker war ab ca. 470 Offizier in der Leibwache der weströmischen Kaiser in Italien. 476 setzte er den dort regierenden Kaiser Romulus Augustulus ab und beendete so das weströmische Kaisertum. Stattdessen ließ er sich zum König von Italien ausrufen und vom oströmischen Kaiser Zenon bestätigen. Als Odoaker 493 den Machtkampf um die Herrschaft in Italien gegen Theoderich verlor, wurde er von den Ostgoten getötet.

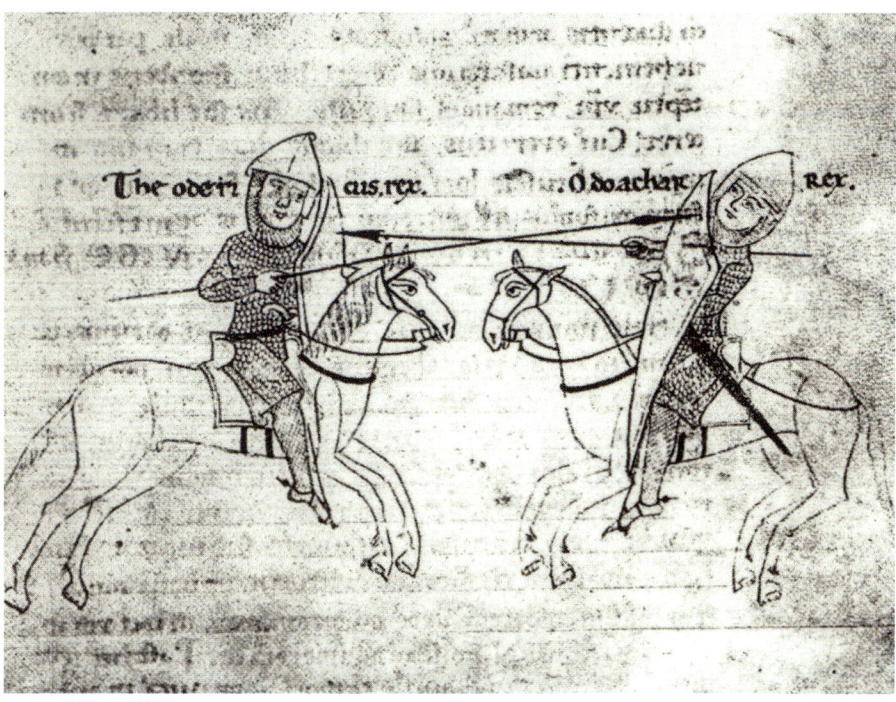

Der Kampf zwischen Theoderich und Odoaker um Italien.
Federzeichnung aus dem 12. Jahrhundert, Tinte auf Pergament, im Besitz der Biblioteca Apostolica Vaticana (Vatikan).
Theoderich (*Theodericus rex*) und Odoaker (*Odoacher rex*) sind beide als berittene Kämpfer in der für das 12. Jahrhundert typischen Bewaffnung als „Ritter" mit Kettenhemd, Helm, Schild und Lanze dargestellt.

▶ Finden Sie eine Erklärung, warum der Künstler die beiden germanischen Herrscher in der typischen Bewaffnung und Ausrüstung seiner eigenen Zeit dargestellt hat. Was könnte der Grund dafür sein, dass beide sehr ähnlich gezeigt werden?

Der oströmische Kaiser *Anastasius I.* erkannte Theoderich schließlich 497 als König (lat. *rex*) an, während Theoderich im Gegenzug die Vorrangstellung des Kaisers respektierte (➜ M2, M3 und M4). Dieses Einvernehmen war für Theoderich von großer Wichtigkeit, um von der römischen Bevölkerung als Vertreter des Kaisers akzeptiert und nicht als Usurpator, also als unrechtmäßiger Herrscher, angesehen zu werden. Theoderich nannte sich in der Folgezeit deshalb auch nicht Kaiser. Er besaß aber faktisch doch eine vergleichbare Machtfülle: Er hatte den Oberbefehl über die Armee inne, also alle gotischen und römischen Truppen in seinem Herrschaftsbereich, übte die oberste Gerichtsbarkeit aus und stand an der Spitze der Zivilverwaltung.

Ausgleich zwischen Römern und Goten: das Ostgotenreich | Innenpolitisch bemühte sich Theoderich intensiv um einen friedlichen Ausgleich zwischen Ostgoten und Römern in seinem Reich: Beide Bevölkerungsgruppen sollten unter ihm als Herrscher zwar getrennt, aber nach einheitlichem Recht leben. Zu diesem Zweck erließ Theoderich, ähnlich wie die Westgoten in Gallien nach 418, eine eigene Gesetzessammlung, das *Edictum Theoderici*. Damit wurde das bisher in Italien geltende römische Recht vereinfacht und auf das Ostgotenreich angepasst. Zunächst schien das Zusammenleben der beiden Bevölkerungsgruppen unter Herrschaft der Ostgoten auch zu gelingen (➜ M5). Wie im Westgotenreich gab es dabei eine Art Aufgaben- und Lastenteilung zwischen Goten und Römern: Während die Goten den Militärdienst übernahmen, waren die Römer für die Steuerzahlungen zuständig. Eheschließungen zwischen Goten und Römern blieben verboten.

Senat (lat. *senatus*: Ältestenrat / Rat erfahrener Politiker): Im römischen Senat der Völkerwanderungszeit waren Vertreter der vermögenden und einflussreichen Adelsfamilien Italiens versammelt. Die Senatoren übernahmen wichtige Aufgaben in der Verwaltung und in der katholischen Kirche Italiens. Als Großgrundbesitzer kontrollierten sie zudem die Wirtschaft des Landes.

Papst: Bezeichnung für den Bischof der Stadt Rom. Die römischen Bischöfe beanspruchten in der katholischen Kirche seit dem 4. Jahrhundert eine religiöse Vorrangstellung. Diese führten sie darauf zurück, dass der Apostel Petrus, der von Jesus Christus zu seinem Stellvertreter ernannt worden sei, als der erste christliche Bischof in Rom amtiert habe. Während der zunehmenden Schwäche und nach dem Ende des Kaisertums im Weströmischen Reich im 5. Jahrhundert konnten die Päpste auch ihren politischen Einfluss ausbauen.

Die ostgotischen Krieger und ihre Familien ließen sich vorwiegend in Norditalien in eigenen Militärsiedlungen nieder, um Italien gegen Angriffe von konkurrierenden germanischen Gruppen zu schützen. Ihre Ansiedlung gelang offenbar auch ohne größere Konflikte mit den Mitgliedern des Senats, den römischen Großgrundbesitzern, von denen die Goten entweder einen Teil des Landbesitzes oder einen Teil der Steuerabgaben erhielten. Damit hatten die Ostgoten endlich sichere Siedlungsgebiete und eine ausreichende Versorgung erlangt: Aus der wandernden Föderatenarmee wurde nun eine sesshafte Bevölkerung.

Die römische Zivilverwaltung Italiens und auch der kaiserliche Hof in Ravenna bestanden und arbeiteten weiter, sodass Theoderich nach seinem Sieg über Odoaker beides übernehmen konnte. Dabei kooperierte er nach der gelungenen Landnahme mit den römischen Großgrundbesitzern, auf deren Fachkenntnisse er angewiesen war. Römer bekleideten nach wie vor die höchsten Ämter der Verwaltung und auch einflussreiche Positionen am königlichen Hof. An Schlüsselpositionen und in der Verwaltung setzte der König aber auch gezielt gotische Beamte ein. Einen solchen entsandte der König auch in jede von Goten bewohnte Stadt, um dort als Richter und militärischer Befehlshaber zu fungieren. Dieser *comes* war für die Schlichtung von Streitigkeiten zwischen Goten und Römern zuständig (→M6).

Die Tatsache, dass die Goten Arianer und die Römer Katholiken waren, scheint im Verhältnis der beiden Bevölkerungsgruppen erstmal keine große Rolle gespielt zu haben. Theoderich war der Schutzherr der Kirche, hielt sich als Arianer aus die katholische Kirche betreffenden religiösen Fragen allerdings weitgehend heraus und überließ die Kirchenpolitik dem Papst in Rom. Für die Goten und andere arianische Christen gab es im Ostgotenreich eine eigene Kirchenorganisation mit eigenen Bischöfen. Katholische und arianische Kirche waren im Ostgotenreich aber grundsätzlich gleichrangig und hatten die gleichen Rechte, es herrschte also religiöse Toleranz.

Einer nachhaltigen Integration und Akkulturation der Ostgoten in Italien standen aber offenbar trotzdem deren barbarische Herkunft und die Beibehaltung einer militärischen Lebensweise im Wege. Beides hielt bei der römischen Bevölkerung antigotische Vorbehalte wach, obwohl die Goten nur etwa zwei Prozent der Gesamtbevölkerung Italiens ausmachten. Die gotische Identität zeigte sich wohl insbesondere an Bildung und Sprache, der arianischen Religion, an bestimmten Moden bei Kleidung und Haartracht sowie an den Begräbnissitten. Inwieweit die Ostgoten in Italien bewusst Wert darauf legten, ihre gotische Kultur und Tradition beizubehalten und zu pflegen, oder grundsätzlich bereit waren, sich der römischen Mehrheitskultur zu assimilieren, ist nur schwer zu bestimmen. Sicherlich gab es dabei auch unter den Ostgoten Unterschiede.

Theoderich selbst betonte im Verlaufe seiner Herrschaft jedenfalls zunehmend die Eigenständigkeit seiner Herrscherstellung, indem er als König Symbole und Verhaltensweisen übernahm, die eigentlich nur dem Kaiser in Konstantinopel zustanden. Dazu gehörte, dass er purpurfarbene Gewänder trug, die für den Kaiser reservierte Anrede *dominus* („Herr") erwartete, Bildnisse und Statuen von sich selbst aufstellen ließ und ein goldenes Medaillon mit seinem Bildnis prägen ließ, was ebenfalls ein kaiserliches Vorrecht darstellte (→M2). Außerdem ließ Theoderich in Ravenna einen Königspalast und ein Grabmal sowie mehrere Kirchen errichten. Mit all diesen Maßnahmen übte er herrschaftliche Vorrechte aus und emanzipierte sich für die Bevölkerung Italiens klar erkennbar vom oströmischen Kaiser. Damit stellte Theoderich die mit Zenon getroffene Vereinbarung, Italien nur stellvertretend für den Kaiser zu regieren, infrage.

Außenpolitisch leitete Theoderich aus dem kaiserlichen Auftrag zur Beherrschung Italiens eine Vorrangstellung gegenüber den anderen germanischen Reichsgründungen auf dem Gebiet des ehemaligen Weströmischen Reiches ab. Diese Vorrangstellung versuchte er dadurch zu erreichen und abzusichern, dass er gute Kontakte und verwandtschaftliche Beziehungen zu den Königen dieser Germanenreiche knüpfte. Das Ziel war ein weitgespanntes Staaten- und Bündnissystem unter seiner Führung, das ein Machtgleichgewicht aufrechterhielt und auch Schutz gegen eine aggressivere Außenpolitik des Oströmischen Reiches bot. Zwei seiner Töchter verheiratete Theo-

Die Ostgoten und ihre Reichsgründung in Italien 53

Das Grabmal Theoderichs in Ravenna.
Anfang des 6. Jahrhunderts erbaut, 16 m hoch, zwei Stockwerke. Die Kuppel besteht aus einem einzigen Stein mit einem Durchmesser von 10 m und einem Gewicht von 230 t.
Die Architektur des Grabmals orientiert sich einerseits an Grabmälern, wie sie für römische Kaiser errichtet wurden, greift aber auch germanische Bautechniken auf und ist so eine Mischung aus römischen und germanischen Elementen. Theoderich ließ sich dieses Grabmal schon zu seinen Lebzeiten erbauen.

▶ Setzen Sie sich mit der These auseinander, Theoderichs Grabmal sei ein Symbol für seine Herrschaft in Italien.

Internettipp
Informationen zur Architektur des Grabmals finden Sie unter dem Code **32202-07**.

derich deshalb an die Könige der Westgoten und Burgunder in Gallien, er selbst nahm eine Schwester des Frankenkönigs Chlodwig zur Frau. Eine Schwester Theoderichs schließlich ehelichte einen König der Vandalen in Nordafrika. Auf diese Weise beabsichtigte Theoderich, einen Sicherheitsring von befreundeten und verbündeten Gebieten um das Ostgotenreich in Italien zu legen. Die Sicherung Italiens gelang ihm auf diese Weise. Darüber hinaus erwies sich sein Bündnissystem allerdings nicht als besonders belastbar, da es keine Solidarität der germanischen Könige untereinander gab, sondern sie in Konkurrenz zueinander standen, und alle vor allem darauf bedacht waren, ihre jeweiligen Herrschaftsgebiete gegen oströmische Rückeroberungsversuche zu sichern und auszubauen. Insbesondere die Franken verfolgten eigene politische Ziele und erweiterten ihren Machtbereich in Gallien. 507 besiegten sie dort die Westgoten, wobei deren König in der Schlacht fiel. Daraufhin übernahm Theoderich, nicht ohne westgotischen Widerstand, bis zu seinem Tod 526 auch die Königsherrschaft über die sich nach Spanien zurückziehenden Westgoten und vereinigte so die beiden gotischen Gruppen unter seiner Herrschaft.

Konflikte und Untergang: das Ende des Ostgotenreiches | Gegen Ende der Regierungszeit Theoderichs verschlechterte sich nach dreißigjährigem friedlichen Zusammenleben das Verhältnis zwischen den Ostgoten und der römischen Bevölkerung Italiens. Offenbar bestanden trotz aller Integrationsbemühungen tief greifende Unterschiede in Sprache, Religion und Lebensstil fort. Die Integration der beiden Bevölkerungsgruppen war noch nicht gelungen.

Ein Problem war dabei, dass Theoderichs Nachfolge nicht eindeutig geklärt war. Der Ostgotenkönig hatte keinen eigenen Sohn und es gab keinen Thronfolger aus dem Kreis seiner amalischen Familie, der vom oströmischen Kaiser anerkannt wurde. Es wurde deutlich, dass die Stellung des ostgotischen Königs und die Regelung seiner Nachfolge von der Anerkennung des oströmischen Kaisers in Konstantinopel abhängig waren. Teile der katholischen, kaiserfreundlich und antigotisch eingestellten römischen Senatoren und Großgrundbesitzer hofften deshalb darauf, dass nun der Kaiser, wie 488 angekündigt, direkt die Macht in Italien übernehmen und die ostgotische Herrschaft beenden würde. In dieser Haltung wurden sie vom Papst und der katholischen Kirche unterstützt. Dies führte zu Konflikten zwischen dem König und führenden Senatoren, denen er Hochverrat vorwarf. Zwei prominente Senatsmitglieder, *Boethius* und *Symmachus*, wurden in diesem Zusammenhang zum Tode verurteilt und hingerichtet. Bis zum Tod Theoderichs 526 blieb die Entfremdung des Königs von seinen römischen Untertanen bestehen und auch unter den Ostgoten regte sich zunehmend Widerstand gegen den offensichtlich zu scheitern drohenden Integrationskurs (→M7).

Die ungeklärte Nachfolgefrage im Ostgotenreich und den Unmut unter der römischen Bevölkerung nahm schließlich ab 535 der oströmische Kaiser Justinian zum Anlass, militärisch zu intervenieren und Italien wieder unter seine direkte Kontrolle zu bringen – so wie es schon sein Vorgänger Zenon 488 geplant hatte. Bis 552 gelang es, allerdings gegen heftigen Widerstand und nur mit großem Aufwand, Italien von den Ostgoten zurückzuerobern (→M8). Italien war danach weitgehend verwüstet und verarmt. Ostrom hatte mit einer Politik der Rückeroberung der germanischen Königreiche seine Kräfte überspannt. In Italien wurden durch den zwanzigjährigen Krieg alle Sympathien in der Bevölkerung verloren. Unter oströmischer Herrschaft blieben dauerhaft nur die Städte Rom und Ravenna sowie Teile Süditaliens. Norditalien wurde schon 568 von den germanischen Langobarden in Besitz genommen, die als Föderaten des Kaisers gegen die Ostgoten gekämpft hatten. Ihre Reichsgründung gilt als Schlusspunkt der germanischen Völkerwanderung. Die in Italien verbliebenen Ostgoten lebten dort fortan als Untertanen des oströmischen Kaisers bzw. der Langobarden. Sie assimilierten sich im Laufe der Zeit offenbar vollständig und spielten keine eigenständige militärische oder politische Rolle mehr.

M1 Die Reichsgründung der Ostgoten in Italien

Der oströmische Schriftsteller Procopius (um 500–nach 560) beschreibt um 550 rückblickend die Gründung des Ostgotenreiches in Italien durch Theoderich ab 488:

Zur gleichen Zeit erhoben auch die Goten, die der Kaiser in Thrakien[1] angesiedelt hatte, die Waffen gegen die Römer. Theoderich, der in Byzanz Patrizierrang[2] erhalten hatte und sogar zur Würde eines Konsuls[3] aufgestiegen war,
5 führte sie. Doch Kaiser Zenon[4], ein geschickter Politiker, veranlasste ihn, nach Italien zu ziehen; er sollte dort Odoaker bekämpfen und das Westreich für sich und seine Goten gewinnen. Denn ihm als Mitglied des Senats stehe es doch mehr an, einen Gewaltherrscher zu stürzen und dann über
10 sämtliche Römer und Italiker[5] zu regieren, als sich in einen so gefahrvollen Kampf mit dem Kaiser einzulassen. Theoderich fand an dem Vorschlag Gefallen und zog nach Italien, mit ihm das Volk der Goten. Weiber und Kinder setzten sie auf Wagen und luden Hausrat soweit als möglich
15 dazu. [...] Odoaker trat ihnen mit Heeresmacht entgegen, wurde aber in zahlreichen Schlachten besiegt und musste sich auf Ravenna und die anderen stärksten Festungen zurückziehen. Daraufhin begannen die Goten mit der Belagerung [...].
20 Die Belagerung Ravennas durch die Goten und Theoderich zog sich schon ins dritte Jahr, sodass sie des untätigen Sitzens überdrüssig wurden. Da auch Odoaker und seine Leute an allem Lebensnotwendigen Mangel litten, kam durch Vermittlung des Bischofs von Ravenna ein Vertrag
25 zustande, wonach Theoderich und Odoaker gleichberechtigt und gemeinsam in Ravenna die Regierung führen sollten. Einige Zeit hielten sich beide an die Abmachungen, dann soll Theoderich einem Anschlag Odoakers gegen sein Leben auf die Spur gekommen sein. Mit erheuchelter
30 Freundlichkeit lud er ihn zu einem Gastmahl und ließ ihn dort niedermachen. Hierauf gewann Theoderich die überlebenden feindlichen Barbaren für sich, sodass er jetzt unangefochten über Goten und Italiker herrschte. Die Insignien und die Bezeichnung eines römischen Kaisers
35 anzunehmen, lehnte er ab. Zeitlebens ließ er sich nur „rex"[6] nennen – so heißen die Barbaren ihre Führer –, regierte aber über seine Untertanen mit kaiserlicher Machtfülle. Nachdrücklich sorgte er für Gerechtigkeit und wahrte die Gesetze, er schützte das Land vor den umwohnenden Bar-
40 baren und bewies höchste Klugheit und Tapferkeit. Seinen Untertanen tat er fast nie ein Unrecht an und ließ es auch von keinem anderen zu, lediglich den Teil an Ländereien, den Odoaker seinen Leuten überlassen hatte, durften die Goten unter sich aufteilen. So war Theoderich dem Namen nach ein Gewaltherrscher, in Wirklichkeit jedoch ein echter
45 Kaiser [...]. Die Goten und Italiker liebten ihn daher sehr, was sonst menschlicher Art nicht entspricht. [...] Theoderich starb nach 37-jähriger Regierung, ein Schrecken aller seiner Feinde, doch tief betrauert von seinen Untertanen.

Procopius, Gotenkrieg, I, 1, 9–15 und 24–31, zitiert nach: Otto Veh (Hrsg.), Prokopios von Caesarea. Werke, Bd. 2: Gotenkriege, München ²1978, S. 9–13

---

1. Fassen Sie zusammen, wie Procopius zufolge das Ostgotenreich in Italien entstanden ist: Mit welchen Mitteln errichtete und stabilisierte Theoderich seine Herrschaft über Italien? Welche Rolle spielte der oströmische Kaiser Zenon?
2. Erklären Sie mithilfe der Karte auf Seite 24 die geografische Lage des Ostgotenreiches und seiner Nachbarn.
3. Vergleichen Sie die Entstehung des Ostgotenreiches mit der Gründung des Westgotenreiches in Südfrankreich ab 418. Nehmen Sie hierzu auch das Kapitel „Die Westgoten und ihre Ansiedlung im Römischen Reich" ab Seite 42 zu Hilfe.
4. Setzen Sie sich mit der Aussage von Procopius auseinander, Theoderich sei „dem Namen nach ein Gewaltherrscher, in Wirklichkeit jedoch ein echter Kaiser" (vgl. Zeile 44–46) gewesen.

M2 Goldmedaillon von Morro d'Alba

Abgebildet ist der ostgotische König Theoderich im Feldherrenmantel eines römischen Kaisers. Die grüßend erhobene rechte Hand und die Siegesgöttin in der linken Hand entsprechen den Darstellungen römischer Kaiser auf spätantiken Münzen. Die Haare trägt der König nach germanischer Mode lang und offen. Auch der Oberlippenbart entspricht germanischem Brauch. Die lateinische Inschrift

---

[1] **Thrakien:** Region auf dem Balkan im heutigen Bulgarien
[2] Gemeint ist hier das Amt des obersten Heermeisters.
[3] **Konsul:** hohes ziviles (Ehren-)Amt in Rom
[4] **Zenon** (440–491): oströmischer Kaiser (474–491)
[5] Gemeint sind die römischen Bewohner Italiens.
[6] **rex:** lat. König

des Medaillons lautet Rex Theodericus Pius Prin(cips) I(n-victus) S(emper) („König Theoderich, der fromme Herrscher, immer unbesiegt"). Von Theoderich ist nur dieses einzige Medaillon mit seinem Bildnis bekannt. Man vermutet, dass es im Jahre 500 anlässlich seines dreißigjährigen Regierungsjubiläums oder möglicherweise auch anlässlich des ersten Besuchs des Königs in Rom geprägt wurde.

1. Analysieren Sie das Medaillon mithilfe der Leitfragen auf Seite 38.
2. Setzen Sie sich mit der Aussage des Medaillons auseinander: Was könnten Gründe dafür sein, dass Theoderich sich auf diese Weise darstellen ließ? | F

M3 Goldmünze mit dem Bildnis des Kaisers Anastasius I.

Die Goldmünze wurde zwischen 491 und 518 geprägt, hat einen Durchmesser von 20 mm und ist 4,38 g schwer. Die Vorderseite (links) zeigt den oströmischen Kaiser Anastasius I. (um 428/30 – 518) mit juwelengeschmücktem Helm, Brustpanzer und Feldherrenmantel. In der rechten Hand hält der Kaiser einen Speer, in der linken einen Schild, auf dem ein Reiterkampf abgebildet ist. Die Inschrift lautet D(ominus) N(oster) Anastasius P(ius) F(elix) Aug(ustus) („Unser Herr Anastasius, der fromme und glückliche Kaiser"). Auf der Rückseite (rechts) ist eine stehende Siegesgöttin mit einem juwelengeschmückten Kreuz dargestellt. Die Inschrift lautet Victoria Auggg (Augustorum) („Der Sieg der Kaiser"). Die weiteren Buchstaben verweisen darauf, dass die Münze in Rom geprägt wurde, das zu dieser Zeit unter der Herrschaft des Ostgotenkönigs Theoderich stand. Die Münzprägung geschah also vermutlich in seinem Auftrag.

1. Analysieren Sie die Münze mithilfe der Leitfragen auf Seite 38.
2. Vergleichen Sie die Münze mit dem Medaillon Theoderichs (M2) und erklären Sie Gemeinsamkeiten und Unterschiede in der Darstellung der beiden Herrscher und in den Inschriften. | H
3. Erörtern Sie, warum der Ostgotenkönig Theoderich in Italien Goldmünzen mit dem Bildnis des oströmischen Kaisers prägen ließ. Beziehen Sie dazu auch M4 und M5 ein.

M4 Das Verhältnis des Ostgotenkönigs Theoderich zum oströmischen Kaiser

Nachdem die Ostgoten 493 die Herrschaft in Italien übernommen hatten, bemühte sich deren König Theoderich um die Anerkennung seiner Stellung durch den oströmischen Kaiser Anastasius I. Der Römer Cassiodorus (um 485 – um 580), der am ostgotischen Königshof in Ravenna für königliche Erlasse und Briefe in lateinischer und griechischer Sprache zuständig war, verfasst dazu um 508 das folgende Schreiben. Darin macht Theoderich deutlich, wie er sein Verhältnis zum Kaiser in Konstantinopel sieht:

Wir müssen, huldvollster Kaiser, den Frieden suchen, da wir anerkanntermaßen keinen Anlass zu zürnen haben. […] Eure Macht und Ehre, frömmster Fürst, verpflichtet uns, vollkommene Einhelligkeit mit Euch zu suchen, durch dessen Liebe wir bis jetzt und ferner vorankommen. Ihr seid ja ₅ die herrlichste Zierde aller Reiche, Ihr [seid] der heilbringende Schutz der ganzen Welt; mit Recht blicken zu Euch alle übrigen Fürsten auf, weil sie in euch etwas ganz Eigenartiges erkennen, am meisten aber wir, die wir mit Gottes Hilfe in Eurem Staate gelernt haben[1], wie wir in Recht und ₁₀ Gerechtigkeit unsere Herrschaft über die Römer führen können.
Unsere Regierung will nur eine Nachahmung der Euren sein, die Gestaltung eines guten Vorsatzes, das Abbild des einen Reiches. Wie sehr wir Euch darin nachfolgen, um so ₁₅ viel sind wir den anderen Völkern voraus.
Ihr ermahnt mich unablässig, den Senat zu lieben, die Gesetze, welche die Kaiser gegeben haben, mit Freuden mir zu eigen zu machen, allen Teilen Italiens Ruhe zu bringen. Wie könnt Ihr den vom Frieden mit dem Kaiser trennen, ₂₀ von dem Ihr die innigste Übereinstimmung mit eurem eigenen Wesen wünscht? […] Denn Ihr könnt nach unserer Meinung nicht dulden, dass zwischen den beiden Staaten, die unter den früheren Kaisern immer als *ein* Körper betrachtet wurden, irgendeine Unstimmigkeit fortdaure. ₂₅

---
[1] Theoderich hatte seine Kindheit und Jugend als Geisel am Kaiserhof in Konstantinopel verbracht.

Diese beiden Reiche sollen doch nicht bloß in tatenlosem Wohlwollen freundschaftlich verbunden sein, sondern sich auch mit gemeinsamen Kräften gegenseitig fördern. [...] Und was immer in unserer Kraft steht, soll auf Eure Verherrlichung hingerichtet sein. Deshalb machen wir auch unsere ehrerbietige Aufwartung und ersuchen ergebenen Sinnes, dass Ihr uns nicht die ruhmvolle Liebe Eurer Huld entzieht, auf die wir hoffen zu dürfen glaubten, wenn sie auch anderen nicht zuteilwerden konnte.

Cassiodorus, Variae (Gesammelte Briefe und Erlasse), 1, 1, zitiert nach: Walter Arend (Bearb.), Altertum, Geschichte in Quellen, München ³1978, S. 823

1. Analysieren Sie Theoderichs Stellung in Italien und sein Verhältnis zum Kaiser in Konstantinopel. Gehen Sie dabei insbesondere auf das Bild der „zwei Staaten" ein, die als „ein Körper" betrachtet werden (vgl. Zeile 22–25), und berücksichtigen Sie auch M1.
2. Vergleichen Sie Theoderichs Verhältnis zum oströmischen Kaiser mit der Einstellung des westgotischen Königs Athaulf zum Römischen Reich (M3 auf Seite 47).
3. Beurteilen Sie Stil und Intention des Schreibens. | H

M5 Die Herrschaft der Ostgoten in Italien

Nach dem Tod des ostgotischen Königs Theoderich im Jahre 526 versuchte der oströmische Kaiser Justinian, Italien zurückzuerobern. Über diese fast 30 Jahre dauernden Kämpfe berichtet der oströmische Schriftsteller Procopius um 550 in seinem „Gotenkrieg". In einer fiktiven Rede lässt er die Goten ihren Herrschaftsanspruch in Italien verteidigen:

„Nicht mit Gewalt haben die Goten das Land Italien den Römern geraubt und in Besitz genommen, vielmehr hat Odoaker einst den Kaiser[1] gestürzt und die Staatsverfassung in eine Tyrannis[2] verwandelt. Der damalige oströmische Kaiser Zenon[3] wollte nun seinen Mitherrscher rächen und dieses Land von dem Tyrannen befreien. Doch da er nicht imstande war, die Macht Odoakers zu stürzen, überredete er unseren König Theoderich, obwohl dieser sich eben anschickte, ihn selbst und Byzanz[4] zu belagern, er solle doch die Feindschaft gegen den Kaiser begraben und eingedenk der erwiesenen Ehrungen – Theoderich war römischer Patrizius[5] und Konsul[6] – Odoaker für sein Verbrechen an Augustulus bestrafen und dann selber mit seinen Goten nach Ordnung und Recht das Land für alle Zeit in Besitz nehmen.

So haben wir die Herrschaft in Italien übernommen und Gesetze wie auch Verfassung getreulich bewahrt, so redlich, wie es nur je ein römischer Kaiser getan. Weder unter Theoderich noch unter irgendeinem Nachfolger auf dem gotischen Königsthron ist auch nur ein einziges geschriebenes oder ungeschriebenes Gesetz erlassen worden. Was Gottesdienst und Glauben betrifft, haben wir auf das Empfinden der Römer so gewissenhaft Rücksicht genommen, dass bis auf den heutigen Tag kein Italiker[7] weder freiwillig noch unfreiwillig seinen Glauben[8] wechselte. Ebenso blieben Goten, die zum anderen Glauben übertraten, deshalb unbehelligt. Auch die heiligen Stätten der Römer haben wir in höchsten Ehren gehalten. [...] Nicht genug damit, auch sämtliche Staatsämter haben dauernd in der Hand von Römern gelegen und nie wurde ein solches von Goten bekleidet. [...] Man könnte auch noch darauf hinweisen, dass die Goten den Römern erlaubten, Jahr für Jahr, sich ihre Konsuln durch den oströmischen Kaiser bestellen zu lassen. Gleichwohl habt ihr damals auf Italien, als es von Odoaker und seinen Barbaren – nicht eine kurze Zeitspanne, sondern ganze zehn Jahre – heimgesucht wurde, keinerlei Anspruch erhoben, wollt jetzt aber in durchaus unbilliger Weise die rechtmäßigen Besitzer daraus verdrängen."

Procopius, Gotenkrieg, II, 6, 14–21, zitiert nach: Otto Veh (Hrsg.), a.a.O., S. 261–265

1. Arbeiten Sie heraus, wie die Ostgoten ihren Herrschaftsanspruch in Italien begründeten.
2. Charakterisieren Sie die Politik Theoderichs gegenüber der römischen Bevölkerung Italiens: Welche Wirkung könnte diese Politik auf die Römer und welche auf die Ostgoten gehabt haben?
3. Erörtern Sie, inwieweit die Ostgoten in Italien ihre Herrschaft in den Strukturen des römischen Kaisertums errichteten. Beziehen Sie dazu auch M4 ein.
4. Überprüfen Sie, inwiefern es für die Ostgoten eine besondere Herausforderung war, dass ihre Reichsgründung in Italien, dem Mutter- und Kernland des römischen Reiches, stattfand.
5. Präsentation: Entwerfen Sie eine fiktive Rede des oströmischen Kaisers Justinian als Antwort an die Ostgoten, in der dieser die gotischen Herrschaftsansprüche zurückweist. Nutzen Sie dazu auch M4.

---

[1] Gemeint ist Romulus Augustulus († nach 507/11), letzter weströmischer Kaiser, der 476 von Odoaker abgesetzt wurde.
[2] **Tyrannis**: Gewalt- oder Unrechtsherrschaft
[3] **Zenon** (440–491): oströmischer Kaiser (474–491)
[4] Gemeint ist die oströmische Hauptstadt Konstantinopel.
[5] Gemeint ist hier das Amt des obersten Heermeisters.
[6] **Konsul**: hohes ziviles (Ehren-)Amt in Rom

[7] Gemeint sind die römischen Bewohner Italiens.
[8] Ostgoten und Römer gehörten unterschiedlichen christlichen Glaubensrichtungen an: Während die Ostgoten Arianer waren, handelte es sich bei den Römern um Katholiken. Zum Arianismus siehe Seite 44.

M6 Das Zusammenleben von Ostgoten und Römern in Italien

Die Ostgoten wurden von Theoderich zur Verteidigung Italiens vor allem in den norditalienischen Städten angesiedelt. In jede von Goten bewohnte Stadt entsandte der König einen Beamten („comes"), der dort als Richter und militärischer Befehlshaber fungierte. In einer von Cassiodorus überlieferten Ernennungsurkunde eines solchen „comes" äußert sich Theoderich zum Zusammenleben von Ostgoten und Römern:

Wie ihr die Römer durch ihre Besitzungen als Nachbarn habt, so seid ihnen mit Liebe verbunden. Ihr aber, Römer, müsst mit großem Eifer die Goten hoch achten, die im Frieden euch zu einem zahlreichen Volk machen und in
5 Kriegen den gesamten Staat verteidigen. [...]
Da wir mit Gottes Hilfe wissen, dass die Goten mit euch vermischt zusammenwohnen, halten wir es für nötig, damit nicht unter den Teilhabern, wie es gewöhnlich zu geschehen pflegt, Disziplinlosigkeit aufkommt, einen erhabenen
10 Mann, der bei uns bislang durch seine guten Sitten Anerkennung gefunden hat, zu euch als *comes* zu schicken, damit er gemäß unserer Edikte[1] zwischen zwei Goten pflichtgemäß einen Streit schlichtet und damit er, wenn vielleicht sogar zwischen einem Goten und einem Römer
15 irgendein Rechtsstreit aufkommt, unter Hinzuziehung eines kundigen Römers den Streit auf unparteiische Weise lösen kann. Aber zwischen zwei Römern sollen die Römer die Untersuchungsrichter anhören, die wir in die Provinzen schicken, damit jedem Einzelnen seine Rechte gewahrt
20 werden und bei unterschiedlichen Richtern eine einzige Gerechtigkeit alle zusammenhält.

Cassiodorus, Variae (Gesammelte Briefe und Erlasse), 7, 1, 3, zitiert nach: Frank M. Ausbüttel, Theoderich der Große, Darmstadt 2003, S. 81 f. und 88

1. Geben Sie die von Theoderich für Goten und Römer getroffenen Regelungen wieder.
2. Erläutern Sie, wie darin das politische Prinzip Theoderichs „Integration durch Separation" zum Ausdruck kommt.
3. Beurteilen Sie, ob dieses Prinzip im Ostgotenreich erfolgreich war. Halten Sie dieses Prinzip der Integration allgemein für erfolgversprechend? Welche Vor- und Nachteile könnten damit verbunden sein?
4. An anderer Stelle bei Cassiodorus (Variae 12, 5) wird Theoderich mit dem Ausspruch zitiert: „Während das Gotenheer Krieg führt, lebe der Römer in Frieden!" Nehmen Sie Stellung zu dieser Aussage mit Bezug auf das Zusammenleben von Ostgoten und Römern. | H

---

[1] **Edikt**: vom König erlassenes Gesetz

M7 Theoderichs Tod

Um den Tod des Ostgotenkönigs Theoderich ranken sich viele Sagen und Legenden. Eine davon überliefert der oströmische Schriftsteller Procopius. Darin wird der Tod des Königs mit seinen Konflikten mit den römischen Senatoren und der katholischen Kirche in Italien in Verbindung gebracht:

Symmachus und dessen Schwiegersohn Boethius[2] [...] bekleideten die erste Stellung im römischen Senat. Eifrigst trieben sie philosophische Studien und strebten nach dem Ruhm der Gerechtigkeit. Sie halfen auch vielen Stadtbewohnern und Fremden mit Geldunterstützungen aus der 5 Not, zogen sich aber durch ihr wachsendes Ansehen die Missgunst schlechter Menschen zu. Theoderich schenkte deren verleumderischen Behauptungen Glauben, ließ beide Männer als Hochverräter hinrichten und zog ihr Vermögen ein. Wenige Tage später setzten ihm die Diener den Kopf 10 eines großen Fisches zum Mahle vor. Da war es ihm, als sei dies das Haupt des eben erst getöteten Symmachus: Mit seinen in die Unterlippe eingebissenen Zähnen und starr und wild auf ihn gerichteten Augen erschien er Theoderich furchtbar drohend. Das grässliche Gesicht erfüllte ihn mit 15 Schrecken; er bekam Schüttelfrost und musste sich eilends in sein Schlafgemach zurückziehen, wo er, in viele Decken gehüllt, Ruhe suchte. Hierauf berichtete er seinem Leibarzt Elpidius den ganzen Vorfall und beklagte das Unrecht, das er Symmachus und Boethius zugefügt hatte. Nachdem er 20 seinen Fehler bitter beklagt und bereut hatte, verschied er kurz darauf. Dies war die erste und letzte Untat gegen seine Untertanen; denn nicht wie sonst hatte er eine sorgfältige Untersuchung durchgeführt und erst dann sein Urteil gegen die Männer gefällt. 25

Procopius, Gotenkrieg, I, 1, 31–39, zitiert nach: Otto Veh (Hrsg.), a.a.O., S. 15

1. Fassen Sie die Kernaussage des Berichtes über den Tod Theoderichs zusammen.
2. Analysieren Sie, was man daraus über das Verhältnis von Ostgoten und Römern in Italien gegen Ende der Regierungszeit Theoderichs entnehmen kann. Beziehen Sie in Ihre Analyse auch M8 ein.
3. Erörtern Sie, welche politischen Gründe es für Theoderich und die Ostgoten gegeben haben könnte, ihre arianische Religionszugehörigkeit beizubehalten?

---

[2] **Symmachus** († 525/26) und **Boethius** (um 480–524/26) stammten aus prominenten italienischen Senatoren- und Großgrundbesitzerfamilien. Beide übernahmen unter Theoderich hohe Ämter in der italienischen Zivilverwaltung bzw. am gotischen Königshof in Ravenna. Sie unterhielten aber auch gute Beziehungen zum oströmischen Kaiser in Konstantinopel und zum Papst in Rom.

M8 Theoderichs Königspalast in Ravenna

Das Mosaik von Anfang des 6. Jahrhunderts zeigt den Palast („Palatium") des Ostgotenkönigs Theoderich in seiner Hauptstadt Ravenna. Es kann dort heute in der Kirche Sant'Apollinare Nuovo besichtigt werden. Ursprünglich war zwischen den Säulen der König mit seiner Familie und seinen engsten Mitarbeitern abgebildet. Nach der Rückeroberung Italiens durch den oströmischen Kaiser Justinian wurden diese Bildnisse entfernt und durch Vorhänge ersetzt. Auf den Säulen des Palastes sind zum Teil noch Hände der ursprünglich dargestellten Personen zu erkennen. Ebenso wurde die Kirche von einer arianischen zu einer katholischen umgewandelt.

1. Erklären Sie, welche Gründe es für die Umarbeitung des Mosaiks und die Umwandlung der Kirche geben könnte. Beziehen Sie in Ihre Erklärung auch M7 ein.
2. Erörtern Sie, ob ein solcher Umgang mit Kunstwerken und Bauwerken grundsätzlich angemessen ist.

Das Frankenreich der Merowinger

Konfrontation und Symbiose: Römer und Franken als Nachbarn | Die „Franken" erscheinen erstmals im 3. Jahrhundert als römischer Sammelbegriff für germanische Verbände am Niederrhein, die in der Reichskrise Raub- und Plünderungszüge nach Gallien und bis nach Spanien und Nordafrika unternehmen. Der Name bedeutete wahrscheinlich „mutig", „kühn" oder auch „frei". Man nimmt an, dass sich Angehörige verschiedener germanischer Stämme zu gemeinsamen Angriffs- oder Verteidigungsunternehmungen zusammenschlossen und so durch Ethnogenese die Franken entstanden. Diese stellten zunächst noch keine geschlossene politische Einheit dar, sondern bewahrten unterschiedliche Identitäten. Das Besondere an den Franken war, dass sie nicht wie andere germanische Gruppen, z. B. die Westgoten und die Ostgoten, großräumige Wanderungen zurücklegten. Stattdessen weiteten sie in einem allmählichen Migrationsprozess ihre ursprünglich rechts der römischen Rheingrenze gelegenen Siedlungsgebiete über den Fluss ins Reich hinein aus. Auf diese Weise entwickelten sich eine grenzüberschreitende Kommunikation und Netzwerke, die vom 3. bis zum 5. Jahrhundert zu wechselseitigen Akkulturationsprozessen zwischen Römern und Germanen in Nordgallien führten.

Einige der fränkischen Gruppen ließen sich auf römischem Gebiet zwischen Rhein und Mosel nieder, eroberten die Städte Köln und Trier und gründeten mehrere kleine Königtümer. Sie werden als *Rheinfranken* bezeichnet. Andere fränkische Verbände, die man unter dem Begriff *Salfranken* zusammenfasst, wurden von den Römern unterworfen und nach Abschluss eines Vertrages (*foedus*) im heutigen Belgien und Nordfrankreich angesiedelt. Dort leisteten sie Militärdienste. Die Eingliederung in die römischen Militärstrukturen förderte die Integration der Franken. In ihren Siedlungsgebieten vermischten sie sich mit der römischen Bevölkerung und dienten loyal in der römischen Armee. So versuchten Franken 406/07 vergeblich, die Reichsgrenze zu verteidigen und den Rheinübergang der Vandalen, Sueben und Burgunder ins Römische Reich aufzuhalten. Sicherlich handelten sie dabei nicht nur im Interesse Roms, sondern auch, um ihre eigenen Siedlungsgebiete und ihre Symbiose mit dem Imperium gegen konkurrierende germanische Gruppen zu sichern.

Grabinschrift für einen fränkischen Soldaten in römischen Diensten aus der Nähe von Budapest (Ungarn).
4. Jahrhundert, Kalkstein, Breite: 236 cm, Höhe: 51 cm, Tiefe: 26 cm.
Die Inschrift lautet: *Francus ego cives Romanus miles in armis / egregia virtute tuli bello mea dextera sem(p)er* („Ich, ein fränkischer Bürger, ein römischer Soldat in Waffen, trug mit außerordentlicher Tapferkeit stets (die Waffen) im Krieg mit meiner rechten Hand").

▶ Beurteilen Sie, was diese Grabinschrift über die Identität und das Selbstverständnis des Verstorbenen aussagt. | H

Childerich I. († 481/82): König der Franken von ca. 463 bis 481/82. Er stammte aus der Familie der Merowinger und legte den Grundstein für den Aufstieg des Frankenreiches unter seinem Sohn und Nachfolger Chlodwig I.

Franken bekleideten vor allem im 4. Jahrhundert hohe Offiziersränge in römischen Diensten und standen als Heermeister an der Spitze der Armee des Westreiches. Gleichzeitig setzten fränkische Gruppen aber auch ihre Raubzüge und die unkontrollierte Landnahme in Nordgallien fort. Immer wieder kam es deshalb vor, dass Franken in Diensten der Römer gegen andere Franken kämpften. In der Schlacht auf den Katalaunischen Feldern 451 kämpften Franken sowohl aufseiten der römisch-germanischen Koalition zur Abwehr der Hunnen als auch auf hunnischer Seite.

Als die weströmische Reichsregierung immer mehr an Einfluss in Nordgallien verlor, besetzten die Salfranken um 445 die römische Provinz *Belgica Secunda* mit der Hauptstadt Tournai. Ihr König Childerich I. ist der erste eindeutig bezeugte Vertreter der fränkischen Königsfamilie der Merowinger. Neben dem Königtum über seine fränkische Gruppe bekleidete Childerich auch das Amt eines römischen Militärkommandanten und kämpfte im römischen Auftrag in Gallien gegen Westgoten, Sachsen und Alamannen. Dabei kooperierte er eng mit den noch in Gallien existierenden römischen Armeeeinheiten und deren Anführern und gewann so an Macht und Ansehen (→M1 und M2).

Gewaltbereitschaft und Expansion: die Franken unter Chlodwig | Als Childerich 481/82 starb, übernahm dessen sechzehnjähriger Sohn Chlodwig sowohl sein Königtum als auch sein römisches Militäramt in der Provinz *Belgica Secunda*. Nordgallien war zu dieser Zeit ein unübersichtliches Mosaik verschiedener Mächte und Interessen: Neben fränkischen Königtümern gab es dort regionale römische „war lords", also Heermeister und Generäle, die weitgehend unabhängig vom Kaiser und der römischen Reichsregierung herrschten. Auch die germanischen Westgoten, Alamannen und Burgunder rivalisierten miteinander um Einfluss in der Region. Chlodwig ging ab 486 daran, seine Machtposition auszudehnen und der Reihe nach konkurrierende Machthaber auszuschalten.¹ Dabei konnte er davon ausgehen, dass die Bewohner Nordgalliens in der unsicheren und verworrenen politischen Situation bereit sein würden, die stabile Herrschaft eines „starken Mannes" zu akzeptieren.

Nachdem Chlodwig offenbar zunächst die salfränkischen Königtümer vereinigt hatte, besiegte er *Syagrius*, den letzten römischen Heermeister und Statthalter in Gallien, wodurch er dessen Truppen, die römischen Waffenfabriken und den kaiserlich-römischen Großgrundbesitz in Nordgallien für sich gewann. Gestützt auf diese vergrößerte Machtbasis gewann Chlodwigs gewaltsame Expansionspolitik an Dynamik: Bis 506 unterwarf er in mehreren Feldzügen die Alamannen und besetzte einen Teil ihres Siedlungsgebietes. 507 besiegte Chlodwig dann die Westgoten, die sich nach dieser Niederlage und dem Tod ihres Königs nach Spanien zurückzogen und dort ein neues Reich gründeten. Zwischen 509 und 511 übernahm er auch noch die Herrschaft über die Rheinfranken und integrierte sie in sein Reich. Die Könige der Rheinfranken beseitigte er mit Gewalt. Mit den Burgundern in Gallien und den Ostgoten in Italien schloss Chlodwig Bündnisse, die durch Eheschließungen bekräftigt wurden: Während Chlodwig selbst eine burgundische Prinzessin heiratete, gab er dem Ostgotenkönig Theoderich seine Schwester zur Frau und gliederte sich zumindest vorübergehend in dessen Bündnissystem ein. Die Heirat zeigte, welches Ansehen Chlodwig mittlerweile genoss.

Damit hatte sich das Frankenreich der Merowinger gegen Römer und konkurrierende germanische Gruppen behauptet und war zur Vormacht in Gallien aufgestiegen. Chlodwig hatte im Zuge seiner Expansionspolitik nicht nur die Franken geeint. Sein Reich umfasste als „Vielvölkerstaat" nun auch römische, alamannische, gotische und burgundische Untertanen. Die Franken besaßen die politische und militärische Führung in diesem Reich, waren aber zahlenmäßig – wie alle Germanen in den Reichsgründungen der Völkerwanderungszeit – eine Minderheit. Man geht davon aus, dass die Bevölkerung des Merowingerreiches ca. 200 000 Franken und sechs bis sieben Millionen Römer umfasste. Die Franken siedelten dabei vor allem im Nordosten Galliens.

Alamannen: Römische Bezeichnung für ab Mitte des 3. Jahrhunderts sich rechts des Oberrheins ansiedelnde Germanen aus dem Elbegebiet. Zu Beginn des 6. Jahrhunderts gerieten die Alamannen unter die Herrschaft der Franken und wurden Teil des Frankenreiches. In einigen europäischen Sprachen geht bis heute die Bezeichnung für Deutschland auf die Alamannen zurück, so z.B. „l'Allemagne" im Französischen.

Chlodwig I. (um 466 – 511): König der Franken von 481/482 bis 511. Er gilt als Begründer des Frankenreiches mit der Hauptstadt Paris. Sein Übertritt zum katholischen Christentum war eine wichtige Weichenstellung für die Geschichte Europas im Mittelalter.

Burgunder: Nachdem die Burgunder im Jahre 406/07 die römische Rheingrenze überschritten hatten, wurden sie 413 von Kaiser Honorius in der Gegend um Worms im heutigen Rheinland-Pfalz als Föderaten angesiedelt. Als sie ihr Siedlungsgebiet eigenmächtig zu erweitern versuchten, wurde ihr Reich vom römischen Heermeister Aetius 436 vernichtet. Den Überlebenden wurden am Genfer See neue Wohnsitze und Militärdienste zugewiesen, woraufhin die Burgunder dort ein neues Königreich gründeten. 534 wurde dieses schließlich von den Franken erobert und ins Frankenreich integriert. Der Name „Burgund" für ihr ehemaliges Siedlungsgebiet blieb jedoch bestehen und bezeichnet noch heute eine Region in Frankreich.

---

¹ Siehe hierzu auch die Karte auf Seite 73.

Internettipp
„Chlodwig als Erbe römischer Traditionen" – hierüber erfahren Sie mehr unter dem Code **32202-08**.

Stabilisierung und Integration: das Reich der Merowinger

Die Regierung dieses neu geschaffenen und heterogenen Reiches stellte Chlodwig und seine Nachfolger aus der Familie der Merowinger vor eine schwierige Aufgabe. Deshalb verfolgten die fränkischen Könige eine auf Stabilisierung und Integration gerichtete Politik. Diese setzte sich aus mehreren miteinander zusammenhängenden Bausteinen zusammen: die Ausgestaltung des Königtums, die Verwaltung des Reiches, das Verhältnis zur katholischen Kirche und die Fortsetzung der Expansionspolitik.

Als neue Zentralgewalt trat der König an die Stelle des römischen Kaisers. Er war die Integrationsfigur für die Bewohner seines Reiches. Als oberster Heerführer kommandierte der König das fränkische Heer, die militärische Grundlage seiner Macht. Grundsätzlich hatte er die Gewalt über Leben und Tod seiner Untertanen (→M4). Trotzdem waren die Machtbefugnisse des Königs nicht uneingeschränkt. In wichtigen Fragen war er von den Beschlüssen der fränkischen Heeresversammlung abhängig. Diese Musterung aller freien, wehrfähigen Franken fand vermutlich jährlich im März statt. Für die Legitimation von Chlodwigs Königtum gegenüber seinen römischen Untertanen war es wichtig, dass der oströmische Kaiser Anastasius I. ihn nach dem Sieg über die Westgoten 507 als Herrscher über Gallien anerkannte. Als Zeichen seiner Anerkennung übersandte der Kaiser Chlodwig ein Purpurgewand und eine Krone (Diadem) und verlieh ihm den Ehrentitel eines römischen Konsuls (→M7).

Als neue Hauptstadt seines Reiches wählte Chlodwig ab 508 die Stadt Paris. Allerdings hielten er und seine Nachfolger sich dort nicht dauerhaft auf, sondern übten als „Reisekönige" vielmehr eine mobile Herrschaft aus (→M11). So war der König in den verschiedenen Regionen seines Reiches präsent. Unter den Ämtern am Königshof war der Hausmeier (*maior domus*) das einflussreichste: Er stand an der Spitze der Hofverwaltung und der Gefolgschaft des Königs. Man kann annehmen, dass am Königshof sowohl Franken als auch Römer hohe Ämter übernahmen, sodass sich allmählich eine integrierte fränkisch-römische Führungsschicht im Merowingerreich herausbildete.

Von großer Bedeutung für die Position des Königs war auch sein Königsschatz: Darunter versteht man das bewegliche, persönliche Vermögen des Königs in Form von Gold, Edelsteinen, Münzen und wertvollen Gegenständen (→M1). Er stellte den Reichtum des Herrschers zur Schau und symbolisierte so dessen Macht. Diesen Reichtum konnten Chlodwig und seine Nachfolger einsetzen, um ihre Großzügigkeit unter Beweis zu stellen, Anhänger zu gewinnen und zu belohnen und so ihre Stellung zu sichern. Neben dem Schatz hatten König und Staat noch weiteres Vermögen und Einkünfte: Der König war der größte Landbesitzer im Frankenreich und bezog die Erträge dieser Güter. Außerdem standen ihm verschiedene Steuern und Abgaben seiner Untertanen in Geld, Naturalien oder Dienstleistungen zu. Auch Kriegsbeute und gegebenenfalls Zahlungen für Militärdienste, wie z. B. durch den oströmischen Kaiser, gehörten zu den Einnahmen.

Die römischen Verwaltungsstrukturen übernahm Chlodwig weitgehend. Eine wichtige Rolle spielten dabei die Bischöfe, die in der Regel aus der Schicht der römischen Großgrundbesitzer stammten und in den gallischen Städten die öffentlichen Aufgaben übernahmen. Chlodwig, der über keinerlei Erfahrung in der Zivilverwaltung verfügte, nutzte die Bischöfe als Ratgeber und kooperierte mit ihnen, um die römische Bevölkerung Galliens für sich zu gewinnen (→M3). Neben den Bischöfen setzten die merowingischen Könige zur Verwaltung der Städte und ihres Umlandes auch fränkische Beamte ein. Diese waren für die Steuererhebung und das örtliche Polizei- und Gerichtswesen zuständig und wurden als *comes* (Graf) oder *dux* (Herzog) bezeichnet.

Zwischen 507 und 511 ließ Chlodwig das Recht der Franken in einer lateinischsprachigen Gesetzessammlung, der *lex Salica*, aufzeichnen. Die darin enthaltenden Vorschriften galten für die germanische Reichsbevölkerung, für die Römer galt weiterhin das römische Recht. Im Unterschied zu anderen germanischen Reichen der Völkerwanderungszeit waren im Frankenreich Eheschließungen zwischen Franken und Römern erlaubt. Ein Hauptzweck der *lex Salica* kann darin gesehen werden, die fränkische Sitte der Fehde und Blutrache durch die Festsetzung von Strafen und Bußgeldern zu unterbinden.

Das Frankenreich der Merowinger

Handschrift der lex Salica aus der Stiftsbibliothek Sankt Gallen.
Tinte auf Pergament, 22,5 x 13 cm, entstanden 793 in Lyon.
Die Handschrift aus dem 8. Jahrhundert zeigt Chlodwig als Herausgeber und Auftraggeber der lateinischsprachigen Gesetzessammlung.

▶ Erklären Sie, warum Chlodwig während seiner Herrschaft das fränkische Recht sammeln und aufschreiben ließ. Warum könnte dies in lateinischer Sprache geschehen sein?

Internettipp
Ein Digitalisat dieser Handschrift finden Sie unter dem Code **32202-09**.

Von besonderer Bedeutung für die Integration des Merowingerreiches war der Übertritt Chlodwigs zum katholischen Christentum. Zuvor war der König entweder Heide oder Arianer. Seine Taufe, die sich nicht genau datieren lässt, war ein eindeutiges Kooperationsangebot an die römisch-katholische Bevölkerungsmehrheit in Gallien und beförderte die Akzeptanz der fränkischen Vorherrschaft (➜ M5 und M6). Chlodwig setzte sich damit bewusst von den anderen germanischen Reichen in Gallien ab, insbesondere den Westgoten, die Arianer blieben. Die Mehrheit der Franken folgte dem Vorbild ihres Königs. Mit der Taufe gewannen die Franken auch endgültig den Rückhalt der katholischen Bischöfe in Gallien und des immer mächtiger werdenden Papstes in Rom. Als katholischer König konnte sich Chlodwig nun in der Nachfolge des weströmischen Kaisers zum Schutzherrn der katholischen Kirche in Gallien machen und Einfluss auf die Kirchenpolitik und die Besetzung der Bischofsämter nehmen. Insbesondere berief er Versammlungen (Konzilien) der Bischöfe ein, auf denen verbindliche Beschlüsse für die Kirchenorganisation getroffen wurden (➜ M9). Ihren Glauben und ihren Einfluss auf die Kirche demonstrierten Chlodwig und seine Nachfolger auch durch die Gründung und Beschenkung von Kirchen und Klöstern.

Außenpolitisch setzten die Franken auch nach Chlodwigs Tod 511 ihre Expansionspolitik fort. Der Übertritt zum katholischen Christentum eröffnete ihnen dabei die Möglichkeit, die römischen Führungsschichten in den benachbarten germanischen Reichen zur Zusammenarbeit zu gewinnen. Bis 532 verdrängten die Franken die Westgoten aus Gallien, 534 wurde das Reich der Burgunder in das Frankenreich integriert und 537 schließlich die bis dahin unter der Herrschaft des Ostgotenreiches stehenden Gebiete in Südfrankreich erobert. Gleichzeitig dehnten die Franken ihren Machtbereich aber auch nach Osten über den Rhein aus und gliederten Friesen, Sachsen, Thüringer und Bayern in ihr Reich ein (→M8).[1] Das Frankenreich war damit das erste und einzige der im Zuge der Völkerwanderung im ehemaligen Weströmischen Reich gegründeten germanischen Königreiche, das sich in zuvor nicht unter römischer Herrschaft stehende Gebiete erweiterte.

Das Frankenreich als Erfolgsmodell der Völkerwanderung? | Ein entscheidender Unterschied der fränkischen Reichsgründung zu den Reichen der West- und Ostgoten lag darin, dass sie von der Peripherie des ehemaligen Weströmischen Reiches her geschah. Dadurch bestand der Kontakt zu den ursprünglichen Siedlungsgebieten der Franken rechts des Rheins fort und zumindest im Kerngebiet des Frankenreiches gab es eine relativ große Zahl bäuerlicher fränkischer Siedler: So waren die Franken in ihrem Reich eine deutlich größere Minderheit als es die Goten in ihren jeweiligen Herrschaftsgebieten waren. Außerdem waren sie hier vor oströmischen Rückeroberungsversuchen sicher.

Der Übertritt zum katholischen Glauben beförderte die Akkulturation der Franken und ihre Integration in den römischen Kulturkreis ganz wesentlich. Dadurch wurden religiös aufgeladene Konflikte mit der römischen-katholischen Bevölkerungsmehrheit, die in den arianischen Germanenreichen immer wieder für Probleme sorgten, vermieden. Da auch Heiraten zwischen Franken und Römern möglich waren, entstand eine neue fränkisch-römische Führungsschicht, die sich mit Reich und Königtum identifizierte und mit den merowingischen Herrschern kooperierte, ohne sie als Fremdherrschaft zu empfinden. Allmählich verschmolzen so römische und fränkische Kultur und Identität (→M10).

Die spätrömische Infrastruktur mit Städten, Straßen und Handelsverbindungen blieb im Merowingerreich zunächst erhalten. Auch die Wirtschaftsstrukturen, insbesondere die landwirtschaftlichen Güter, bestanden fort und in der römischen Bevölkerung wurde nach wie vor lateinische Bildung und Sprache gepflegt. Mit der Zeit gingen allerdings die technischen, wirtschaftlichen und kulturellen Errungenschaften des Römischen Reiches teilweise verloren: Die Stadtbevölkerung schrumpfte, das allgemeine Bildungsniveau ging zurück. Lesen und Schreiben beherrschten nur noch die Geistlichen in Kirchen und Klöstern. Die Verkehrsinfrastruktur verfiel, die Geldwirtschaft verlor an Bedeutung und der überregionale Handel nahm ab. Handwerkliche Fähigkeiten, wie z. B. die Glasherstellung, gerieten in Vergessenheit. Die meisten Bewohner des Merowingerreiches lebten auf dem Land und produzierten gerade so viel, wie sie für den eigenen Bedarf benötigten.

Politisch wurde nach dem Tod Chlodwigs die Herrschaft im Frankenreich gleichberechtigt unter seinen vier Söhnen aufgeteilt. In der Folgezeit zerfiel das Reich der Merowinger wegen dieser Erbfolgeregelung in mehrere Teilreiche, die zusammenarbeiteten, aber immer wieder auch gegeneinander Krieg führten. Die Macht der me-

---

[1] Siehe hierzu auch die Karte auf Seite 73.

rowingischen Könige wurde dadurch geschwächt, bis schließlich einer der Hausmeier, der obersten Amtsträger am Königshof, die Teilreiche wieder vereinigte, den letzten merowingischen König absetzte und die neue Königsfamilie der Karolinger begründete. Die Karolinger kooperierten eng mit dem Papst in Rom: Während sie den Papst mit ihrer militärischen Macht unterstützten, legitimierte dieser ihr Königtum mit seiner religiösen Autorität. Im Jahre 800 krönte Papst *Leo III.* schließlich den fränkischen König *Karl den Großen* in Rom zum Kaiser. Die Krönung wurde als Übertragung des römischen Kaisertums (*translatio imperii*) auf die Franken betrachtet. Von nun an prägte die Kooperation und Konkurrenz zwischen Kaiser und Papst die Geschichte Westeuropas.

Der Heilige Petrus setzt Papst und Kaiser ein.
Buchmalerei aus dem Codex Vaticanus Barberinus Latinus 2062, Vatikanische Bibliothek, Rom.
Die Buchmalerei zeigt als zentrale Figur den Heiligen Petrus. Dieser überreicht Papst Leo III. zu seiner Rechten das Pallium und dem fränkischen König Karl dem Großen zu seiner Linken eine Fahne.
Das Pallium ist ein Amtsabzeichen des Papstes. Es handelt sich um ein weißes Band mit eingestickten Kreuzen, das wie ein Schal oder Halstuch getragen wird.

▶ Erklären Sie die Aussage der Malerei. Was für ein Verhältnis zwischen Papst und König kommt darin zum Ausdruck? | **H**

M1 Das Grabmal Childerichs

Der Historiker Ulrich Nonn (*1942) schreibt über das Grab des salfränkischen Königs Childerich I., das im Jahre 1653 in der belgischen Stadt Tournai entdeckt wurde. Die originalen Grabfunde sind heute verloren, es existieren nur noch Zeichnungen und Nachbildungen:

Die Ausgrabung stellte sich bald als Sensation heraus: Unter den geborgenen Beigaben fand sich ein goldener Siegelring[1] mit der Inschrift *Childirici regis* [„(Eigentum) des Königs Childerich"] – unzweifelhaft hatte man das Grab Childerichs entdeckt.

Zahlreiche Holz- und Eisenreste von einem Sarg bzw. einer Grabkammer wurden gefunden; auch das Skelett des Königs, das ausgebreitet im Grab lag, war offenbar noch gut erhalten und maß 1,79 m. [...] [Das Grab] lag am Rand einer merowingischen Nekropole[2] mit früheren und zeitgleichen Bestattungen, aber in gewissem Abstand [...]. Unmittelbar am Rand des Grabes fand man drei [...] Pferdegräber mit insgesamt 21 geopferten Tieren. Solche Pferdegräber sind im linksrheinischen Gallien äußerst selten; umso häufiger findet man sie östlich des Rheins, u. a. in Thüringen[3] [...]. Bei den bestatteten Tieren handelt es sich überwiegend um Wallache, also Reitpferde im Krieg [...].

Der Leichnam des Königs war [...] mit einem golddurchwirkten Gewand bekleidet [...]. Dabei dürfte es sich um ein *paludamentum* handeln, einen kürzeren Mantel von Offizieren in Panzertracht[4] (einen solchen zeigt auch das Siegelbild). Dazu gehörte offenbar eines der Prachtstücke des Grabfundes, eine goldene Zwiebelknopffibel[5] – wahrscheinlich vom Kaiser[6] zusammen mit dem prächtigen Mantel als Würdezeichen verliehen. Als persönliches Schmuckstück des Königs barg man einen Armreif aus massivem Gold im Gewicht von ca. 300 g, den man wohl als germanisches Herrschaftszeichen ansprechen darf; ähnliche Goldringe fanden sich in zahlreichen barbarischen Fürstengräbern. Hinzu kommen ein goldener Fingerring, goldene Schuhschnallen, eine Taschenschließe aus goldenem Zellendekor[7] mit roten Granaten[8]: alles höchst kunstvoll gearbeitete Stücke aus edelsten Materialien, die den hohen sozialen Rang des Bestatteten widerspiegeln. [...]

Ebenso prächtig waren die dem Leichnam beigegebenen Waffen: eine eiserne Wurfaxt (*francisca*), eine Lanze, ein Sax (ein einschneidiges Kurzschwert) und als prächtigstes Stück eine Goldgriffspatha (ein zweischneidiges Langschwert) [...].

Im Grab fand man auch einen Pferdekopf, der wohl zu Childerichs persönlichem Reitpferd gehörte. Offenbar vom Zaumzeug dieses Pferdes stammt eine Reihe von kleineren Objekten [...]: Knöpfe, Schnallen, über 30 goldene bienenförmige Beschläge und ein Stierkopfanhänger aus Gold mit Almandineinlagen[8]. [...]

Schließlich barg das Grab eine große Menge an Münzen. Im Schoß des Leichnams fand man die geringen Reste eines Lederbeutels mit 100 Goldsolidi[9]; die Prägungen aus dem Zeitraum von Theodosius II. (450) bis zu Zeno (476–491)[10] waren hauptsächlich im Ostreich geprägt. Sie dürften aus Soldzahlungen des Imperiums aufgrund des abgeschlossenen *Foedus* stammen. Außerdem ergrub man mehr als 200 Silbermünzen aus der mittleren Kaiserzeit[11]; ein Teil des königlichen Schatzes war dem toten König beigegeben worden.

Ulrich Nonn, Die Franken, Stuttgart 2010, S. 110–113

---

[1] Siehe hierzu auch M2.
[2] **Nekropole:** Friedhof
[3] Childerichs Frau Basina soll aus dem heutigen Thüringen gestammt haben.
[4] **Panzertracht:** Brustpanzer eines römischen Offiziers
[5] **Zwiebelknopffibel:** verzierte Brosche mit einer Art Sicherheitsnadel zum Schließen und Befestigen von Gewändern und Mänteln auf der Schulter. Sie gehörten zur typischen Ausrüstung römischer Soldaten in der Völkerwanderungszeit.
[6] Gemeint ist der oströmische Kaiser in Konstantinopel.
[7] **Zellendekor:** Verzierung aus Goldblech mit Einlagen aus (Halb-)Edelsteinen (siehe auch die gotische Adlerfibel auf Seite 42)
[8] **Granat** und **Almandin:** rote Halbedelsteine

[9] **Goldsolidus:** römische Goldmünze der Spätantike
[10] **Theodosius II.** (401–450) und **Zeno(n)** (440–491): Kaiser im Oströmischen Reich
[11] Die mittlere römische Kaiserzeit datiert von 117 bis 284. Sie beginnt mit dem Regierungsantritt Hadrians (76–138) und endet mit dem Regierungsantritt Diokletians (um 245 – um 313).

---

1. Fassen Sie zusammen, welche Beigaben das Grab Childerichs I. enthielt, und kategorisieren Sie diese. Berücksichtigen Sie dabei auch M2. | **H**

2. Arbeiten Sie heraus, welche Rückschlüsse man aus dem Grab und den Grabbeigaben auf Childerichs Stellung und auf die Beziehungen zwischen Franken und Römern ziehen kann.

3. Childerichs Sohn Chlodwig I. wurde nach seinem Tod in einer von ihm gestifteten katholischen Kirche in Paris bestattet. Erläutern Sie, was man daraus für die Identität Chlodwigs und die Entwicklung des merowingischen Frankenreiches von Childerich zu Chlodwig für Rückschlüsse ziehen könnte. Nutzen Sie zur Beantwortung der Frage auch M5 und M6.

4. Bei seiner Krönung zum Kaiser der Franzosen im Jahre 1804 trug Napoleon Bonaparte einen Mantel, der mit goldenen Bienen nach dem Vorbild der in Childerichs Grab gefundenen „bienenförmige[n] Beschläge" (vgl. Zeile 43 f.) geschmückt war. Erläutern Sie, welche Botschaft damit beabsichtigt gewesen sein könnte.

5. Erörtern Sie, inwiefern das Grab Childerichs und seine Ausrüstung seine doppelte kulturelle Zugehörigkeit und Identität widerspiegeln. | **F**

M2 Siegelring Childerichs I.

Bei der Abbildung handelt es sich um die silberne Nachbildung eines goldenen Siegelringes mit der Inschrift Childerici regis („(Eigentum) des Königs Childerich") aus dem Grab des salfränkischen Königs Childerich I., das im Jahre 1653 in der belgischen Stadt Tournai entdeckt wurde. Siegelringe dienten bei den Römern und später im Mittelalter dem Versiegeln von Dokumenten. Dabei wurde auf die zu besiegelnden Dokumente flüssiges Wachs getropft und der Siegelring in das noch weiche Wachs gedrückt. Das Siegel bezeugte die Echtheit des Dokuments. In der Antike waren Siegelringe der Oberschicht vorbehalten und ein Symbol von Autorität und Macht. Das Bild des Ringes zeigt Childerich ohne Bart und mit lang herabfallendem Haar. Die Sitte, die Haare lang und offen zu tragen, wurde zum Kennzeichen der merowingischen Könige. Childerich ist mit einem römischen Brustpanzer und einem Halsring bekleidet sowie darunter mit dem kurzen Mantel der römischen Offiziere (paludamentum). In der linken Hand hält er eine Lanze.

1. Analysieren Sie das Bild auf dem Siegelring. Wenden Sie dazu auch die Leitfragen zur Analyse einer Münze / eines Medaillons auf Seite 38 an.
2. Vergleichen Sie die Darstellung des Frankenkönigs Childerich auf dem Siegelring mit der Darstellung des Ostgotenkönigs Theoderich auf dem Goldmedaillon von Morro d'Alba (M2 auf Seite 55).
3. Analysieren Sie die Bedeutung des Siegelringes: Was könnten Gründe dafür sein, dass Childerich einen solchen Siegelring besaß? Welche Botschaft ist mit dem Bildnis des Ringes verbunden?

M3 Ratschläge des Bischofs Remigius von Reims an den fränkischen König Chlodwig I.

Der katholische Bischof Remigius von Reims († vor 535) schrieb wahrscheinlich 481/82 einen Brief an den fränkischen König Chlodwig I. Dieser hatte damals sechzehnjährig sowohl das Königtum über seine salfränkische Gruppe als auch das Amt eines römischen Militärkommandeurs in der Provinz Belgica Secunda von seinem Vater Childerich I. übernommen. Remigius war der ranghöchste Bischof in Chlodwigs Machtbereich und stammte wie die meisten Bischöfe in Gallien aus dem Kreis der römischen Großgrundbesitzer:

Bischof Remigius an den ausgezeichneten und durch seine Verdienste erhabenen Herrn, König Chlodwig
Es ist die bedeutungsvolle Kunde zu uns gedrungen, dass Du die Verwaltung der (Provinz) Belgica Secunda[1] übernommen hast. Und es ist nichts Ungewohntes, dass Du begonnen hast, so zu sein, wie Deine Eltern immer gewesen sind. Dies ist vor allem so zu halten, damit das Urteil des Herrn an Dir nicht schwankend wird, wo die Deinen sich verdient gemacht haben, der [gemeint ist Gott] durch den Fleiß Deiner Demut zur höchsten Spitze gelangt ist, weil, wie man sagt, die Handlungen des Menschen von ihrem Ergebnis her geprüft werden. Du musst Dir Berater nehmen, die Deinem Ruf nützen können. Und Deine Wohltaten sollen rein und ehrenhaft sein, und Du sollst Deinen Bischöfen vertrauen und immer zu deren Ratschlag zurückkehren. Wenn Du gut mit ihnen stehst, kann Deine Provinz besser bestehen. Richte Deine Bürger auf, bringe den Unterdrückten Hilfe, unterstütze die Witwen, ernähre die Waisen mehr, als dass Du sie belehrst, damit alle Dich lieben und fürchten. Die Gerechtigkeit spreche aus Deinem Mund, erwarte nichts von den Armen und Fremden, und nehme keine Geschenke oder überhaupt irgendeine (Bestechung) an. Dein Palast stehe allen offen, damit keiner traurig weggehe. Was auch immer Du an väterlichem Vermögen besitzt: Befreie damit Gefangene und erlöse sie vom Joch der

---
[1] **Provinz Belgica Secunda**: Gebiet im heutigen Nordfrankreich und Belgien, das auch die Stadt Reims umfasste

Sklaverei. Wenn irgendjemand vor Dein Angesicht kommt, soll er nicht spüren, dass er ein Fremder ist. Scherze mit der Jugend, und berate Dich mit den älteren Männern, wenn Du edel regieren und urteilen willst.

Brief des Bischofs Remigius von Reims an König Chlodwig, 481/82 oder 486/87, zitiert nach: Reinhold Kaiser und Sebastian Scholz, Quellen zur Geschichte der Franken und der Merowinger. Vom 3. Jahrhundert bis 751, Stuttgart 2012, S. 100 f.

1. Fassen Sie zusammen, welche Ratschläge der Bischof dem König gibt, und kategorisieren Sie diese.
2. Arbeiten Sie heraus, welche Rückschlüsse man aus dem Brief auf das Verhältnis des römischen Bischofs zum fränkischen König ziehen kann.
3. Vergleichen Sie das Verhältnis zwischen Remigius und Chlodwig mit dem Verhältnis zwischen dem König und den gallischen Bischöfen, wie es auf dem Konzil von Orléans 511 zum Ausdruck kommt (M9).
4. **Präsentation:** Verfassen Sie eine Antwort Chlodwigs auf den Brief von Remigius: Welches Interesse könnte der König an einer Kooperation mit den Bischöfen seines Herrschaftsgebietes gehabt haben?

M4 Chlodwig und der „Krug von Soissons"

Der Bischof Gregor von Tours (538/39 – um 594) berichtet in seiner um 575 verfassten „Geschichte der Franken" von einem Streit um die Verteilung der Kriegsbeute zwischen dem Frankenkönig Chlodwig I. und einem fränkischen Soldaten:

Die [Franken] hatten also aus einer bestimmten Kirche einen Krug von wunderbarer Größe und Schönheit geraubt, zusammen mit den übrigen kostbaren Geräten des Gottesdienstes. Der Bischof jener Kirche aber sandte einen Boten an den König und bat, dass, wenn er schon von den heiligen Geräten nichts zurückbekommen könne, seine Kirche wenigstens den Krug zurückerhalte. Als der König dies hörte, sagte er zu dem Boten: „Folge uns bis Soissons[1], weil dort alle Sachen, die wir erbeutet haben, aufgeteilt werden müssen. Und wenn mir das Los jenes Gefäß zuteilt, werde ich erfüllen, was der Bischof erbittet." Daraufhin kam er nach Soissons, und als die gesamte Beute in die Mitte gelegt worden war, sprach der König: „Ich bitte euch, tapferste Kämpfer, verweigert es mir nicht, dass mir wenigstens dieses Gefäß" – er sprach nämlich von jenem oben erwähntem Krug – „über meinen Teil hinaus zufällt." Als der König dies gesagt hatte, sprachen jene, die vernünftiger waren: „Alles, ruhmreicher König, was wir sehen, ist dein, und wir selbst sind deiner Herrschaft unterworfen. Tue nun, was dir gut zu sein scheint. Keiner vermag nämlich deiner Macht zu widerstehen." Als sie dies gesagt hatten, hieb ein leichtsinniger, neidischer und unbedachter Mann mit lautem Geschrei seine erhobene Doppelaxt in den Krug und sprach: „Nichts sollst du von hier erhalten, außer dem, was dir das Los wirklich geschenkt hat." Als alle darauf erstarrten, bezwang der König die Beleidigung mit der Sanftheit der Geduld. Er übergab den empfangenen Krug dem Boten der Kirche und bewahrte die versteckte Wunde unter seiner Brust. Als aber ein Jahr vergangen war, ließ er das ganze Heer mit der Waffenrüstung zusammenkommen, um auf dem Märzfeld[2] den Glanz dieser Waffen zu zeigen. Sobald er aber entschieden hatte, alle zu mustern, kam er zu dem Zerstörer des Kruges. Er sagte ihm: „Keiner trägt die Waffen so ungepflegt wie du. Denn weder deine Lanze noch dein Schwert noch deine Axt sind brauchbar." Und er ergriff seine Axt und warf sie auf die Erde. Aber als sich jener ein wenig vorbeugte, um sie aufzuheben, hieb der König, nachdem er ausgeholt hatte, seine Axt in dessen Haupt. „So", sagte er, „hast du es mit jenem Krug in Soissons gemacht." Nachdem dieser gestorben war, befahl er den anderen wegzugehen und er flößte ihnen durch diesen Vorfall große Furcht ein.

Gregor von Tours, Decem libri historiarum, II, 27, zitiert nach: Reinhold Kaiser und Sebastian Scholz, a. a. O., S. 139–141

1. Fassen Sie die von Gregor von Tours geschilderte Begebenheit mit eigenen Worten zusammen.
2. Arbeiten Sie heraus, welche Rückschlüsse man aus dieser Begebenheit auf Chlodwigs Stellung als fränkischer König ziehen kann. | H
3. Analysieren Sie, was die Begebenheit um den „Krug von Soissons" über das Verhältnis zwischen den Franken unter Chlodwig und der katholischen Kirche in Gallien aussagt. Beziehen Sie in Ihre Überlegungen auch M3 ein.
4. **Präsentation:** Wie könnte der fränkische Krieger seine Zerstörung des Kruges gerechtfertigt haben? Verfassen Sie eine fiktive Rede.
5. In der Forschung ist umstritten, welche Rolle einzelne Personen als sogenannte „charismatische Führungspersönlichkeiten" in der Geschichte spielen. Setzen Sie sich ausgehend vom Beispiel Chlodwigs mit dieser Frage auseinander. | H

---

[1] **Soissons:** Chlodwigs Hauptstadt ab 486/87

[2] **Märzfeld:** die jährlich im März stattfindende Versammlung und Musterung des fränkischen Heeres

M5 Der Übertritt Chlodwigs zum katholischen Glauben

Der Bischof Gregor von Tours berichtet in seiner um 575 verfassten „Geschichte der Franken", wie der Frankenkönig Chlodwig I. zum katholischen Christentum übertrat und sich taufen ließ:

Damals ließ die Königin[1] heimlich den heiligen Remigius, den Bischof von Reims[2], zu sich holen und sie bat ihn, dem König das Wort des Heils zu eröffnen. Nachdem Chlodwig herbeigeholt worden war, begann der Bischof, ihm im
5 Geheimen beizubringen, dass er an den wahren Gott, den Schöpfer von Himmel und Erde glaube und die Götzen verwerfe, die weder ihm noch anderen nützen könnten. Aber jener sagte: „Gern hörte ich dir zu, heiligster Vater; aber es gibt noch ein Hindernis, weil das Volk, das mir
10 folgt, es nicht duldet, seine Götter zu verlassen. Aber ich gehe und spreche mit Ihnen gemäß deinem Wort." Als er aber mit den Seinigen zusammenkam, rief das ganze Volk zugleich, noch bevor jener sprach, weil ihm die Macht Gottes zuvorkam: „Wir verwerfen die sterblichen Götter,
15 frommer König, und wir sind bereit, dem unsterblichen Gott zu folgen, den Remigius verkündet. Dies wurde dem Bischof gemeldet, der von großer Freude erfüllt befahl, das Taufbad vorzubereiten. Mit bunten Tüchern wurden die Plätze bedeckt, mit weißen Vorhängen die Kirchen ge-
20 schmückt, die Taufkapelle vorbereitet, Balsam wurde ausgestreut, die brennenden Wachskerzen verteilten ihren Duft und die ganze Taufkapelle wurde von göttlichem Wohlgeruch erfüllt, und eine solche Gnade gewährte Gott den Anwesenden, dass sie glaubten, sich in den Wohlgerü-
25 chen des Paradieses zu befinden. Zuerst verlangte der König, vom Bischof getauft zu werden. Er ging wie ein neuer Konstantin[3] zum Taufbade hin, um die Krankheit[4] des alten Aussatzes zu tilgen und die schmutzigen Flecken, die er von früheren Zeiten her trug, durch das frische
30 Wasser zu beseitigen. [...] Also bekannte der König den allmächtigen Gott in der Dreieinigkeit, wurde im Namen des Vaters, des Sohnes und des heiligen Geistes getauft und mit dem heiligen Salböl mit dem Zeichen des Kreuzes Christi bezeichnet. Von seinem Heer aber sind mehr als
35 3 000 getauft worden.

Gregor von Tours, Decem libri historiarum, II, 31, zitiert nach: Reinhold Kaiser und Sebastian Scholz, a.a.O., S. 144 – 146

---

[1] Gemeint ist Chlodwigs zweite Ehefrau, die burgundische Prinzessin Chrodechilde (um 474 – 544).
[2] Zum Bischof Remigius von Reims siehe auch M2.
[3] **Konstantin** (der Große) (272/73 – 337): römischer Kaiser von 306 bis 337, führte im Römischen Reich das Christentum als Staatsreligion ein und ließ sich selbst taufen
[4] Gemeint ist das bisherige Heidentum Chlodwigs bzw. sein Arianismus. Zum Arianismus siehe Seite 44.

---

1. Fassen Sie zusammen, wie Chlodwigs Taufe vorbereitet wurde. Was könnten die Gründe für dieses Vorgehen sein? | F
2. Vergleichen Sie die Religionspolitik Chlodwigs mit derjenigen des Ostgotenkönigs Theoderich. Lesen Sie hierzu nochmals die Seite 52 im Kapitel zu den Ostgoten.
3. Analysieren Sie, welche innen- und außenpolitischen Signale von Chlodwigs Taufe ausgingen. Berücksichtigen Sie dabei auch die Abbildung M6.
4. „Er ging wie ein neuer Konstantin zum Taufbade hin" (vgl. Zeile 26 f.): Nehmen Sie Stellung, welche Botschaften dieser Vergleich zwischen Chlodwig und dem römischen Kaiser Konstantin beinhaltet. | H

M6 Die Taufe Chlodwigs

Die im 14. Jahrhundert in Frankreich angefertigte Buchmalerei zeigt die Taufe des fränkischen Königs Chlodwig I. Zur Rechten des Taufbeckens stehen Bischöfe, die an ihren Bischofsmützen zu erkennen sind. Direkt neben Chlodwig steht der Bischof Remigius von Reims, der die Taufe vollzieht. Zur Linken des Taufbeckens sind fränkische Angehörige von Chlodwigs Hof zu sehen, darunter in der Mitte seine Frau Chrodechilde.

▶ Analysieren Sie die Darstellung von Chlodwigs Taufe. Beziehen Sie in Ihre Analyse auch M5 ein.

M7 Chlodwigs Anerkennung durch den oströmischen Kaiser

Der Bischof Gregor von Tours berichtet in seiner um 575 verfassten „Geschichte der Franken" über eine Zeremonie, die Chlodwig nach seinem Sieg über die Westgoten 508 in der Stadt Tours abhielt:

Also empfing er von Kaiser Anastasius[1] ein Handschreiben über das Konsulat[2] und in der Kirche des heiligen Martin[3] legte man ihm die Purpurtunika und den Mantel an und er schmückte seinen Kopf mit dem Diadem[4]. Nachdem er ein
5 Pferd bestiegen hatte, warf er auf jenem Weg, der sich zwischen dem Tor der Vorhalle (der Martinskirche) und der Bischofskirche erstreckt, Gold und Silber mit eigener Hand unter das anwesende Volk und er gab es mit größter Freigebigkeit. Und von diesem Tag an wurde er Konsul oder
10 Augustus[5] genannt. Er verließ aber die Stadt und kam von Tours nach Paris, und dort errichtete er den Sitz seiner Herrschaft.

Gregor von Tours, Decem libri historiarum, II, 38, zitiert nach: Reinhold Kaiser und Sebastian Scholz, a.a.O., Stuttgart 2012, S. 146 f.

---

1. Erläutern Sie, was der oströmische Kaiser mit der Verleihung eines römischen Amtes an Chlodwig zum Ausdruck brachte. Welche Bedeutung könnte die Ernennung zum Konsul für Chlodwig gehabt haben?
2. Erklären Sie, welche Botschaften Chlodwig mit der Zeremonie in Tours und der Wahl von Paris als neuer Hauptstadt an seine Untertanen in Gallien und an die Herrscher der anderen germanischen Reiche in Westeuropa sandte.
3. Vergleichen Sie die Stellung Chlodwigs in Gallien nach 508 mit derjenigen des Ostgotenkönigs Theoderich in Italien nach 497. Lesen Sie hierzu nochmals die Seiten 50 bis 54.

M8 Die Ausdehnung der fränkischen Herrschaft

Um 545 antwortet der fränkische König Theudebert I. († 547) auf ein Schreiben des oströmischen Kaisers Justinian (um 482–565):

König Theudebert an den berühmten und vortrefflichsten Herrn und Vater, Kaiser Justinian.
Der ausgezeichnete Mann Theodor kam zusammen mit Solomon[6] und wir haben die Briefe, die eure kaiserliche Huld an uns gerichtet hat, mit ehrlicher Liebe und Demut
5 empfangen, obwohl ihr über uns in Sorge seid, weil wir über verschiedene Völker und Provinzen die geliebte Freundschaft Gottes ausgebreitet haben. Das aber, was euch beunruhigt, nämlich in welchen Provinzen wir zu Hause sind und welche Völker mit Gottes Hilfe unserer
10 Herrschaft unterstehen, verhält sich wie folgt: Durch das Erbarmen Gottes haben wir glücklich die Thüringer unterworfen und ihre Provinzen erworben, nachdem damals ihre Könige ausgelöscht worden sind. Das Volk der Nordschwaben[7] ist durch unsere Majestät versöhnt worden und nach-
15 dem sich, durch Gottes Gnade, die Westgoten unseren Vorschriften unterworfen hatten, haben sich die Einwohner der *Francia*[8], Norditaliens, Pannoniens[9], die Sachsen und die Jüten[10] aus eigenem Willen uns unterworfen und unsere Herrschaft erstreckt sich unter der Obhut Gottes von
20 der Donau und der Grenze Pannoniens bis zur Küste des Ozeans[11]. Und weil wir wissen, dass eure kaiserliche Hoheit über den Fortschritt der Katholiken, so wie es auch in euren Briefen bezeugt wird, hocherfreut ist, deshalb haben wir durch einen einfachen Bericht gemäß eurem Wunsch
25 dargelegt, was es ist, das Gott uns zugestanden hat, und wir wünschen von ganzem Herzen, dass euer Ruhm für die Glücklichen so stark sein möge, dass ihr die alte Freundschaft der alten Fürsten bewahrt und wir eurer Gnade, wie ihr es öfters versprochen habt, zum allgemeinen Nutzen
30 verbunden werden.

Brief Theudeberts I. an Justinian, um 545, zitiert nach: Reinhold Kaiser und Sebastian Scholz, a.a.O., S. 124 f.

---

1. Fassen Sie die Kernaussagen von Theudeberts Schreiben zusammen.
2. Erläutern Sie die Rolle des katholischen Christentums in Theudeberts Argumentation.
3. Vergleichen Sie Theudeberts Brief mit dem Brief des Ostgotenkönigs Theoderich an den oströmischen Kaiser Anastasius I. von 508 (M4 auf Seite 56).
4. Charakterisieren Sie, welches Verhältnis des fränkischen Königs zum oströmischen Kaiser in dem Schreiben zum Ausdruck kommt und erläutern Sie den Hintergrund dieses Verhältnisses.

---

[1] **Anastasius I.** (um 428/30–518): oströmischer Kaiser von 491 bis 518
[2] **Konsulat > Konsul**: hohes, ziviles römisches (Ehren-)Amt
[3] **Kirche des heiligen Martin**: Sitz des Bischofs von Tours
[4] **Diadem**: Krone
[5] **Augustus**: „der Erhabene", Anrede für den römischen Kaiser
[6] **Theodor** und **Solomon**: zwei Gesandte/Boten des oströmischen Kaisers
[7] **Nordschwaben**: die Alamannen im heutigen Baden-Württemberg und Hessen
[8] **Francia**: das fränkische Kernland im heutigen Belgien und Nordfrankreich
[9] **Pannonien**: Gebiet im heutigen Serbien und Ungarn
[10] **Jüten**: Bewohner im heutigen Dänemark
[11] Gemeint ist die Nordsee.

M9 Die gallischen Bischöfe und der fränkische König

Im Jahre 511 versammeln sich auf Einladung des Frankenkönigs Chlodwig die katholischen Bischöfe Galliens zu einem sogenannten Konzil in der Stadt Orléans und treffen dort wichtige Entscheidungen für die Organisation und Entwicklung der katholischen Kirche im Frankenreich. Über die Beschlüsse ihres Konzils informieren die Bischöfe den König in einem Schreiben:

Ihrem Herrn, dem Sohn der katholischen Kirche, dem äußerst ruhmreichen König Chlodwig, alle Bischöfe, denen Ihr befohlen habt, zum Konzil zu kommen.

Da eine so große Sorge für den ruhmvollen Glauben Euch
5 zur Verehrung der katholischen Religion antreibt, dass Ihr aus Hochschätzung der Meinung der Bischöfe befohlen habt, dass sich die Bischöfe versammeln, um über notwendige Dinge zu verhandeln, antworten wir gemäß der Anfrage Eures Willens und der Artikel, die Ihr uns vorgelegt
10 habt, das, was in unserer Entscheidung zu liegen scheint. So wird, wenn das, was wir festgesetzt haben, auch durch Euer Urteil als rechtens gebilligt ist, die Zustimmung eines so großen Königs und Herrn die zu wahrende Entscheidung so vieler Bischöfe durch noch größere Autorität bestätigen.
15 Als mit Gottes Willen und auf Anweisung des äußerst ruhmreichen Königs Chlodwig in der Stadt Orléans ein Konzil der höchsten Bischöfe versammelt war, hat es ihnen allen nach gemeinsamer Verhandlung gefallen, das, was sie mündlich festgesetzt haben, auch durch das Zeugnis der
20 Schrift zu bekräftigen.

Konzil von Orléans 511. Schreiben der Bischöfe an König Chlodwig, zitiert nach: Reinhold Kaiser und Sebastian Scholz, a.a.O., S. 112

1. Arbeiten Sie heraus, welche Rückschlüsse man aus dem Brief auf das Verhältnis der katholischen Bischöfe zum fränkischen König ziehen kann. Welche Rolle spielt der König für die katholische Kirche?
2. Vergleichen Sie das Schreiben der Bischöfe von 511 mit dem Brief des Bischofs Remigius von Reims an Chlodwig von 486/87 (M3): Was hat sich in der Zwischenzeit in Gallien verändert?

M10 Die Franken und ihr Reich

Der oströmische Rechtsanwalt und Schriftsteller Agathias von Myrina (um 532–579/82) schreibt um 580 in seinem Geschichtswerk über die Franken:

Das Volk der Franken grenzt unmittelbar als Nachbar an Italien. Dies dürften die von alters her sogenannten Germanen sein, wie aus Folgendem erhellt: Sie wohnen am Rhein und im dortigen Land, dazu besitzen sie den größten Teil
5 von Gallien, das ihnen früher nicht gehörte, sondern erst hinzugewonnen wurde [...]. Die Franken sind ja keine Nomaden wie doch wohl einige von den Barbaren, sondern bedienen sich im Allgemeinen der römischen Staatsordnung und Gesetzgebung und teilen im Übrigen mit den
10 Römern auch das Handels- und Eherecht sowie die Gottesverehrung. Sie sind alle Christen, und zwar ganz rechtgläubige. Sie haben in ihren Städten Beamte und Priester, feiern die Feste so wie wir und scheinen mir für ein Barbarenvolk sehr gesittet und gebildet; nur ihre barbarische Tracht und
15 Sprache unterscheiden sie von den Römern.

Agathias von Myrina, Historiae, I, 2, zitiert nach: Reinhold Kaiser und Sebastian Scholz, a.a.O., S. 125 f.

1. Erläutern Sie, an welchen Indizien Agathias von Myrina die Akkulturation und Integration der Franken festmacht. | H
2. Vergleichen Sie die fränkische Reichsgründung mit denjenigen der Westgoten und der Ostgoten. Welche Gemeinsamkeiten und Unterschiede lassen sich feststellen?
3. Nehmen Sie Stellung zu der Frage, inwieweit man das Frankenreich als das „Erfolgsmodell" unter den germanischen Reichsgründungen der Völkerwanderungszeit bezeichnen kann.

M11 Abbildung des Dagobert-Throns

Der Klappstuhl besteht aus teilweise vergoldeter Bronze und stammt aus dem 7. Jahrhundert. Er ist 135 cm hoch und 78 cm breit, die Arm- und Rückenlehnen wurden später hinzugefügt. Der Stuhl wird seit dem 12. Jahrhundert als „Reisethron" des merowingischen Königs Dagobert (um 608–638/39) bezeichnet. Bei der Abbildung handelt es sich um eine Nachbildung – das Original befindet sich heute in der französischen Nationalbibliothek.

▶ Der faltbare Thron erinnert an die Klappstühle römischer Amtsträger, die ein Symbol ihrer Amtsgewalt waren. Er könnte ein archäologischer Nachweis für das „Reisekönigtum" der merowingischen Frankenkönige sein. Nehmen Sie Stellung zu den Vor- und Nachteilen einer solchen mobilen Herrschaftsausübung.

Mit Karten arbeiten

Karten geben Orientierung in **Raum und Zeit**. Sie informieren sowohl über topografische und geografische Gegebenheiten als auch über gesellschaftliche und politische Zustände, Entwicklungen und Ereignisse in einer bestimmten Region, z. B. über Herrschaftsgebiete, Grenzen, Migrationsbewegungen und kriegerische Auseinandersetzungen.

Man unterscheidet zwei Arten von Karten:

1. **Historische Karten**: Sie wurden mit den Mitteln und den Erkenntnisinteressen der damaligen Zeit erstellt und zeigen, welche Vorstellungen der Kartenzeichner bzw. sein Auftraggeber von der Welt oder einem bestimmten Ereignis hatten.

2. **Geschichtskarten**: Sie wurden von Historikern oder historisch arbeitenden Geografen erstellt, um Zustände, Entwicklungen und Ereignisse der Vergangenheit darzustellen und zu vermitteln.

Karten sind einerseits sehr anschaulich und vermitteln viele Informationen auf einen Blick. Andererseits müssen sie sorgfältig analysiert und interpretiert werden: Jede Karte kann nur begrenzte Informationen bieten und auch die Darstellungsmöglichkeiten sind limitiert, sodass komplexe gesellschaftliche, wirtschaftliche und kulturelle Strukturen und Abläufe nur vereinfacht dargestellt werden können. Zudem ist immer zu bedenken, mit welcher Zielsetzung und für welchen Adressatenkreis die Karte erstellt wurde. Karten sind somit niemals objektive Darstellungen, sondern beinhalten stets schon eine subjektive Deutung.

Historische Karten bieten **weitere Herausforderungen**: Ihre Bilder, Zeichen und Symbole erschließen sich nicht immer unmittelbar. Da sich die Verfahren zur Abbildung geografischer Räume immer weiter entwickelt haben, enthalten alte Karten zudem oft Verzerrungen und Ungenauigkeiten. Historische Karten spiegeln schließlich immer auch das Wissen und Denken ihrer Entstehungszeit. Auch Geschichtskarten werden deshalb mit der Zeit zu historischen Karten!

> Weitere Anwendungsbeispiele finden Sie auf den Seiten 24, 83 und 117.

Arbeitsschritt	Leitfragen
1. beschreiben	• Um welchen Kartentyp handelt es sich? • Wann und wo wurde die Karte erstellt oder veröffentlicht? • Wer hat die Karte entworfen und / oder in Auftrag gegeben. • Über welches Thema informiert die Karte? • Welchen Raum und welche Zeit stellt die Karte dar? • Zeigt die Karte einen Zustand, ein Ereignis oder eine Entwicklung? • Welche Darstellungsformen werden genutzt (Symbol, Bild, Text, Farbgebung etc.)?
2. erklären	• In welchen historischen / politischen Zusammenhang lässt sich die Karte einordnen? • Welche Ursachen, Entwicklungen oder Folgen lassen sich aus der Karte ablesen?
3. beurteilen	• An welchen Adressatenkreis wendet sich die Karte? • Welchen Zweck, welche Funktion verfolgt sie? • Welche Vorstellung hatte der Zeichner / der Auftraggeber von der Welt? • Ist die Karte übersichtlich gestaltet? • Sind die dargestellten Informationen richtig und vollständig? Gibt es Widersprüche? • Worüber gibt die Karte keine Auskunft?

Mit Karten arbeiten 73

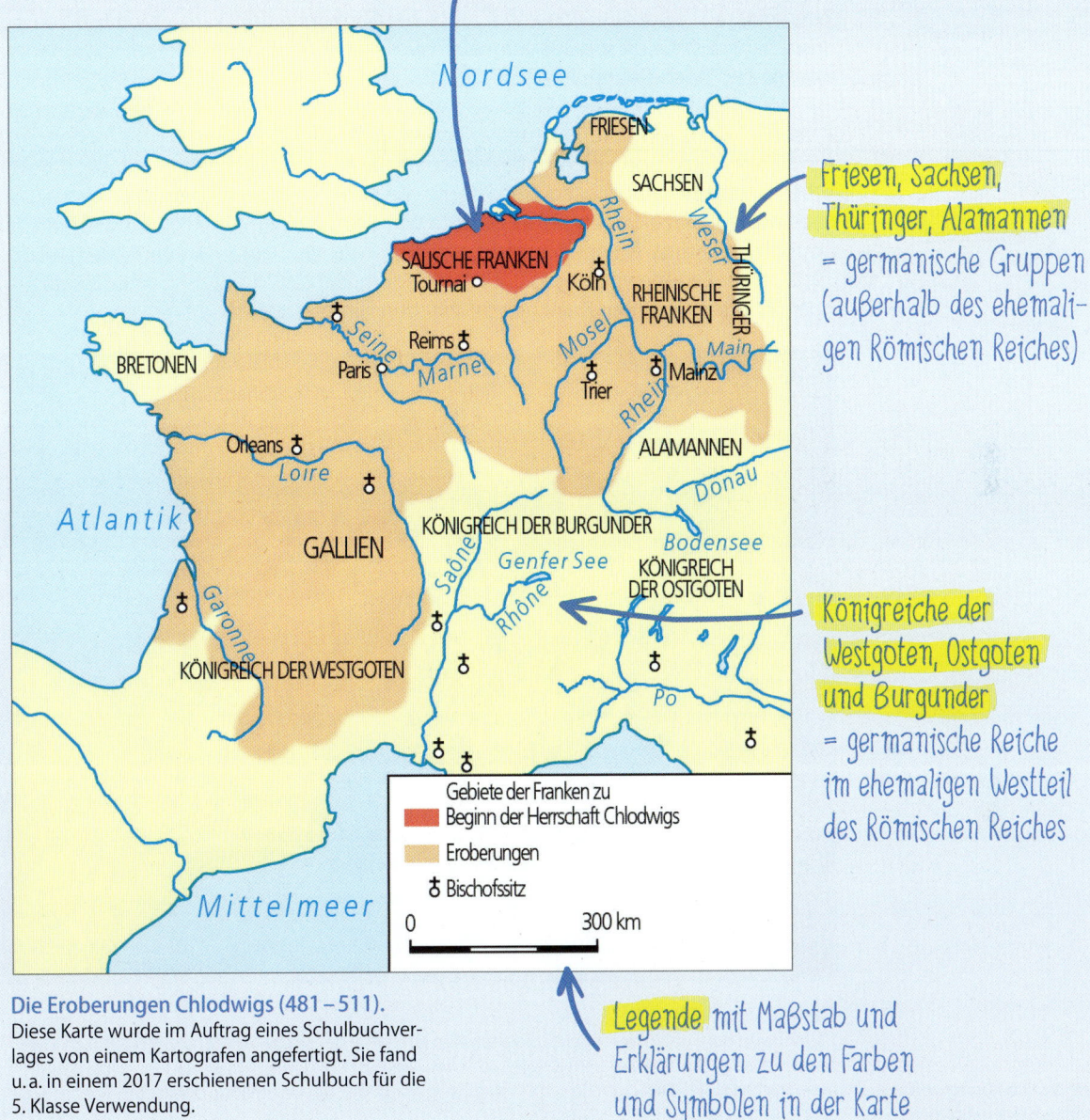

Die Eroberungen Chlodwigs (481–511). Diese Karte wurde im Auftrag eines Schulbuchverlages von einem Kartografen angefertigt. Sie fand u. a. in einem 2017 erschienenen Schulbuch für die 5. Klasse Verwendung.

Annotationen:
- **Salische Franken / Rheinische Franken** = selbstständige fränkische Teilgruppen vor Chlodwig
- **Friesen, Sachsen, Thüringer, Alamannen** = germanische Gruppen (außerhalb des ehemaligen Römischen Reiches)
- **Königreiche der Westgoten, Ostgoten und Burgunder** = germanische Reiche im ehemaligen Westteil des Römischen Reiches
- **Legende** mit Maßstab und Erklärungen zu den Farben und Symbolen in der Karte

▶ Analysieren Sie die Karte mithilfe der Arbeitsschritte auf Seite 72. Ihre Ergebnisse können Sie mit der Lösungsskizze auf Seite 152 vergleichen.

▶ Zeichnen Sie die Karte ab und ergänzen Sie sie mit weiteren wichtigen Informationen zur Entstehung des Frankenreiches unter der Herrschaft Chlodwigs.

▶ Nehmen Sie Stellung zu der Aussage, dass „Geschichtskarten mit der Zeit zu historischen Karten werden".

Rezeption der Völkerwanderung

Rezeption (lat. *receptio*: Aufnahme): Mit Rezeption ist in der Geschichtswissenschaft gemeint, wie vergangene Ereignisse oder Personen zu unterschiedlichen Zeiten von den jeweiligen Zeitgenossen wahrgenommen und verstanden wurden. Die Rezeption kann sich im Laufe der Zeit wandeln, sodass ein und dasselbe geschichtliche Ereignis ganz unterschiedlich beurteilt und in der Wissenschaft, der Literatur, der Kunst und auch in der Politik jeweils zeitgebunden anders behandelt und dargestellt werden kann.

Rezeption – die Nachwelt beschäftigt sich mit der Völkerwanderungszeit | Der Begriff „Völkerwanderung" für die Ereignisse des 4. bis 6. Jahrhunderts war unter den Zeitgenossen sowohl bei Römern als auch bei Germanen unbekannt. Man kann davon ausgehen, dass sie diesen Zeitraum auch noch nicht als eine besondere, abgegrenzte historische Epoche wahrnahmen.

Schon seit dem frühen Mittelalter wurde allerdings an einzelne Begebenheiten, Persönlichkeiten und Gruppen der Völkerwanderungszeit erinnert. Die Menschen setzten sich in Kunst und Literatur damit auseinander – und nahmen in aktuellen politischen Debatten darauf Bezug. Der ostgotische König Theoderich beispielsweise wurde in der Rezeption zur Sagengestalt *Dietrich von Bern*. In einem Überlieferungsstrang der Dietrichsage stirbt Theoderich nicht, sondern wird als Dämon Anführer der „Wilden Jagd", einer Gruppe von übernatürlichen Jägern, die als Vorboten von Naturkatastrophen, Kriegen, Tod oder Krankheiten über den Himmel ziehen.

Theoderichs Höllenritt.
Dietrich von Bern als Wilder Jäger, Sandsteinrelief am Portal der Kirche San Zeno in Verona, um 1140. Das Relief zeigt Dietrich von Bern als dämonischen Jäger zu Pferd, wie er in ein Jagdhorn bläst und einen Hirsch verfolgt. Diese „Wilde Jagd" führt ihn in der bildlichen Darstellung direkt zum Tor der Hölle.

▶ Die verschiedenen Sagenstränge um Dietrich von Bern bewerten ihn entweder, wie in diesem Relief, sehr negativ oder, wie im Nibelungenlied, als positive Heldengestalt. Erörtern Sie die möglichen Gründe für diese unterschiedliche Rezeption.

Nibelungenlied: Das Nibelungenlied ist das berühmteste Heldenepos der mittelhochdeutschen Literatur. Es wurde um 1200 von einem unbekannten Dichter in Passau niedergeschrieben. Die strophische Dichtung in 39 sogenannten Aventiuren (= Abenteuern) erzählt von der Liebe des Drachentöters Siegfried zur burgundischen Königstochter Kriemhild, ihrer Heirat, von Siegfrieds Tod durch Hagen und Kriemhilds Rache mithilfe des Hunnenkönigs Etzel (= Attila), die zum Untergang des Burgunder-Reiches führt.

Im **Nibelungenlied** hingegen spielt Dietrich von Bern am Hof des Hunnenkönigs *Etzel* die Rolle eines ehrenhaften Helden. Das Nibelungenlied verarbeitet nach Meinung der Forschung Ereignisse aus der Zeit der Völkerwanderung, insbesondere den Einfall der Hunnen nach Europa ab 375 und ihre Reichsgründung unter Attila, die Zerstörung des Reiches der Burgunder am Rhein 413 und die Geschichte der Ostgoten bis zu ihrer Reichsgründung in Italien ab 493. Allerdings wurde der Stoff so umfassend dichterisch abgewandelt und ausgeschmückt, dass das Nibelungenlied keine Rückschlüsse auf tatsächliche geschichtliche Ereignisse und Personen im 4. und 5. Jahrhundert zulässt.

Handschrift des Nibelungenliedes.
Farbige Tinte auf Pergament, zweite Hälfte des 13. Jahrhunderts, im Besitz des Fürstlich Fürstenbergischen Schloßmuseums, Donaueschingen.

▶ Erläutern Sie, wie mündliche oder schriftliche Erzählungen, Sagen und Geschichten zur Bildung und Festigung der Identität von Gruppen beitragen können. Sammeln Sie Beispiele aus Geschichte und Gegenwart.

Sagendichtungen wie das Nibelungenlied oder die Dietrichsage waren eine Möglichkeit, aus der Völkerwanderungszeit überlieferte, existenzielle Erfahrungen wie Migration, Krieg, Akkulturation und Integration in einer neuen Heimat zu verarbeiten und so die Identität der eigenen Gruppe und Gemeinschaft zu definieren und zu festigen.

Immer wieder wurde aber auch auf die Epoche der Völkerwanderung zurückgegriffen, um entweder eigene politische Ideen und Interessen zu vertreten oder aber Gegner in Verruf zu bringen. So verwiesen im 17. Jahrhundert in Schweden Wissenschaftler und Politiker auf die angebliche schwedische Herkunft der Goten und leiteten aus der hieraus entstandenen Ideologie des Gotizismus nationale Herrschaftsansprüche ab. Während der Französischen Revolution verglich 1794 ein Bischof die Zerstörung – vor allem christlicher – Bücher und Kunstwerke durch die Revolutionäre mit der Plünderung Roms durch die Vandalen 455. Dabei gibt es keine Belege dafür, dass die Vandalen bei ihrer zweiwöchigen Plünderung Roms tatsächlich besonders gewaltsam oder zerstörungswütig vorgingen. Wahrscheinlich ging es ihnen vor allem um Bereicherung und um die Steigerung ihres Ansehens und gleichzeitig um die ökonomische und politische Schwächung ihrer römischen Gegner. Deshalb leerten sie Rom eher planmäßig aus, als dass sie es zerstörten. Christliche Kirchen wurden vermutlich sogar ausdrücklich geschont. Als Bezeichnung für sinnlose Zerstörungswut ist der Begriff „Vandalismus" also historisch falsch. Trotzdem wurde er aber rasch populär, ist bis heute gebräuchlich und mit dem Namen der Vandalen untrennbar verbunden.

Internettipp
Über Aufbau und Inhalt des Nibelungenliedes informiert Sie der Code **32202-10**.

Gotizismus: Die im 17. und 18. Jahrhundert in Schweden populäre Ideologie betonte die Leistungen und die Erfolge der west- und ostgotischen Wanderungen und Reichsgründungen der Völkerwanderungszeit. Innenpolitisch nutzte insbesondere der schwedische König Gustav II. Adolf (1594–1632) den Stolz seiner Untertanen auf die angebliche Abkunft von den Goten zur Stabilisierung seiner Herrschaft. Außenpolitisch leitete er aus der Gleichsetzung der Schweden mit den Goten Ansprüche auf Einfluss und Prestige der schwedischen Großmacht in Europa während des Dreißigjährigen Krieges ab.

2.4 Pflichtmodul: Die Völkerwanderung

Plünderung Roms durch die Vandalen 455.
Kolorierter Holzstich von Heinrich Leutemann, um 1865.

▶ Beschreiben Sie, wie der Künstler das historische Ereignis darstellt. | **H**

▶ Erläutern Sie, wie er die Plünderung Roms durch die Vandalen deutet. | **H**

„Völkerwanderung" und „Barbareneinfälle" – Begriffe prägen die Wahrnehmung | Der Begriff „Völkerwanderung" entstand in Deutschland beginnend mit der Französischen Revolution und setzte sich dann ab der Zeit der Befreiungskriege gegen die französische Vormachtstellung unter Napoleon Bonaparte in Europa durch. In dieser Zeit entwickelte sich in Deutschland ein modernes Nationalbewusstsein. Die deutsche Identität wurde dabei unter anderem auf die Germanen und deren Wanderungen und Reichsgründungen während der Völkerwanderungszeit zurückgeführt. Dieser Rezeption lag die Annahme zugrunde, dass Völker und Kulturen im Laufe der Geschichte unverändert und mit feststehenden Eigenschaften bestehen geblieben seien (→ M1). Germanen und Deutsche wurden also gleichgesetzt. Die Geschichte der Völkerwanderungszeit wurde dabei romantisch verklärt und als Vorbild für ein starkes und geeintes Deutschland propagiert (→ M2). Im Gegensatz dazu wurden insbesondere die Franzosen und Frankreich in Deutschland mit den Römern bzw. dem Römischen Reich identifiziert, sodass zeitgenössische politische Konflikte zwischen Deutschen und Franzosen auf die Beziehungen zwischen Germanen und Römern in der Völkerwanderungszeit übertragen und darin gespiegelt wurden.

Ab dem 19. Jahrhundert betrachteten deutschsprachige Historiker die Völkerwanderung als eine eigene historische Epoche. Sie grenzten die Migrations-, Akkulturations- und Integrationsprozesse germanischer Gruppen zwischen dem 4. und 6. Jahrhundert nun klar von früheren germanischen Wanderungsbewegungen und anderen Phasen der römisch-germanischen Geschichte ab. Gleichzeitige und spätere Wanderungs- und Expansionsbewegungen, etwa diejenige der Slawen oder der Araber, die ebenfalls prägend für die europäische Geschichte waren, vernachlässigten sie bei dieser Fokussierung auf die germanischen Gruppen.

In anderen europäischen Ländern und Sprachen wurde die deutsche Begrifflichkeit der „Völkerwanderung" nicht übernommen. In Großbritannien und in den romanischen Staaten (z. B. Frankreich, Italien und Spanien) fasste man die historischen Ereignisse des 4. bis 6. Jahrhunderts stattdessen als „Invasion der Barbaren" oder „Barbareneinfälle" zusammen. Die unterschiedliche Rezeption der Epoche spiegelte sich in Europa, gewissermaßen als pro-römische oder pro-germanische Position, auch in Kunst, Literatur und Geschichtsschreibung des 19. Jahrhunderts wider (→ M3).

Völkerwanderung und deutsche Politik im 19. und 20. Jahrhundert | Im Zuge der deutschen Einigung und Reichsgründung in der zweiten Hälfte des 19. Jahrhunderts verstärkte sich in Deutschland noch die Identifikation der eigenen Nation mit den Germanen als „erfolgreiche Vorfahren". Ereignisse und Personen aus der Zeit der Völkerwanderung wurden zu beliebten Themen in historischen Romanen und Jugendbüchern. In der deutschen Politik wurde dabei eine vermeintliche Überlegenheit der eigenen Nation gegenüber den europäischen Nachbarn betont: Die Germanen hätten in Europa das alte, schwach gewordene Römische Reich beiseite geräumt und so das Fundament für ein neues, zukunftsweisendes Europa gelegt. In diesem Europa käme den Deutschen als Nachfahren der Germanen eine besondere Führungsrolle zu. Diese Wahrnehmung wurde durch den deutschen Sieg im Deutsch-Französischen Krieg von 1870/71 und die anschließende Ausrufung des Deutschen Kaiserreiches unter Führung Preußens weiter verstärkt. In der Zeit des Imperialismus bis zum Ersten Weltkrieg begründete man in Deutschland auch Ansprüche auf eigene Kolonien in Übersee mit den Erfolgen der germanischen Gruppen der Völkerwanderungszeit: Ebenso wie damals den Germanen bei ihren Wanderungen nach Südeuropa stünde den Deutschen jetzt ebenfalls „ein Platz an der Sonne", also Einflussgebiete in Afrika und Asien, zu.

Die Nationalsozialisten sahen dann ab den 1920er-Jahren in der Völkerwanderung einen Beleg für die Überlegenheit einer vermeintlichen „germanischen Rasse" und begründeten damit ihre Ansprüche auf Expansion und „Gewinnung neuen Lebensraums" in Osteuropa (➔M4). Nach Ende des Zweiten Weltkrieges dominierte in der europäischen Geschichtswissenschaft unter dem Eindruck der Kriegserfahrung eine Sicht auf die Völkerwanderung, die vor allem Gewalttätigkeit, Zerstörung und kulturellen Niedergang dieser Epoche betonte. Insbesondere wurden die Wanderungen und Reichsgründungen germanischer Gruppen als Hauptursache für den Untergang des Weströmischen Reiches verstanden, obwohl dabei auch andere Faktoren eine Rolle spielten (➔M5). Seit dem späten 20. Jahrhundert untersuchten Historiker verstärkt, wie sich Germanen der Völkerwanderungszeit in die römische Welt integrierten und wie sich Römer und Germanen gegenseitig kulturell beeinflussten. Die Auflösung des Römischen Reiches wurde nun weniger als Katastrophe und Niedergang, sondern eher als ein Prozess der Akkulturation und Transformation verstanden.

Hermannsdenkmal.
Kolossalstatue in der Nähe von Detmold in Nordrhein-Westfalen, erbaut 1838–1875, Gesamthöhe 53,46 m, Figurenhöhe 26,57 m.
Das Denkmal erinnert an den Germanen Arminius/Hermann, der im Jahre 9 in der sogenannten Schlacht im Teutoburger Wald / Varusschlacht mit einer Koalition germanischer Gruppen dem römischen Feldherrn Varus eine entscheidende Niederlage beibrachte. In der Folge verzichteten die Römer auf die Eroberung der von Germanen besiedelten Gebiete zwischen Rhein und Elbe. Das Denkmal stellt eine Verbindung zwischen dem Sieg des Arminius über die Römer und den deutschen Siegen gegen die Franzosen 1813/14 und 1870/71 her.

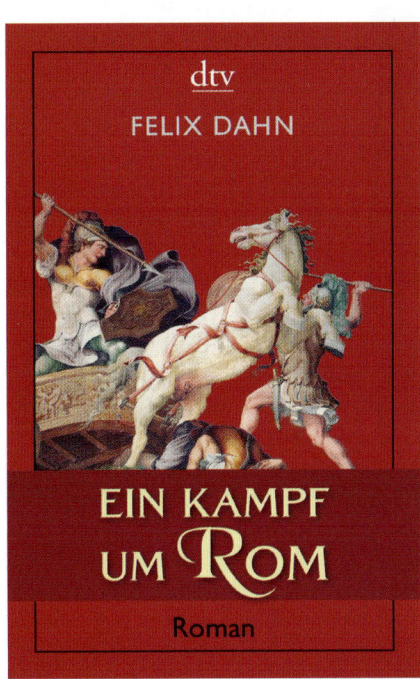

„Ein Kampf um Rom."
Buchcover einer Ausgabe von 2009. Der 1876 erschienene Roman des deutschen Historikers und Juristen Felix Dahn schildert den Untergang des Ostgotenreiches in Italien im Kampf gegen das Oströmische Reich im 6. Jahrhundert. Er betont das „Heldentum" der Goten und war im 1871 gegründeten Deutschen Kaiserreich als Jugendbuch sehr populär.

„Schlagt den Hunnen mit Liberty Bonds zurück."
Plakat, Farboffsetdruck, 76 x 51cm, USA, 1918.
Das Plakat ruft die amerikanische Bevölkerung auf, Kriegsanleihen, also verzinste Wertpapiere, zu kaufen. Mit diesen finanzierten die USA im Ersten Weltkrieg ihren militärischen Einsatz gegen das Deutsche Reich und seine Verbündeten. Die Deutschen werden in diesem Propagandaplakat mit den Hunnen gleichgesetzt.

▶ Interpretieren Sie das Plakat: Warum werden die Deutschen hier mit den Hunnen, und nicht etwa mit den Germanen der Völkerwanderungszeit, identifiziert? | **H**

Internettipp
Über „die Germanen" als historisches Konstrukt und deren Instrumentalisierung während der NS-Zeit erfahren Sie mehr unter dem Code **32202-11**.

2.4 Pflichtmodul: Die Völkerwanderung

Die Forschungsdebatte, ob die Völkerwanderungszeit eher Zerstörung oder Kontinuität bedeutete und welchen Anteil die Germanen am Ende des Römischen Reiches haben, ist bis heute nicht abgeschlossen.[1] Das liegt nicht zuletzt daran, dass es insgesamt wenige Quellen aus dieser Zeit gibt. Hinzu kommt, dass die wandernden germanischen Gruppen selbst keine schriftlichen Zeugnisse hinterlassen haben, sodass die überlieferten Quellen fast ausschließlich von Angehörigen des römischen Kulturkreises stammen. Neue Perspektiven und Erkenntnisse verspricht deshalb vor allem die Archäologie, die unter anderem mit Methoden der Genetik arbeitet.

Flüchtlinge an der deutsch-österreichischen Grenze.
Aufnahme vom 16. September 2015.

▶ Beschreiben Sie das Foto.
▶ Erläutern Sie die Bildaussage.
▶ **Präsentation:** Suchen und vergleichen Sie Bilder, die in unterschiedlichen Medien von „Migranten" gezeigt werden. In welcher Absicht wurde jeweils fotografiert? Erstellen Sie dazu eine PowerPoint-Präsentation.
▶ Nehmen Sie Stellung, inwieweit man die abgebildete Migration von Flüchtlingen nach Europa mit den Ereignissen der Völkerwanderung vergleichen kann.

Wie aktuell ist die Völkerwanderung? | Die skizzierte Rezeption der Völkerwanderung im Verlauf der deutschen und europäischen Geschichte zeigt, dass Interpretation und Verständnis historischer Ereignisse immer zeitgebunden sind. Bei der Deutung der Geschichte sind wir stets von den aktuellen Erfahrungen und Ereignissen unserer jeweiligen Lebenszeit geprägt – dies gilt auch für Historiker und Politiker, die sich damit beschäftigen.

Die aktuelle historische Forschung problematisiert den Begriff „Völkerwanderung". Sie hinterfragt sowohl den Begriff „Volk", indem sie darauf hinweist, dass sehr heterogene und sich verändernde Gruppen von Menschen in der Zeit vom 4. bis 6. Jahrhundert auf Wanderung gingen (➔ M1). Auch mit dem Begriff der „Wanderung" setzt sich die Forschung kritisch auseinander und thematisiert, aus welchen unterschiedlichen Gründen und auf welch vielfältige Art und Weise die Menschen damals mobil waren und migrierten.[2] Immer wieder ist die Völkerwanderung auch Thema von Geschichtsdokumentationen in Fernsehen und Internet. Diese Beiträge richten sich in der Regel an ein breites Publikum und versuchen, die historischen Ereignisse möglichst leicht verständlich und spannend darzustellen (➔ M6).

Seit 2015 wurden vor allem in Deutschland in Zusammenhang mit der Aufnahme von Flüchtlingen aus Afrika und dem Nahen Osten Vergleiche mit der Zeit der Völkerwanderung gezogen. Ob und wie man die aktuelle Migration von Flüchtlingen nach Europa mit der Einwanderung germanischer Gruppen ins Römische Reich der Spätantike vergleichen kann, hängt sehr stark von Verständnis und Deutung der Ursachen und Folgen der Völkerwanderung ab. Dabei muss man sehr genau prüfen, ob der Vergleich tatsächlich zutreffend ist, und muss sich davor hüten, Ängste, Probleme oder auch Utopien der Gegenwart auf historische Geschehnisse zu projizieren (➔ M7).

---

[1] Siehe hierzu auch das Kapitel „Geschichte kontrovers: Die Völkerwanderung – Ursache für den Untergang des Römischen Reiches?" auf der Seite 84 f.
[2] Zum Themenkomplex „Migration" siehe auch das gleichnamige Kapitel auf den Seiten 18 bis 23.

M1 Gibt es „ethnisch reine" Völker?

*Der deutsche Historiker Walter Pohl (*1953) begründet, weshalb die Fragestellung, was eigentlich „Völker" sind, bis heute aktuell ist:*

Aber was ist eigentlich ein Volk? […] Die Frage ist vor allem deshalb schwierig, weil die Antwort scheinbar leicht fällt: eine Gruppe von Menschen mit gemeinsamer Abstammung, Sprache und Kultur, erkennbar an Tracht und Be-
5 waffnung, verbunden durch Recht und Tradition. So oder ähnlich definierten es schon antike und mittelalterliche Autoren […].
Die Geschichtswissenschaft des 19. Jahrhunderts griff diese Betrachtungsweise auf und baute sie aus. Völker
10 stellte man sich als Individualitäten vor, die wahren Subjekte der Geschichte, jeweils mit eigener „Volksseele" ausgestattet und wie bei menschlichen Stammbäumen auseinander hervorgegangen. Aus dem Indogermanen entstanden unter anderem die Germanen, durch besondere Eigenschaf-
15 ten (Tapferkeit, Einfachheit, Treue) von anderen Völkern abgehoben. Diese Germanen/Deutschen zerfielen wiederum in diverse „deutsche Stämme" […]. Manche von ihnen wanderten während der Völkerwanderung aus und gingen unter. In anderen behauptete sich trotz starker Gegen-
20 kräfte letztlich die deutsche Einheit. So ungefähr sah das Geschichtsbild des 19. Jahrhunderts aus. Dazu kam gegen Ende des Jahrhunderts zunehmend die Vorstellung, die Germanen gehörten einer überlegenen Rasse an und seien quasi naturgesetzlich zur Herrschaft über andere Völker
25 berufen. Dabei zog man nicht zuletzt die Germanenreiche der Völkerwanderungszeit als Beispiele heran. Der politische Gebrauch solcher Vorstellungen, mit seinem schrecklichen Höhepunkt während des Nationalsozialismus, ist bekannt. […]
30 Im Bewusstsein der Öffentlichkeit hat sich die Vorstellung von den Völkern als quasi naturwüchsigen Einheiten weitgehend gehalten. Die modernen Nationen prägen dabei die Kategorien. Doch genügt es, sich zu vergegenwärtigen, dass selbst die europäischen Nationen der Gegenwart mit
35 ihrem beachtlichen Apparat zur ethnischen Vereinigung – Schulen, Medien, durchgreifende Bürokratie – fast nirgendwo ein einheitliches Staatsvolk geschaffen haben; im Gegenteil: Der Mythos von der „ethnischen Reinheit" hat im 20. Jahrhundert unendliches Leid über Europa ge-
40 bracht. Trotz aller Bemühungen bleiben ethnische Identitäten wandelbar und widersprüchlich. Umstritten ist heute, ob es ein bosnisches, katalanisches, padanisches[1], ukrainisches, kurdisches Volk gibt. Sind Wolgadeutsche, die nicht Deutsch sprechen, oder sind in Deutschland geborene Kin-
45 der von Türken Deutsche? Sind die Südtiroler Tiroler, Österreicher, Deutsche oder Italiener, oder vielleicht alles zugleich?

Völker sind Abstraktionen, deren scheinbare Evidenz[2] auf ganz wenigen Merkmalen aus der großen Vielfalt menschlicher Lebensformen beruht. Für alle objektiven Kriterien, 50 die für die Zugehörigkeit zu einem Volk genannt werden – Sprache, Kultur, Territorium, gemeinsame Geschichte –, gibt es genügend Gegenbeispiele, wo sie nicht gelten.

Walter Pohl, Die Völkerwanderung. Eroberung und Integration, Stuttgart ²2002, S. 17 f.

1. Fassen Sie die Ausführungen von Walter Pohl zusammen: Wie sah das Geschichtsbild des 19. Jahrhunderts aus? Welche Rolle spielte die Völkerwanderung in der europäischen Geschichtskultur des 19. Jahrhunderts?
2. Erklären Sie, warum ethisch reine Völker Pohl zufolge ein Mythos sind. | H
3. Erläutern Sie, welche aktuelle Bedeutung die Beschäftigung mit der Völkerwanderung hat.
4. „Die Geschichte der europäischen Völker ist niemals abgeschlossen und wird es nie sein. Ethnogenese ist ebenso sehr ein Prozess der Gegenwart und der Zukunft wie der Vergangenheit" (Patrick Geary, amerikanischer Historiker). Nehmen Sie Stellung zu diesem Zitat. Wie findet aktuell in Deutschland „Ethnogenese" statt? | H

M2 Das Grab im Busento

Der deutsche Dichter August von Platen (1796–1835) beschreibt 1828 in einem Gedicht das Begräbnis des westgotischen Königs Alarich I., der 410 in Kalabrien in Süditalien in der Nähe der Stadt Cosenza an Malaria starb. Nach der Plünderung Roms hatten Alarich und die Westgoten vergeblich versucht, von Süditalien nach Nordafrika überzusetzen, um sich dort anzusiedeln:

Nächtlich am Busento[3] lispeln,
bei Cosenza, dumpfe Lieder,
Aus den Wassern schallt es Antwort,
und in Wirbeln klingt es wider!

5 Und den Fluss hinauf, hinunter,
ziehn die Schatten tapfrer Goten,
Die den Alarich beweinen,
ihres Volkes besten Toten.

Allzufrüh und fern der Heimat
10 mussten hier sie ihn begraben,
Während noch die Jugendlocken
seine Schulter blond umgaben.

Und am Ufer des Busento
reihten sie sich um die Wette,
15 Um die Strömung abzuleiten,
gruben sie ein frisches Bette.

---

[1] **padanisch**: norditalienisch, in der Poebene gelegen
[2] **Evidenz**: das augenscheinlich Erkennbare
[3] **Busento**: Fluss in Kalabrien in Süditalien

In der wogenleeren Höhlung
wühlten sie empor die Erde,
Senkten tief hinein den Leichnam,
20 mit der Rüstung, auf dem Pferde.

Deckten dann mit Erde wieder
ihn und seine stolze Habe,
Dass die hohen Stromgewächse
wüchsen aus dem Heldengrabe.

25 Abgelenkt zum zweiten Male,
ward der Fluss herbeigezogen:
Mächtig in ihr altes Bette
schäumten die Busentowogen.

Und es sang ein Chor von Männern:
30 „Schlaf in deinen Heldenehren!
Keines Römers schnöde Habsucht
soll dir je dein Grab versehren!"

Sangen's, und die Lobgesänge
tönten fort im Gotenheere;
35 Wälze sie, Busentowelle,
wälze sie von Meer zu Meere!

August von Platen, Das Grab im Busento, nach: Gedichte von August Graf von Platen, Stuttgart und Tübingen 1828, S. 25 f.

1. Fassen Sie den Inhalt des Gedichtes zusammen: Welche historischen Informationen enthält es zu Alarich und den Westgoten? Welche Fragen beantwortet das Gedicht nicht? Nutzen Sie dazu auch das Kapitel „Die Westgoten und ihre Ansiedlung im Römischen Reich" ab Seite 42.
2. Analysieren Sie die Aussage des Gedichtes: Welche Stimmung vermittelt es? Wie werden Goten (und Römer) dargestellt?
3. Erklären Sie, welche Intention August von Platen mit seinem Gedicht verfolgt. | H

M3 Die Völkerwanderung in der bildenden Kunst

Die Völkerwanderung war Ende des 19. Jahrhunderts ein beliebtes Motiv bildender Künstler, wobei sie je nach Entstehungszeit und -ort unterschiedlich interpretiert wurde. Die obere Abbildung zeigt das 1887 entstandene Gemälde „Die Invasion der Barbaren" des Spaniers Ulpiano Checa (1860–1916). Bei der unteren Abbildung handelt es sich um einen kolorierten Holzstich, der nach einer Zeichnung von Hermann Knackfuß (1848–1915) mit dem Titel „Der Zug über die Pyrenäen" angefertigt wurde. Der Holzstich wurde in einer 1873 in Stuttgart erschienenen, mehrere Bände umfassenden „Geschichte des deutschen Volkes" abgedruckt.

1. Beschreiben Sie die beiden Gemälde und erklären Sie, was jeweils dargestellt ist.
2. Bestimmen Sie die jeweilige Bildaussage und vergleichen Sie die Intention der beiden Künstler. Berücksichtigen Sie dabei auch Entstehungszeit und -ort der beiden Kunstwerke.
3. Recherchieren Sie weitere bildliche Darstellungen zur Völkerwanderungszeit und interpretieren Sie diese.

M4 „Germanische Rassenkräfte"

Alfred Rosenberg (1893–1946) war seit 1919 Mitglied in der NSDAP und stieg zu einem führenden Parteiideologen auf. In seinem 1930 veröffentlichten Werk „Der Mythus des 20. Jahrhunderts" äußert er sich auch zu Ursachen, Verlauf und Folgen der Völkerwanderung:

Wie ein drohendes urgewaltiges Schicksal war einst der Sturm der Kimbern[1] von Norden hereingebrochen. Seine Abwehr konnte nicht verhindern, dass nordische Kelten und Germanen die Grenzen Roms immer mehr bedrohten. Ein Feldzug nach dem andern zeigt kriegsgewohnte römische Taktik vergebens gegen urwüchsige Kraft am Werke. Blonde riesige „Sklaven" treten in Rom auf, das germanische Schönheitsideal wird Mode im verfallenden ideallosen Volkstum. Auch freie Germanen sind in Rom keine Seltenheit mehr, germanische Soldatentreue wird nach und nach die stärkste Stütze des Caesars. Aber zugleich auch die drohendste Gefahr für den armselig-wertlos gewordenen Staat. [...] Zu Konstantins[2] Zeiten ist fast das ganze Römerheer germanisch. [...] Wer hier nicht Rassekräfte am Werk zu erblicken vermag, der muss für jedes geschichtliche Werden blind sein. [...] Ferner erscheint ein anderer Baugedanke von H. St. Chamberlains[3] Weltauffassung heute neben der Betonung der neuen Weltgründung durch das Germanentum von ausschlaggebender Bedeutung: dass sich zwischen das alte nordisch betonte Rom und das neue germanisch bestimmte Abendland eine Epoche einschiebt, die gekennzeichnet wird durch hemmungslose Rassenvermischung, d.h. Bastardisierung, durch Aufquirlen alles Kranken, durch übersteigerte sinnliche Ekstasen, durch aufgeblähten syrischen Afterglauben[4] und durch das Fiebern aller Menschenseelen eines Weltreiches. Chamberlain benannte diese Zeit [...] das Völkerchaos. [...] Diese neue Takteinteilung anstelle von „Altertum" und „Mittelalter" war aber im höchsten Sinne des Wortes eine der größten lebensgesetzlichen und seelenkundlichen Entdeckungen des ausgehenden 19. Jahrhunderts, die zu einer Grundlage unserer gesamten Geschichtsbetrachtung des fortschreitenden 20. Jahrhunderts geworden ist. Denn diese Erkenntnis bedeutet, dass, wenn auf die Caracallas[5] keine Theoderichs[6] gefolgt wären, „ewige Nacht" sich über Europa ausgebreitet hätte. [...]

Darum: Wenn auch heute noch, rund 2000 Jahre nach dem Auftreten der Germanen, irgendwo Nationalkulturen, Schöpferkraft und wagemutiger Unternehmungsgeist wirken, so verdanken diese Kräfte, selbst wenn sie sich untereinander noch so sehr befehden sollten, ihr Dasein einzig und allein der neuen nordischen Welle, die alles überziehend und befruchtend in stürmischen Fluten über das ganze Europa hinwegging, die Füße des Kaukasus umspülte, bis über die Säulen des Herkules brandete, um erst in den Wüsten Nordafrikas zu vergehen. In ganz großer Linienführung betrachtet, besteht die Geschichte Europas im Kampf zwischen diesem neuen Menschentum und den Millionenmassen der bis zum Rhein, über die Donau hinausreichenden Kräfte des Völkerchaos.

Alfred Rosenberg, Der Mythus des 20. Jahrhunderts. Eine Wertung der seelisch-geistigen Gestaltenkämpfe unserer Zeit, München ⁹1933, S. 80–83

---

1. Fassen Sie die Ausführungen von Alfred Rosenberg zusammen.
2. Beurteilen Sie Rosenbergs Sicht auf Ursachen, Verlauf und Folgen der Völkerwanderung und berücksichtigen Sie dabei auch seine Sprache. | F
3. Erörtern Sie, welche Schlussfolgerungen die Nationalsozialisten aus einem solchen Verständnis der Ereignisse der Völkerwanderungszeit für ihre Politik ziehen konnten.

---

[1] **Kimbern:** germanischer Stamm aus dem nördlichen Jütland (heute Dänemark)
[2] **Konstantin** (der Große) (272/73–337): römischer Kaiser (306–337)
[3] **Houston Stewart Chamberlain** (1855–1927): englischer Schriftsteller, verfasste 1899 ein zweibändiges Werk über „Die Grundlagen des Neunzehnten Jahrhunderts". Seine darin vertretene arische Rassenideologie übte großen Einfluss auf den Nationalsozialismus aus.
[4] Stark abwertende Bezeichnung des aus Syrien-Palästina stammenden Christentums.
[5] **Caracalla** (188–217): Marcus Aurelius Severus Antoninus, genannt Caracalla, römischer Kaiser (211–217)
[6] **Theoderich** (der Große) (um 453–526): ostgotischer Herrscher in Italien (493–526)

M5 Die germanische Katastrophe

Der französische Historiker André Piganiol (1883–1968) befasst sich gegen Ende des Zweiten Weltkrieges 1944 mit der Völkerwanderungszeit und dem Untergang des Römischen Reiches:

Die Katastrophe ist in Form der Barbareneinfälle hereingebrochen. Die Germanen bewohnen unwirtliche Länder, deren unfruchtbaren Boden urbar zu machen sie zu bequem sind. Sie ziehen den Krieg geordneter Arbeit vor und fallen *fame urgente*[7] in die benachbarten Staaten ein. Weder der Einfluss Griechenlands noch der Roms hat sie in so vielen Jahrhunderten zivilisieren können. Sie haben eine primitive Wirtschaft, sie kennen kein Geld, ein Alphabet ist nur in Ansätzen vorhanden. Aber es sind geborene Krieger. [...] Diese grausamen Völker fühlen [...] in der Schlacht eine Art Ekstase. Und nun treibt sie der Druck der Nomaden Asiens gegen den Westen. Gegen eine so offensichtliche und große Gefahr wäre es für Rom nötig gewesen, eine starke Armee aufzustellen. Nun haben aber die römischen Kaiser seit Augustus aus Furcht vor der Freiheit systematisch die Bürger entwaffnet und die Verteidigung des Reiches Söldnern anvertraut. [...] Selbst in der Reservetruppe waren die am meisten geschätzten Teile die barbarischen *auxilia*[8], und

---

[7] **fame urgente:** hier: vom Hunger getrieben
[8] **auxilia:** (Hilfs-)Truppen

die barbarischen Offiziere besetzten die höchsten Stellen bis hin zum Heermeister. [...] Rom ist vor allem aufgrund des Verzichts auf Kriegsdienstpflicht der Bürger untergegangen. [...] Man macht es sich zu leicht, wenn man behauptet, dass das Reich bei der Ankunft der Barbaren „ganz tot gewesen sei, ein erschöpfter Körper, ein in seinem Blut liegender Leichnam" [Johann Gottfried Herder], oder wenn man sagt, dass das Weströmische Reich nicht durch einen brutalen Stoß zerstört, sondern „eingeschlafen" sei. Die römische Kultur ist nicht eines natürlichen Todes gestorben. Sie ist ermordet worden.

André Piganiol, Die Ursachen des Untergangs des Römischen Reiches, in: Karl Christ (Hrsg.), Der Untergang des Römischen Reiches, Darmstadt ²1986, S. 270–285, hier S. 282–285

1. Fassen Sie die Argumentation von Piganiol zusammen.
2. Erläutern Sie seine Deutung der Völkerwanderung vor dem Hintergrund des Entstehungszeitpunktes des Textes.
3. Mit Piganiols Fazit (vgl. Zeile 27–29) haben sich auch andere Historiker auseinandergesetzt. So formuliert der Brite Guy Halsall 2007 darauf Bezug nehmend: „Das römische Reich wurde weder ermordet noch starb es eines natürlichen Todes; es beging versehentlich Selbstmord." Und die deutschen Historiker Matthias Knaut und Dieter Quast schreiben 2005 dazu: „Rom wurde nicht ermordet, es starb doch gar nicht." Setzen Sie sich mit diesen verschiedenen Interpretationen der Folgen der Völkerwanderungszeit auseinander. | F

M6 Die Völkerwanderung als History Show

Die 2006 im Auftrag des Deutschen Bundesrates produzierte Serie „Zip & Zap: Die History Show" präsentiert in neun Folgen die Geschichte der deutschen Länder bis zur Wiedervereinigung 1990. Die Serie wurde für den Schulunterricht konzipiert und richtet sich speziell an Kinder und Jugendliche. In der ersten Folge, abrufbar unter dem Code 32022-12, geht es um die Völkerwanderung.

1. Diskutieren Sie Ihre ersten Eindrücke: Wie wirkt die Darstellung auf Sie?
2. Analysieren Sie nun die Darstellung: Welche Informationen bietet die Folge über die Völkerwanderung? Was sind die Hauptaussagen?
3. Beurteilen Sie die Inhalte der Darstellung mithilfe Ihres Wissens über die Völkerwanderungszeit. Nutzen Sie für Ihre Beurteilung auch die Grafik auf Seite 86 des Schulbuches. Berücksichtigen Sie auch, an welche Zielgruppe sich die „History Show" wendet.
4. Gruppenarbeit / Präsentation: Erstellen Sie als Gruppe ein eigenes, 10-minütiges Videotutorial, mit den aus Ihrer Sicht wichtigsten Informationen zur Vorbereitung auf das Abiturthema „Völkerwanderung".

M7 Ist das die neue Völkerwanderung?

*In der Tageszeitung „Die Welt" veröffentlicht der Redakteur Wolfgang Büscher (*1951) 2015 folgenden Artikel:*

Wie immer, wenn es ernst wird, schauen wir zurück in die Geschichte. Wir befragen sie, hoffend, unsere Zeit, ja unser Schicksal in ihrem Spiegel zu lesen. Es ist ein ferner Spiegel, 1600 Jahre fern – die Epoche der Völkerwanderung. Plötzlich ist das Wort da. In Kommentaren, Debatten, Analysen. Es gibt dem, wovor wir so ratlos stehen, einen Namen, es hat eine Antwort parat auf die bange Frage: Wo soll das alles enden, etwa so wie damals, als Rom unterging unter dem Ansturm barbarischer Völker? Denn dies ist der ferne Spiegel, in den wir schauen: Roms Ende.
So wie heute Millionen sehnsüchtig nach Europa blicken, [...] – schauten nicht ganz ähnlich um das Jahr 400 Vandalen, Langobarden, Goten und Franken aus ihren Steppen und Wäldern jenseits des Limes auf Rom und Konstantinopel? Und als sie lange genug geschaut und von den Reichtümern Roms geträumt hatten, da scharten sie sich um ihre Militärkönige und zogen los; andere Stämme, besiegt oder verbündet, schlossen sich unterwegs an. Und dann dauerte es wenige Generationen und das größte und leistungsfähigste Imperium, das die alte Welt je gekannt hatte, war nur noch Geschichte. Ob wir es offen aussprechen oder panisch dagegen anargumentieren – das ist unsere Angst.
Bei Angst hilft Hinschauen. Blicken wir ruhig in den fernen Spiegel. Was sehen wir da? Eine explosive Mischung aus Not und Gier. Wer es vornehmer will: aus Not und Hoffnung. In ihrem Rücken spürten die Goten und andere Völker am Rande des Römischen Reiches die unheimliche neue Macht, die Hunnen, hereinstürmend in ihre Siedlungsgebiete nördlich von Donau und Schwarzem Meer – vor Augen hatten diese Völker die Reichtümer Roms. [...]
Die Grenze des Römischen Reiches muss man sich als blühende Sonderwirtschaftszone vorstellen. Handel und Wandel. [...] Irgendwann reicht den Germanen der Handelsgewinn nicht mehr. Erste kleine Überfälle am römischen Ufer des Rheins oder der Donau, dann groß organisierte Plünderungszüge tief hinein nach Italien, Gallien, Spanien. Wieder ist das Bild konfus. Mal führen sie Kriege, mal für Rom, mal gegen Rom. Mal erscheinen ganze Völker am Limes und bitten um Aufnahme ins Imperium. Mal sagt Rom Ja, mal Nein.
Unwillkürlich denkt man an die EU, an die zähe Beitrittsoperette mit der Türkei, an die Balkanfrage. Mal sagt Brüssel Ja, mal Jein. Doch das sind relativ kontrollierte Vorgänge unter Staaten. Interessant wird es, wenn es wild wird. Wenn Völker ungebeten wandern – wobei die „Völker" alles andere als homogene Ethnien sind, es sind sehr gemischte Heerhaufen, bestehend aus 10 000 und mehr Kriegern, dreimal so vielen Frauen und Kindern, dazu Wagen und Vieh, zusammengehalten wird der bunte Zug von einem ehrgeizigen Wanderkönig und von dem Ziel, reiche Beute zu machen, zu plündern oder fruchtbares Land zu nehmen.

Sich solche Bilder vor Augen haltend, wird klar, wo die Vergleichbarkeit endet. Die heute in Asien und Afrika losziehen, tun es jeder für sich, allenfalls in Kleingruppen. [...] Der individuelle Flüchtling unserer Tage flieht aus seinen individuellen Gründen. [...]

Doch auch verblüffende Parallelen zur Zeit der Völkerwanderung gibt es. Schon Rom kannte Debatten über den richtigen Umgang mit den Barbaren – zu weich, zu hart? Und in Grabinschriften finden wir sprachliche Verrenkungen, die uns bekannt vorkommen: Wie nennen wir korrekt diese Leute mit Migrationshintergrund? Gotisch geborener Römer? Gote in römischem Dienst? Noch eine Parallele: Auch die Römer brachten ihrer Welt eine Globalisierung. Auch sie schufen einen Riesenraum, in dem Waren, Sehnsüchte, Begierden zirkulierten. Nicht nur schiere Not ließ germanische Völker ausschwärmen, sie schwärmten auch vom Glanz des Imperiums. [...].

Und irgendwann liegt zumindest Westrom offen für jedermann da. Alle Völker streben nun ins Imperium. Alle außer den Hunnen wollen römisch werden, viele eindringende Völker nehmen den katholischen Glauben an. Noch im Untergang leuchtet Rom. [...] Das wäre die ernsteste Parallele zu damals: Das Wandern der Völker tat seine Wirkung, das Wandern der Millionen heute tut sie wahrscheinlich auch. Nichts bleibt, wie es ist. Macht und Kriegsglück wogen im fünften, sechsten Jahrhundert hin und her, aber am Ende ist die Welt eine andere.

Wolfgang Büscher, Ist das die neue Völkerwanderung?, www.welt.de/politik/deutschland/article145532343/Ist-das-die-neue-Voelkerwanderung.html (Zugriff: 18. April 2019)

1. Fassen Sie die Kernthesen des Artikels zusammen. | **H**
2. Erläutern Sie, welche Parallelen und Unterschiede Büscher zwischen Migration heute und in der Zeit der Völkerwanderung sieht. | **H**
3. Überprüfen Sie Büschers Schilderung der Ursachen und Folgen der Völkerwanderung mit Ihrem Wissen und mithilfe der Darstellung in diesem Lehrbuch. | **F**
4. Setzen Sie sich mit Büschers Prämisse auseinander, die Epoche der Völkerwanderung sei ein „ferner Spiegel" (vgl. Zeile 3) für unsere Zeit. | **F**

M8 Festung Europa

Die nachfolgende Karte wurde 2016 in der Zeitung „Le Monde diplomatique" veröffentlicht.

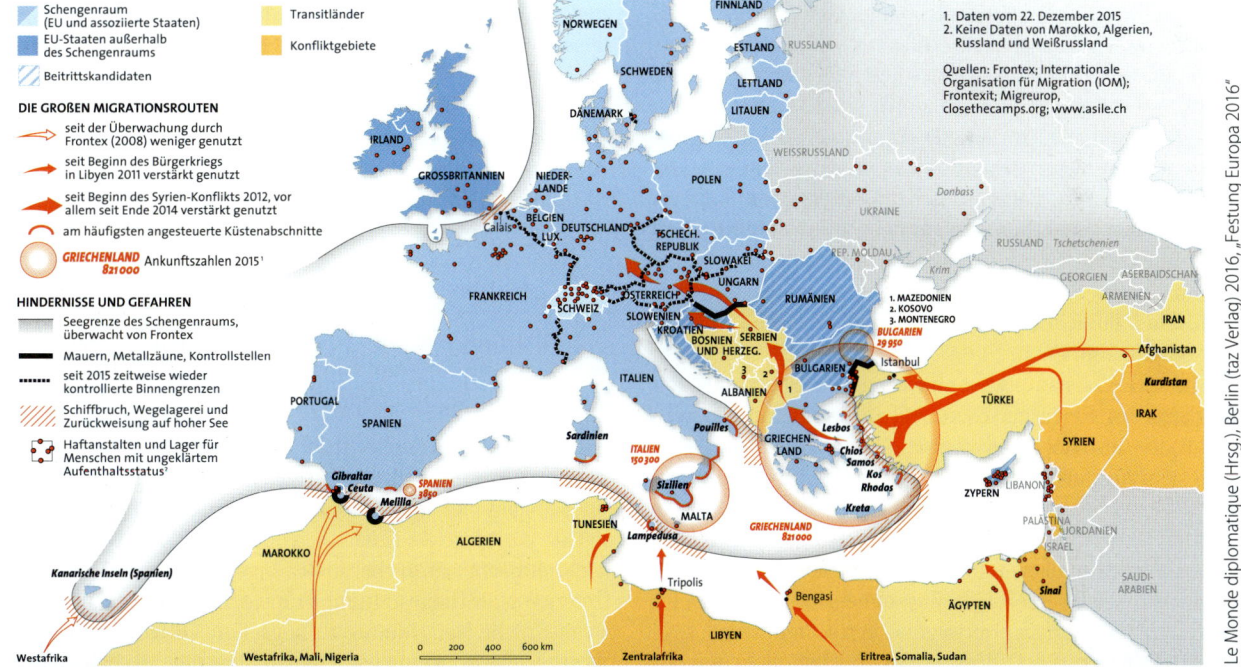

Le Monde diplomatique (Hrsg.), Berlin (taz Verlag) 2016, „Festung Europa 2016"

1. Analysieren Sie die Karte mithilfe der Leitfragen auf Seite 72 f.
2. Vergleichen Sie die Karte zur „Festung Europa" mit der Karte auf der Orientierungsdoppelseite (Seite 24): Welche Ähnlichkeiten und Unterschiede in den Mitteln der Darstellung fallen Ihnen auf?
3. Diskutieren Sie, welchen Gesamteindruck die Karte von Migration vermittelt. Welche alternativen Mittel der Darstellung von Migration in Karten könnte es geben?

Geschichte kontrovers

Die Völkerwanderung – Ursache für den Untergang des Römischen Reiches?

Bis heute wird die Völkerwanderung vielfach mit dem Untergang des Römischen Reiches gleichgesetzt, obwohl die Krise des Reiches und die Auflösung seines Westteils viele verschiedene Ursachen hatten. Unbestritten ist, dass die Germanen und ihre Migration im 3. bis 6. Jahrhundert eine wichtige Rolle in diesem Prozess spielten. Wie genau diese Rolle aussah und ob die dadurch ausgelösten Veränderungen eher als gewaltsame Eroberung und dadurch herbeigeführter Zusammenbruch der Zivilisation oder als allmähliche Umgestaltung mit gelegentlichen gewalttätigen Episoden zu deuten sind, wird von der Forschung unterschiedlich bewertet und gewichtet.

M1 Konservativ?

In seinem Buch „Der Fall Roms" untersucht und bewertet der Historiker Alexander Demandt (*1937) die verschiedenen Erklärungen für die Auflösung des römischen Imperiums. Zur Rolle der Völkerwanderung und der Germanen schreibt er:

Was die Germanen ins Reich gelockt hat, war die Suche nach Land und Beute. […] In irgendeiner Form musste Rom dem äußeren Druck nachgeben. War die Auflösung der Staatseinheit die einzige Möglichkeit? Zwei Alternativen zu
5 ihr sind denkbar.
Die erste […]: Rom verjüngt sich, indem die alt und schlaff gewordenen Glieder, d. h. die entfernteren Provinzen, abgeschnitten werden. Hätte sich das Reich […] nicht auf diese Weise gesundschrumpfen können? Ja und nein. Ja inso-
10 fern, als man die Behauptung Konstantinopels[1] in gewisser Weise als ein solches Gesundschrumpfen bezeichnen kann. […] Nein, insofern Italien in der Kaiserzeit seine Rolle als Kernland des Imperiums zunehmend eingebüßt hat. […] Der römischen Reichsidee hätte es widersprochen, Italien
15 auf Kosten der Provinzen zu einem militärischen und ökonomischen Bollwerk auszubauen, das man dann […] hätte verteidigen können. […]
[Die] zweite Alternative wäre eine verstärkte Übernahme der Barbaren ins Reich gewesen. […] Die Anpassungsbereit-
20 schaft der Germanen ans römische System lässt vermuten, dass sie weiter als geschehen ins Reich hätten hineinwachsen können. Wäre es gelungen, in großem Maßstab die landsuchenden Gruppen auf den brachliegenden Äckern Griechenlands, Italiens und Afrikas anzusiedeln, hätte sich
25 der für das Reich verderbliche Zusammenstoß zumindest für den Zeitpunkt, zu dem er erfolgt ist, vermeiden lassen. […] Somit lässt sich die Auflösung des Reiches nicht nur als gescheiterte Abwehr, sondern ebenso als missglückte Einbürgerung der Germanen auffassen. Ob den Römern da-
30 raus ein Vorwurf gemacht werden kann, ist schwer zu entscheiden, denn die Integrationsfähigkeit eines zivilisatorisch noch so überlegenen, politisch noch so liberalen[2] Systems findet irgendwo eine Grenze. In der unterschiedlichen Lebens- und Denkweise kulturell eigenständi-
35 ger Gruppen ist immer Stoff zum Streit verborgen. Das Resultat war eine Folge der beiderseitigen Kapazitäten. Für sich betrachtet ist das Verhalten beider Seiten verständlich: auf römischer Seite der Wunsch, was man hatte, zu behalten […], und auf germanischer Seite der Wunsch, die ei-
40 gene Lage zu verbessern […]. Das Ende des Imperiums ist unter diesem Blickwinkel das Resultat des misslungenen Ausgleichs der beiden Prinzipien. Misslungen deswegen, weil die Römer schließlich doch das verloren, was sie hatten, die Germanen aber nicht das gewannen, was sie such-
45 ten. Die ihnen so begehrenswert erscheinende römische Kultur vermochten sie nicht fortzuführen, das eroberte Land haben sie nicht zu halten verstanden.

Alexander Demandt, Der Fall Roms. Die Auflösung des römischen Reiches im Urteil der Nachwelt, München ²2014, S. 593–595

M2 „Schmerzliche Neuordnung"

Der Historiker Herwig Wolfram (*1934) bilanziert die Wanderungen der germanischen Völker und die Umgestaltung der römischen Welt:

Hat daher der Deutungsversuch, der den Germanen die zentrale Bedeutung für den Untergang Roms zuschrieb, schon seit Langem viel von seiner Überzeugungskraft eingebüßt, so sind wir heute als Zeitzeugen des Zerfalles einer kolonialen Weltmacht[3] umso eher in der Lage, einen vermeintlichen
5 Untergang als Umgestaltung, Transformation, ja als noch so schmerzliche Neuordnung zu begreifen. Oder mit anderen Worten, ebenso wenig wie Litauen oder die drei baltischen Republiken zusammen die Sowjetunion erobern und zerstö-

---
[1] Gemeint ist das Oströmische Reich.
[2] **liberal**: freiheitliche politische, ökonomische und soziale Ordnung
[3] Gemeint sind die weitgehend friedlichen Proteste in den drei baltischen Sowjetrepubliken Estland, Lettland und Litauen, die 1991 maßgeblich zum Zerfall der Sowjetunion beitrugen.

ren konnten, war dies den Goten gegenüber dem *Imperium Romanum* möglich gewesen. Aber verhältnismäßig kleine politische Einheiten haben heute wie damals an der Umgestaltung der Reiche ihrer Zeit maßgeblich mitgewirkt. Zweifellos ist die Geschichte der Goten, Vandalen, Franken und Langobarden vielfach eine Geschichte von Krieg, Blutvergießen und Verwüstung gewesen. Trotzdem waren die Beziehungen des Römerreichs mit den Barbaren viel eher eine Geschichte von Verträgen als eine der militärischen Konfrontation. Die barbarischen Königreiche wurzelten zwar in außerrömischen Traditionen, aber sie waren vertraglich festgelegte, römische Institutionen, deren Inhaber – mit vizekaiserlicher Macht ausgestattet – römische Militärfunktionen ausübten. Daher waren die Barbarenheere auf römischem Boden für gewöhnlich auch römische Föderatenheere. Als Nachfolger der römischen Armee besaßen sie das Recht auf Machtübertragung, allerdings unter der Einschränkung, dass germanische Kriegsvölker keinen Kaiser, dafür aber einen König erhoben. Vom Standpunkt der spätrömischen Verfassung stellten daher die barbarischen Königreiche den – zumindest zeitweise gelungenen – Versuch dar, Theorie und Praxis der spätantiken Staatlichkeit zu versöhnen. [...] Sie waren keine in das Imperium verlagerte barbarischen Staatsgefüge, sondern nur innerhalb der römischen Reichsgrenzen möglich. Mag ihre Dauerhaftigkeit auch verschieden und ihr Rang niederer gewesen sein, so waren sie doch in gleicher Weise wie Byzanz die Erben des einstigen *Imperium Romanum*.

Herwig Wolfram, Die Germanen, München ¹⁰2018, S. 88 f.

M3 Die Barbaren und der „Fall Roms"

Der Historiker Walter Pohl (*1953) analysiert die Bedeutung der Barbaren für die „Umwandlung der Römischen Welt" in der Spätantike:

Rom fiel nicht zuletzt deshalb, weil die materielle Basis seines Imperiums schwand. Die Kosten des Imperiums standen zuletzt in keinem Verhältnis mehr zu seinem Nutzen, der immer kleineren Kreisen zugutekam, von denen sich viele in den ständigen Verteilungskämpfen nicht lange daran erfreuen konnten. Der Niedergang des römischen Staatsapparates und seiner Gestaltungsmöglichkeiten im Westen kann als wirtschaftlicher und kultureller Verfall gelesen werden [...].
Die Rolle der Barbaren in diesem Prozess gesellschaftlichen Wandels [...] ist widersprüchlich. Von „den Germanen", die ein dekadentes Römerreich hinwegfegten, bleibt in diesem Bild wenig. [...] Sicherlich gaben Barbareneinfälle seit dem 3. Jahrhundert den Anlass zu einer Erhöhung der Truppenstärke und insgesamt zur verstärkten Militarisierung des Imperiums. Doch standen Barbaren im „Kampf um Rom" immer auf beiden Seiten, und ohne seine barbarischen Kontingente wäre das Imperium vielleicht schon früher gefallen. Andererseits waren es zum Großteil gerade diese Barbaren im Dienst Roms, die schließlich in verschiedenen Teilen des Reiches die Macht übernahmen. Davor lag ein jahrhundertelanger Lernprozess, in dem die Barbaren Erfahrungen im und mit dem Römischen Reich sammelten. [...]
Dennoch war die Integration der Barbaren paradoxerweise eine Leistung Roms, dessen Imperium sie ersetzten, wie Patrick Geary betont hat: „Die germanische Welt war vielleicht die großartigste und dauerhafteste Schöpfung des politischen und militärischen Genies der Römer. Dass sie ihre Schöpfer später ablösen sollte, kann die Tatsache nicht verschleiern, dass sie ihre Existenz römischer Initiative, den jahrhundertelangen, geduldigen Bemühungen römischer Kaiser, Generäle, Soldaten, Grundherren, Sklavenhändler und einfacher Kaufleute verdankte, die aus römischer Sicht chaotische Welt der Barbaren politisch, gesellschaftlich und wirtschaftlich so umzugestalten, dass sie sie verstehen und beherrschen konnten."[1] Latein blieb Staatssprache und Medium schriftlicher Kommunikation, das wirtschaftliche ebenso wie das kulturelle Leben war, bei allen Einbußen, weiterhin Grundlage der Nachfolgestaaten, und die Kirche konnte in mancher Hinsicht ihren Einfluss ausweiten. [...] Es ist sicher kein Zufall, dass das Frankenreich, in dem die Integration der alten und der neuen Führungsschicht am besten gelang, auch die langfristig erfolgreichste völkerwanderungszeitliche Reichsgründung war.
Die Integration der Zuwanderer und ein gewisser Ausgleich mit der einheimischen Bevölkerung waren also eine Voraussetzung aller barbarischen Reichsgründungen auf römischem Boden. Freilich bedeutet das gar nicht, dass dieser Prozess unter friedlichen Bedingungen ablaufen musste; das sollte nicht miteinander verwechselt werden. Als gesellschaftliche Entwicklung bedingte die „Umwandlung der Römischen Welt" einen Ausgleich, die Elemente der Kontinuität überwogen. Die politischen Rahmenbedingungen waren hingegen äußerst konfliktreich und forderten hohe Opfer sowohl unter der ansässigen Bevölkerung als auch unter den zugewanderten Minderheiten.

Walter Pohl, Die Völkerwanderung. Eroberung und Integration, Stuttgart ²2005, S. 36–38.

---

1. **Präsentation:** Arbeiten Sie heraus, welche Bedeutung die Autoren jeweils den Barbaren / Germanen für den Untergang des Römischen Imperiums zuschreiben, und stellen Sie Ihre Ergebnisse in einer Tabelle dar.
2. Vergleichen Sie M1 bis M3 daraufhin, ob die Autoren eher von einer Umwandlung oder einer Zerstörung des Römischen Reiches ausgehen.
3. Die Völkerwanderung – Ursache für den Untergang des Römischen Reiches? Nehmen Sie Stellung.

---

[1] Patrick Geary, Die Merowinger. Europa vor Karl dem Großen, München ³2007, S. 7

Ursachen und Folgen der Völkerwanderung

Ursachen

Push-Faktoren / Schubfaktoren

- Mangel und Versorgungsprobleme durch Klimaveränderungen und Bevölkerungszunahme
- wachsende soziale Unterschiede und Zerstörung traditioneller Stammesstrukturen durch Zustrom von Geld, Waren, Waffen
- ehrgeizige Führungspersönlichkeiten, die risikofreudige und gewaltbereite „Kampf- und Wanderkoalitionen" bilden
- gewaltsame Verdrängung durch kriegerische Nachbarvölker, u. a. Hunnen

Pull-Faktoren / Zugfaktoren

- Anziehungskraft der römischen Kultur und Zivilisation
- Karrierechancen im römischen Militärdienst
- Ansiedlungs- und Versorgungsmöglichkeiten auf römischem Gebiet
- Aussicht auf Beute und Prestige

Migration von germanischen Gruppen ins Römische Reich

Gruppenneubildung / Ethnogenese

Wanderungszüge oder Ausdehnung des Siedlungsgebietes

auch: individuelle Migration ins Römische Reich

Folgen

Kontinuitäten und Diskontinuitäten

- Integration und Akkulturation der germanischen und römischen Bevölkerung
- Christianisierung der Germanen
- „Barbarisierung" der römischen Armee mit Germanen als Heermeistern
- Veränderungen in den Sozial-, Wirtschafts- und Verwaltungsstrukturen des Römischen Reiches
- Gründung germanischer Königreiche auf römischem Gebiet
- Untergang / Transformation des Weströmischen Reiches und Aufstieg des Frankenreiches
- Beginn des Mittelalters

M Die Völkerwanderung und die Entstehung Europas

Der Historiker Bruno Bleckmann (*1962) fasst die Folgen der römisch-germanischen Kulturkontakte und ihre Bedeutung für die Geschichte Europas zusammen:

Die Nähe zum römischen Großreich mit den überlegenen materiellen Ressourcen beeinflusste damals – mit starken regionalen und zeitlichen Unterschieden – die gesellschaftliche und politische Entwicklung innerhalb Germaniens, etwa durch die neuen Möglichkeiten der Bildung und Akkumulation von Reichtum. Umgekehrt hinterließen die Veränderungen in der Kontaktzone – insbesondere die Bildung größerer und einheitlich ausgerüsteter Kriegergruppen – auch im *Imperium Romanum* allmählich ihre Spuren. Teils traten germanische Kriegergruppen als Aggressoren auf, teils wurden sie im großen Stil von römischer Seite angeworben, und zwar besonders deswegen, weil sich im Reich aufgrund der schwerfälligen römischen Armeeorganisation die Rekrutierung neuer regulärer Truppen wenig flexibel gestalten ließ und weil durch Kriegshandlungen trainierte große Gruppen, wie sie das *Barbaricum*[1] kannte, im Imperium selbst nicht zur Verfügung standen. Besonders groß war die Neigung, germanische Krieger zu engagieren, in den Kämpfen zwischen kaiserlichen Prätendenten[2], die das Grundthema der römischen Kaisergeschichte seit dem dritten Jahrhundert darstellen. Diese inneren Auseinandersetzungen im Römischen Reich schufen durch Truppenabzüge und Verringerung der militärischen Präsenz an den Grenzen auch immer wieder Situationen, in denen germanischen Kriegergruppen der Einfall ins Römische Reich leicht gemacht wurde. So führen mehrere Linien von den Bürgerkriegen im späten Kaiserreich zur schließlichen Etablierung germanischer Nachfolgereiche auf römischem Boden. Eine gewisse, oft allerdings überschätzte Bedeutung kommt hier freilich auch von Rom nicht zu kontrollierenden Entwicklungen im *Barbaricum* zu, insbesondere dem Aufstieg und Zerfall des Hunnenreiches.
Die neuen, seit dem fünften Jahrhundert existierenden Herrschaftsbildungen der Westgoten, Vandalen, Franken und anderer *gentes*[3] im zerfallenden Imperium waren, betrachtet man sie genau, römische Gebilde mit einer mehr oder weniger starken germanischstämmigen Oberschicht. Trotz des römischen Erbes senkte die Existenz dieser Nachfolgereiche gleichwohl die zivilisatorische Fallhöhe zwischen dem *Barbaricum* und den ehemaligen Gebieten des Weströmischen Reiches ab [...]. Allerdings ermöglichen [...] das Aufbrechen der alten Reichsstrukturen und die Existenz germanischer Machtbildungen auf römischem Boden und mit römischer Infrastruktur nunmehr auch ganz neuartige Verflechtungen zwischen der Mittelmeerwelt einerseits und Kontinental- und Nordeuropa andererseits. [...]
Zweifelsohne haben neben den niemals einheitlich agierenden Germanen und dem zerfallenden römischen Staatsgefüge in Wirklichkeit viele andere, weniger gut beleuchtete Faktoren an der Ausprägung der Besonderheiten Europas mitgewirkt. [...] Die Entstehung Europas darf daher nicht ausschließlich als Synthese aus dem Gegensatz germanischer „Barbaren" und römischer Zivilisation erklärt werden, der von der griechisch-römischen Historiografie[4] so in den Vordergrund gerückt wird. Gleichwohl besteht [...] kein Anlass, die historische Wirksamkeit dieses Kontrastes beim Untergang des Weströmischen Reiches und bei der Neuformung des frühmittelalterlichen Europas völlig zu leugnen. Allerdings wurden die Germanen nicht wegen ihrer ohnehin nur relativen Armut oder zivilisatorischen Unterlegenheit zur Bedrohung Roms, sondern weil in den permanenten Kämpfen der außerhalb des Reiches verbliebenen germanischen Völkerwelt ein Kriegertum lebendig blieb, das dann auch in den Sog der inneren Konflikte des Römischen Reiches geriet und als Katalysator im Auflösungs- und Verwandlungsprozess historische Bedeutung erlangte.

Bruno Bleckmann, Die Germanen. Von Ariovist bis zu den Wikingern, München 2009, S. 314–316

---

1. Fassen Sie die Kernaussagen des Textes in eigenen Worten zusammen.
2. Erklären Sie aufgrund Ihres Sachwissens die „neuartige[n] Verflechtungen zwischen der Mittelmeerwelt einerseits und Kontinental- und Nordeuropa andererseits" (vgl. Zeile 45 f.), die seit dem 3. Jahrhundert entstanden. Nutzen Sie hierzu auch das Schaubild auf Seite 86.
3. Nehmen Sie Stellung dazu, inwieweit die Ereignisse und Entwicklungen der Völkerwanderungszeit einen Auflösungs- oder einen Verwandlungsprozess darstellten.
4. Setzen Sie sich mit der Frage auseinander, inwieweit die Wurzeln des heutigen Europa in der Zeit der Völkerwanderung liegen.

---

[1] **Barbaricum:** die nicht von den Römern besetzten Gebiete nördlich von Rhein und Donau
[2] **Prätendent:** Thronanwärter
[3] **gentes:** (lat.) Völker, Stämme, Gruppen
[4] **Historiografie:** Geschichtsschreibung

2.5 Wahlmodul: Romanisierung und Kaiserzeit

Seit dem späten 19. Jahrhundert wird der Begriff „Romanisierung" verwendet, um den kulturellen, religiösen, politischen und wirtschaftlichen Einfluss Roms in einem großen Teil Europas und der Welt des Mittelmeers zu beschreiben. Zeitlich bezieht sich der Begriff in der Regel auf die sogenannte Kaiserzeit, also etwa die Jahre von 27 v. Chr. bis 284 n. Chr. In dieser antiken Epoche erreichte die römische Herrschaft ihren Höhepunkt, sowohl hinsichtlich ihrer geografischen Ausdehnung als auch hinsichtlich ihres kulturellen Einflusses. Romanisierungsprozesse fanden daher nicht nur in West- und Mitteleuropa, sondern auch in Teilen Osteuropas, Kleinasiens, des Nahen Ostens und Nordafrikas statt. Die Grenzen der Romanisierung ergaben sich nicht allein aus den politischen Grenzen des Römischen Reiches. Wie stark der Einfluss Roms war, hing auch von den einheimischen Kulturen und deren Verhältnis zu Rom ab.

Das Kapitel beschäftigt sich inhaltlich mit ...

der Entwicklung des römischen Kaiserreiches vom augusteischen Prinzipat bis in die Spätantike

den Neuordnungen der Provinzverwaltung

Integrationsprozessen innerhalb der Provinzen und der Idee der „Pax Romana"

der römischen Kultur, Wirtschaft, Armee und Gesellschaftsordnung

dem Umgang des Imperiums mit Kulten und monotheistischen Religionen

dem Weg des Christentums von einer Minderheit zur Staatsreligion

Ohne Worte.
Karikatur aus der englischen Zeitschrift „PUNCH", 1912.

▶ Erläutern Sie, welche Vorzüge der römischen Kultur hier hervorgehoben werden.
▶ Beurteilen Sie die Aussage des Zeichners unter Berücksichtigung des Entstehungszeitpunktes der Karikatur.

27 v. Chr. - 14 n. Chr.	Das **Prinzipat** des Augustus geht einher mit der **Neuordnung der Provinzen** und der Vergrößerung des Reiches	**Beginn der Kaiserzeit**
um 30	Jesus von Nazareth predigt in Palästina. Das **Christentum** entsteht.	
43	Südbritannien (Britannia) wird unter Kaiser Claudius erobert.	
70	In Jerusalem wird der jüdische Tempel durch die Römer zerstört.	**Expansion und Grenzsicherung**
98 - 117	Unter Kaiser Trajan erreicht das Imperium Romanum seine größte Ausdehnung.	
212	Kaiser Caracalla gewährt allen freien Bewohnern des Reiches das **römische Bürgerrecht**.	**Integration**
ab 250	In den Provinzen entstehen selbstständige Reiche, die sich von Roms Herrschaft lösen.	**Übergang zur Spätantike**
284 - 305	Unter Diokletian kommt es zur Neuordnung der Provinzen und zur Einführung einer erstmals einheitlichen Münzprägung. Seine Herrschaft markiert den Übergang zur Epoche der Spätantike.	
311 / 313	Das Christentum wird unter den Kaisern Galerius und Konstantin I. erlaubt: „Konstantinische Wende".	**Ende des Römischen Reiches**
330	Kaiser Konstantin fördert die Stellung von Byzanz / Konstantinopel im Osten des Reiches durch Erhebung zur kaiserlichen Residenzstadt.	
380	Das Christentum wird unter Theodosius I. zur Staatsreligion erklärt.	
410	Die Eroberung und **Plünderung Roms durch die Westgoten** beschleunigen den Bedeutungsverlust der Stadt und des Weströmischen Reiches.	

Statue des Augustus im Panzer.
Rund zwei Meter hohe Statue aus Marmor, ca. 20 v. Chr., gefunden in Primaporta bei Rom, farbiger Rekonstruktionsversuch.

▶ Erklären Sie, was die Statue den Betrachtern aus der Ferne und in der Nähe vermitteln sollte.

Senat (lat. senatus: Ältestenrat / Rat erfahrener Politiker): oberster Rat des Römischen Reiches. In ihn wurde nur aufgenommen, wer Magistrat („Regierungsbeamter") gewesen war und über großes Vermögen verfügte. Unter Augustus umfasste der Senat 600 Mitglieder.

Die Kaiserzeit als Epoche | Rom hatte seit seinen Ursprüngen im 5. Jahrhundert v. Chr. als republikanischer Stadtstaat zunächst die Apennin-Halbinsel und anschließend immer größere Teile des Mittelmeerraums und des westlichen Kontinentaleuropas erobert. Die militärische Expansion des Stadtstaates stellte seine politische Ordnung im Laufe der Jahrhunderte immer wieder vor große Probleme. Zunehmend entschieden Kriegszüge darüber, wer in Rom politische Macht erhielt. Ein erfolgreicher Heerführer genoss Ansehen und verfügte über ihm ergebene Truppen, sodass er sich im Zweifelsfall gegen seine Gegner durchsetzen konnte. Die letzten hundert Jahre der *Römischen Republik* waren von Krisen, blutigen Bürgerkriegen zwischen verschiedenen Gruppierungen und ihnen verbundenen Heerführern gekennzeichnet. Als sich einer dieser Heerführer namens *Octavian* (63 v. Chr – 14 n. Chr.) durchsetzte, reformierte er die Republik (*res publica restituta*). Im Jahr 27 v. Chr. beschloss der römische *Senat*, dass Octavian – zunächst für zehn Jahre – die Machtbefugnisse in etwa der Hälfte der Provinzen übertragen wurden und er fortan *Augustus* (dt.: „der Erhabene") genannt werden sollte. Da Augustus die Macht in den noch nicht befriedeten Provinzen erhielt, bedeutete dies, dass er Oberbefehlshaber über den überwiegenden Teil des römischen Heeres war. Dies sicherte seine Macht gegenüber allen Konkurrenten.

Um seine herausgehobene Rolle im Staat zu benennen, nahm Augustus den Titel „*princeps*" (dt.: „Erster unter Gleichen") an. Nach dieser Bezeichnung erhielt die Herrschaftsform des Augustus auch ihren Namen: *Prinzipat*. Damit begann die *Kaiserzeit*. Durch das Kaisertum wurde der Erhalt der römischen Ordnung gesichert. Denn die meisten grundlegenden sozialen und politischen Strukturen änderten sich zunächst nicht. In den folgenden Jahrzehnten bauten Augustus und die nachfolgenden Kaiser ihre Stellung zunehmend aus, wenngleich das Kaisertum sich zu keinem Zeitpunkt in eine Erbmonarchie nach frühneuzeitlichen Vorstellungen verwandelte.

Das Ende der Kaiserzeit wird gewöhnlich als eine längere Übergangsphase beschrieben. In der Regel werden die Reformen des Kaisers *Diokletian* (236/45 – 312 n. Chr.) zwischen 284 und 305 als Beginn der Epoche der *Spätantike* betrachtet. Diese war durch grundlegende Veränderungen der römischen Herrschaft in Europa, der Mittelmeerwelt und Vorderasien gekennzeichnet. In der zweiten Hälfte des 3. Jahrhunderts entstanden erste Reiche innerhalb des Römischen Reiches, und einzelne Provinzen wurden von Rom aufgegeben.

Das Imperium Romanum | Das Römische Reich erlebte unter Kaiser *Trajan* (53 – 117) seine größte Ausdehnung. Sie übertraf die aller bis dahin existierenden Reiche. Nie wieder sollten die Welt des Mittelmeers, große Teile Kleinasiens und Europas eine politische Einheit bilden. Die territoriale Entwicklung war nicht allein der Verdienst der Kaiser, denn ein Großteil des Reiches entstand bereits in Zeiten der Republik. Aber in der Kaiserzeit gelang es, die Expansion weiter voranzutreiben und die römische Herrschaft über mehrere Jahrhunderte zu festigen (→M1). Das Römische Reich teilte die eroberten Gebiete in *Provinzen* als Verwaltungseinheiten ein. Deren Grenzen ergaben sich dabei weniger aus naturräumlichen Bedingungen (z. B. Flüsse oder Berge) oder aus ethnischen Kriterien (z. B. Sprachgruppen), sondern aus militärischen und verwaltungstechnischen Überlegungen. Unter der Regierungszeit von Kaiser Diokletian (284 – 305) kam es zur Neugestaltung der Provinzordnung. Die Gesamtzahl der Provinzen im Reich wurde erheblich erhöht und auch das bis dahin privilegierte römische Italien in Provinzen eingeteilt, womit es seine Sonderstellung (u. a. Steuervorteile) verlor. Der dann einsetzende Zerfallsprozess des *Imperium Romanum* war daher weniger der Überle-

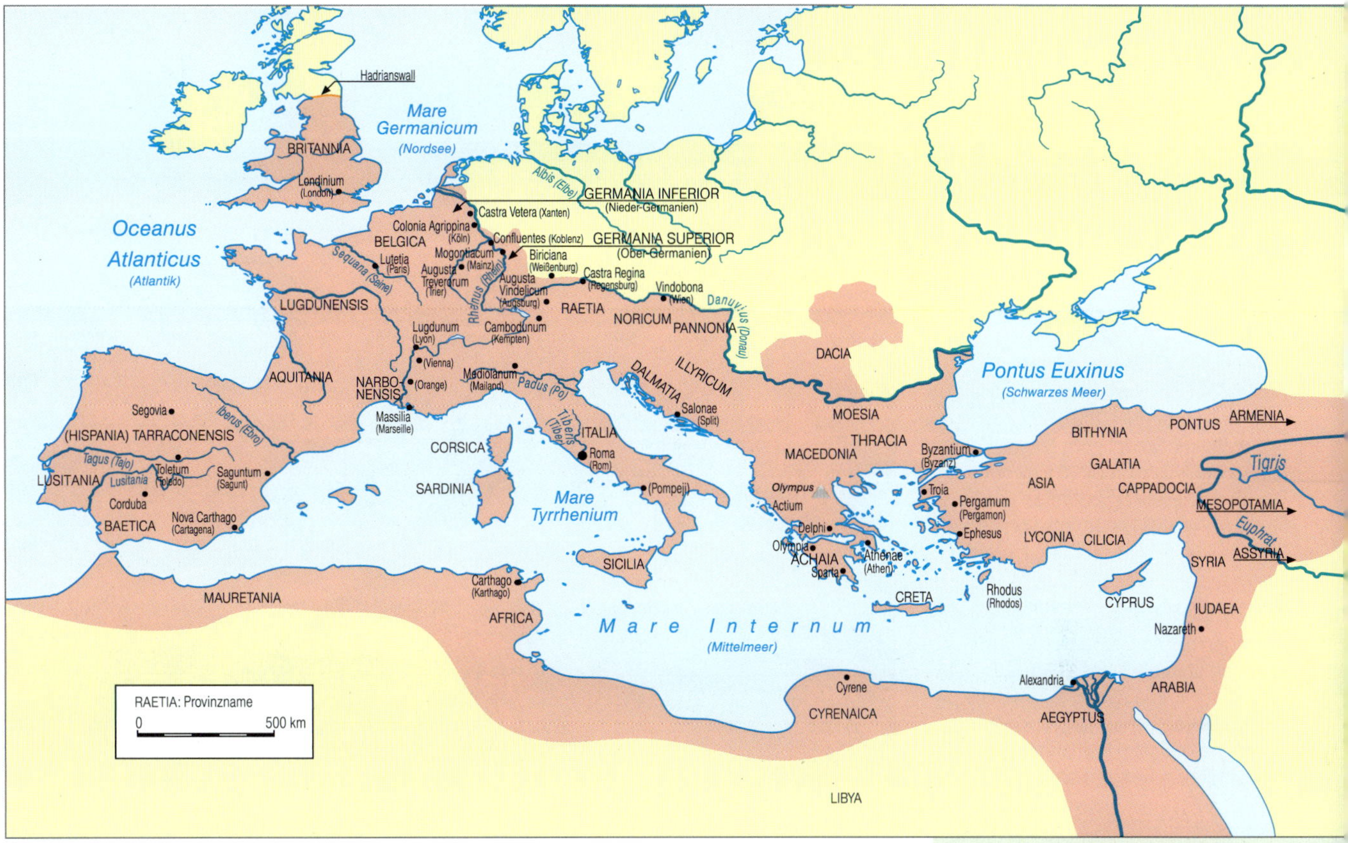

2.5 Wahlmodul: Romanisierung und Kaiserzeit

genheit eines anderen Großreiches geschuldet, als vielmehr der allmählichen Machtverschiebung zwischen verschiedenen Teilen des Reiches. 330 wurde mit Konstantinopel eine zweite gleichberechtigte Hauptstadt eingerichtet, und im Osten wie im Westen entstanden zahlreiche mit Rom konkurrierende Städte (Antiochia, Alexandria, Mediolanum-Mailand). Als die Westgoten im Jahr 410 Rom eroberten, triumphierten sie nicht über das Zentrum eines Weltreiches. Denn Rom hatte schon viele Machtbefugnisse an zahlreiche Städte und Provinzen des Reiches abgetreten.

Romanisierung und „Selbst-Romanisierung" | Die Ausdehnung der römischen Herrschaft basierte auf der Stärke der Streitkräfte. In unzähligen Kriegen wurden die Gegner Roms besiegt. Die Beherrschung der eroberten Gebiete stützte sich aber nicht allein auf Waffengewalt. Zwar hatte Rom auch in Friedenszeiten Dutzende von Truppeneinheiten im ganzen Reich stationiert, doch wurden sie häufig nicht im Kampf, sondern für den Bau von Straßen, Brücken, Aquädukten und ähnlichen Infrastrukturprojekten eingesetzt. Die Stabilität der römischen Herrschaft verdankte sich vor allem jenem Prozess, den die historische Forschung als *Romanisierung*, also als „Römisch-Werden" bezeichnet. Im Laufe der Jahrhunderte glichen sich die Lebensweisen in den römischen Provinzen immer stärker an (→M2). Die Städte erhielten ähnliche Bauten, Latein als Kommunikationsmedium gewann an Gewicht, römische Gesetze galten und römische Münzen kursierten. Vor allem die Elite übernahm römische Gepflogenheiten: Mahlzeiten, Kleidung, Baderituale, den Festkalender und viele andere alltägliche Verrichtungen.

Romanisierung wurde sowohl von oben erzwungen als auch von unten gewünscht. Dass römisches Recht galt und der Kaiser verehrt wurde, waren Anliegen Roms, die notfalls auch mit Gewalt vertreten wurden. Allerdings konnte den Menschen nicht vorgeschrieben werden, römische Mode und Sitten zu übernehmen. Vielmehr wurde die römische Kultur oft bereitwillig übernommen und kopiert. Romanisierung war daher häufig kein Zwang, sondern aktives Handeln, eben „Selbst-Romanisierung". Dabei

Das Römische Reich zur Zeit seiner größten Ausdehnung, um 117 n. Chr.

▶ Analysieren Sie die Karte mithilfe der Leitfragen auf Seite 72 f.

Internettipp
Eine virtuelle Tour durch das antike Rom finden Sie unter dem Code **32202-13**.

2.5 Wahlmodul: Romanisierung und Kaiserzeit

Wandelhalle mit Medusenmedaillons im Severischen Forum in Leptis Magna (Libyen).
Foto vom Dezember 2007.
In der antiken Stadt Leptis Magna lebten wohl bis zu 100 000 Einwohner. Der römische Kaiser Septimius Severus (146–211) stammte von dort. Er ließ seine Heimatstadt umfangreich ausbauen. Seit 1982 zählt Leptis Magna zum UNESCO-Weltkulturerbe.

▶ Recherchieren Sie weitere Informationen über die Ruinenstätte aus Nordafrika. Erläutern Sie, inwiefern im Falle von Leptis Magna von einer erfolgreichen Romanisierung gesprochen werden kann.

verband sich die Bewunderung für Rom mit der Hoffnung, durch Übernahme des römischen „way of life" die eigene Stellung, die Position der Familie, des Clans oder der eigenen Provinz verbessern zu können.

Am Ende wendete sich die Romanisierung gegen Rom selbst. Da die Provinzen mehr und mehr Rom glichen, verschwanden die Unterschiede und in mancherlei Hinsicht auch die Überlegenheit Roms. Romanisierung und Widerstand gegen Rom waren daher keine sich ausschließenden Gegensätze. Zwar gab es auch Völker, die sich gegen alle römischen Einflüsse wehrten. Häufig übernahmen aber auch die Gegner Roms Elemente römischer Kultur, zum einen weil dies in Jahrhunderten römischer Herrschaft unausweichlich war, zum anderen weil die römischen Techniken und Verfahren sich als nützlich erwiesen hatten. Der Niedergang Roms seit dem 4. Jahrhundert war also auch Ausdruck der erfolgreichen Romanisierung. Rom hatte die Völker, die es besiegt hatte, im Laufe seiner Herrschaft erheblich geprägt, sodass die nun neu entstehenden Reiche – wie z. B. das der Westgoten[1] – auf die eine oder andere Weise die römische Tradition weitertrugen. Romanisierung war daher ein Prozess, dessen Folgen wir bis heute beobachten können: in den romanischen Sprachen, im Christentum römischer Prägung, in den auf Rom zurückgehenden Vorstellungen unseres Rechtssystems und in den bis heute existierenden römischen Stadtgründungen. Romanisierung ist daher nicht nur für Europa und die Mittelmeerwelt von Bedeutung. Denn ab 1492 trugen die europäischen Erben Roms ihre Sprachen, ihre Religion, ihr Recht und ihre Weltbilder nach Amerika.

---

[1] Siehe hierzu das Kapitel „Die Westgoten und ihre Ansiedlung im Römischen Reich" auf Seite 42 bis 49.

Rekonstruktion der Saalburg bei Bad Homburg v. d. Höhe (Hessen).
Zeitgenössisches Foto.
Der ursprüngliche Bau stammt aus dem 2. Jahrhundert. Auf antiken Fundamenten wurde zwischen 1897 und 1907 das einstige Römerkastell rekonstruiert. Dieses bewachte und schützte damals wie viele andere Kastelle den rund 550 Kilometer langen Limes (Grenzwall), der das Römische Reich vom wenig erschlossenen Siedlungsgebiet kleinerer Völker trennte.

Heer und Provinzverwaltung | In der Kaiserzeit verfügte Rom über Truppen von insgesamt ca. 350 000 Mann. Diese waren in *Legionen* unterteilt, die vor allem in den Randprovinzen des Reiches standen. Schon in der frühen Kaiserzeit wurde ein *stehendes Heer* geschaffen. Es war Rom bzw. dem Kaiser verpflichtet, während zur Zeit der Römischen Republik die Truppen vor allem ihren jeweiligen Feldherren die Treue hielten. Da das Heer der Kaiserzeit nicht mehr demobilisiert wurde, kam es zur Einrichtung von festen Legionsstandorten und unter Kaiser *Hadrian* (76–138) zur Errichtung eines festen Verteidigungssystems an den Reichsgrenzen. Die Standorte der Legionen dienten als Zentrale einer oder mehrerer Legionen und glichen mit ihren Gebäuden aus Holz oder Stein kleinen „Lager"-Städten. Tatsächlich hielten sich aber häufig viele der jeweils 5 500 bis 6 000 Mann starken Legionen nicht am eigentlichen Standort auf. Ihnen waren zahlreiche Aufgaben zugeteilt, die heute die Polizei übernimmt. Sie bewachten Straßen, Brücken und selbst Bergwerke oder Steinbrüche. Darüber hinaus wurden sie in befriedeten Gebieten zunehmend zum Ausbau der Infrastruktur eingesetzt. Die Legionen romanisierten die Provinzen aber nicht allein durch Polizeitätigkeit und Bauvorhaben. Sie verschmolzen auch zunehmend mit der Provinzbevölkerung. In der Regel bestanden die Heereseinheiten etwa zur Hälfte aus *Hilfstruppen (auxilia)*, die aus den verschiedensten Provinzen kamen. Diese Hilfstruppen wurden von Rom ausgehoben und unterstanden römischen Offizieren oder wurden zumindest von Römern überwacht. Sie trugen langfristig auch zur Romanisierung der Einheimischen bei. Denn in der Armee eigneten sich die Soldaten die römische Sprache und Lebensweise an. Nach Ende ihrer Dienstzeit erhielten sie das römische Bürgerrecht und ein Stück Land. Die Zugehörigkeit zu den Hilfstruppen in römischen Provinzen wurde von vielen Einheimischen als Möglichkeit gesehen, die eigene Position zu verbessern. Als Soldat und eventuell sogar Offizier Roms konnten sie Ansehen und Einfluss erwerben (➔M3).

Internettipp
Die Homepage des Museums informiert u. a. über die Geschichte der Saalburg und den archäologischen Park. Siehe dazu den Code 32202-14.

2.5 Wahlmodul: Romanisierung und Kaiserzeit

Im Vergleich zur Armee war die zivile Verwaltung Roms winzig. Sie bestand zu Beginn der Kaiserzeit bestenfalls aus wenigen Tausend und in der Spätantike aus etwa 35 000 Personen. An der Spitze einer Provinz stand ein römischer *Statthalter*, der dort die Herrschaft Roms repräsentierte. Da er über keine Verwaltung im heutigen Sinne verfügte, beschränkten sich seine Aufgaben auf die Erhaltung der öffentlichen Ordnung und die Verteidigung der Provinz. In der Finanzverwaltung waren *Prokuratoren* tätig. Diese kaiserlichen Beauftragten kontrollieren die Eintreibung der Steuern in den Provinzen, um eine Ausbeutung durch die Statthalter zu unterbinden.

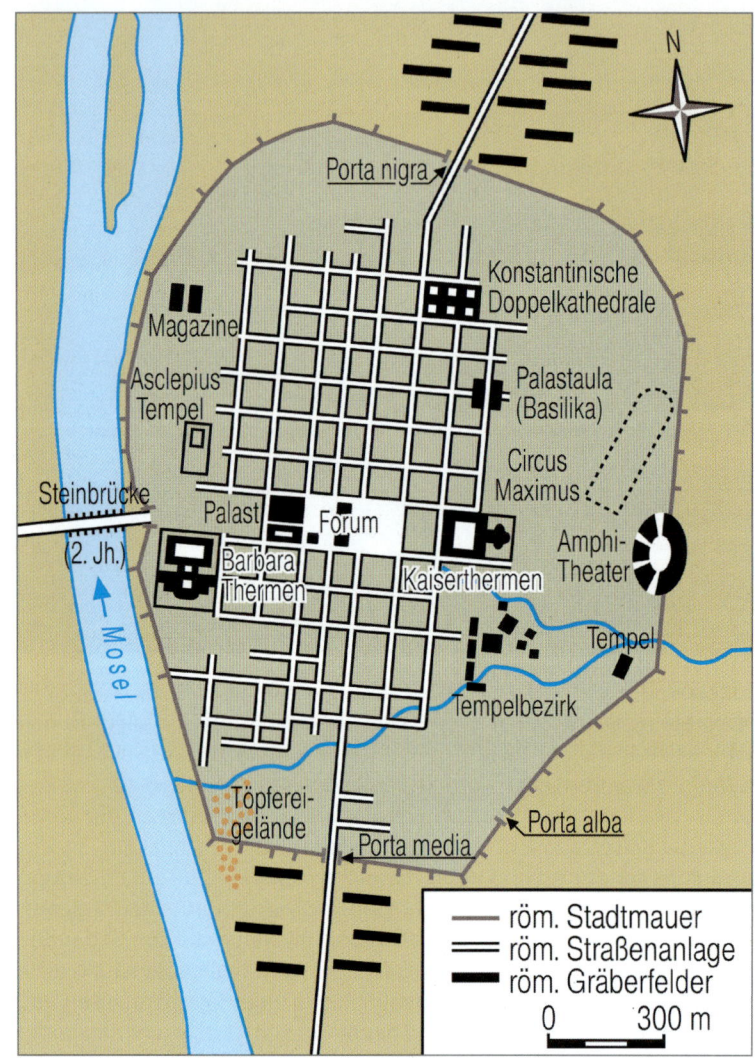

Stadtplan von Trier im 4. Jahrhundert.
Rekonstruktionszeichnung. Die in Rheinland-Pfalz liegende Stadt Trier wurde von den Römern um 16 v. Chr. unter dem Namen „Augusta Treverorum" (dt.: „Stadt des Augustus im Land der Treverer") gegründet. Von 293 bis 392 war sie eine der kaiserlichen Residenzen im Westen des Römischen Reiches.

▶ Beschreiben Sie den Stadtgrundriss. Suchen Sie anschließend auf einem modernen Stadtplan die Steinbrücke und die Porta Nigra in Trier.

▶ Erklären Sie anhand des Stadtplans die Bedeutung der Stadt für Handel und Kultur.

Internettipp
Informationen zur Porta Nigra, den Kaiserthermen und zu weiteren Überresten römischer Baukunst im heutigen Trier finden Sie unter dem Code **32202-15**.

Die Städte | Städte bildeten neben der Armee eine wichtige Säule der römischen Herrschaft. Im Osten und an der Küste der Iberischen Halbinsel hatte Rom Gebiete erobert, in denen das politische Leben bereits in Städten und Siedlungen konzentriert war. Rom bemühte sich, an die bestehenden städtischen Ordnungen anzuknüpfen. Dazu gehörte vor allem, dass die Städte sich mithilfe eines *Stadtrates* selbst verwalteten, der sich aus den Angehörigen der lokalen Elite zusammensetzte. Dies beinhaltete auch, dass sich die Städte mit Eingaben oder gar Beschwerden an den Kaiser wenden durften.

Rom schuf in den Provinzen eine Hierarchie von Städten, die sich vor allem an deren Loyalität orientierte. Wer Rom treu diente, wurde ausgezeichnet. Städte, die gegen Rom gekämpft oder sich erhoben hatten, wurden bestraft oder gar zerstört.

In jenen Teilen des Reiches, in denen es keine Städte im römischen Sinne gab, kam es zu neuen Stadtgründungen. Insbesondere an den Grenzen des Reiches schufen die Römer *Kolonien (coloniae)*, in denen sie römische Bürger ansiedelten, die die neu eroberte Region sichern sollten. Die Gründung von Kolonien diente von Beginn an der Versorgung von ausgemusterten Soldaten, den *Veteranen*. Diese ließen sich in einer neu gegründeten Stadt (einer Kolonie) nieder und erhielten dann häufig das römische Bürgerrecht, was gleichbedeutend mit einem gewissen sozialen Status war.

Alte und neue Städte bildeten Zentren römischer Lebensart. Dies ließ sich schon an zahlreichen Gebäuden, häufig der gesamten Anlage einer Stadt beobachten. Es gab einen Hauptplatz (*forum*), an dem große Gebäude wie Markthallen und/oder Tempel standen. Es waren Brunnen und häufig auch Thermen vorhanden, deren Wasserzufuhr hölzerne oder steinerne Wasserleitungen sicherstellten. Gepflasterte und mit Säulenreihen/Kolonnaden (Säulengängen) geschmückte Straßen durchzogen teilweise die Städte.

In einer römischen Stadt leben hieß, auf römische Art und Weise zu leben. Dies galt nicht nur für eine kleine Elite, die sich einen exklusiven Lebensstil leisten konnte und die lokalen Schaltstellen der politischen Macht besetzte. Dies traf auch für einen großen Teil der einfachen Leute zu. Denn auch sie lebten innerhalb einer von römischer Architektur geprägten Stadt, besuchten Märkte und Feste auf den römisch gestalteten Plätzen oder Theateraufführungen und Kämpfe in römischen Amphitheatern. So wurde die Stadt für breite Bevölkerungsschichten zum Raum und zum Motor der Romanisierung (→M4).

Die Eliten | Der Beginn der Kaiserzeit bedeutete keine grundlegende Veränderung der sozialen Strukturen des Reiches. Die Zusammensetzung der Eliten im Kaiserreich entsprach daher zunächst im Großen und Ganzen ihrer Zusammensetzung in republikanischer Zeit. Sie bestanden aus der *Reichsaristokratie* und den *lokalen Eliten*.

Die Reichsaristokratie umfasste einen Teil der Ritterschaft und der Senatoren. Der Senat hatte zwar seine herausragende Stellung an den Kaiser abgetreten. Dennoch stützte sich auch die kaiserliche Herrschaft auf die Zusammenarbeit mit dem Senat und den Rittern als Funktionselite, die die Stabilität der Kaiserzeit sicherte. Um vom Kaiser zum Ritter ernannt zu werden, musste man nicht nur wohlhabend sein, sondern dem Kaiser auch lange treu gedient haben.

Die lokalen Eliten setzten sich vor allem aus den Großgrundbesitzern in den Provinzen zusammen. Inhaber politischer und religiöser Ämter auf lokaler und provinzialer Ebene wurden als *Magistrate* bezeichnet, Mitglieder des Stadtrates als *Dekurionen*. Auch hier fanden sich vom Kaiser ernannte Ritter.

Es waren diese Eliten, die maßgeblich zur Romanisierung im Imperium Romanum beitrugen. Die dem römischen Lebensstil nacheifernden lokalen Eilten zeigten damit, dass sie ein Teil der herrschenden Ordnung waren, und drückten gleichzeitig gegenüber Rom ihre Loyalität und Verbundenheit aus. Dies führte im Laufe der Jahrhunderte dazu, dass die römischen Kaiser immer mehr Angehörige aus den Provinzen in die Reichsaristokratie beriefen. Ritter aus den eroberten Gebieten erhielten Aufgaben in Rom und wurden schließlich in den Senat aufgenommen. Dies stieß zwar anfangs auf Widerstand, wurde aber mit zunehmender Romanisierung der eroberten Gebiete ein übliches Verfahren. Selbst die römischen Kaiser stammten nicht zwangsläufig aus Rom: Hadrian (76–138) war in Italica auf der Iberischen Halbinsel geboren, *Septimius Severus* (146–211) in Leptis Magna in Nordafrika, *Caracalla* (188–217) im heutigen Lyon und *Verus Maximinus* (172/73–238) auf der östlichen Balkanhalbinsel. Letztgenannter Kaiser trug sogar den Beinamen „Thrax", der auf seine thrakische Herkunft verwies. Auch wenn Rom bis Ende des 3. Jahrhunderts das unbestrittene Zentrum des Imperium Romanum blieb, so waren es doch nicht nur Römer oder Italiker, die im Reich herrschten. Vielmehr rekrutierte Rom die Eliten aus allen Teilen seines Herrschaftsgebietes, sofern sie römische Lebensart und Wertvorstellungen übernahmen. Da sie im kulturellen und politischen Sinn Römer wurden, konnten sie ins Zentrum der Macht vorstoßen (→M5).

Handel an der römischen Limesgrenze.
Szene aus dem Zinnfigurendiorama im Limesmuseum Aalen.

▶ Beschreiben Sie das Geschehen auf dem Bild. Was erfahren Sie über den Handel?

Internettipp
Mehr über das Wirtschaftssystem im Römischen Reich erfahren Sie unter dem Code 32202-16.

Handel und Wirtschaft | Die relative politische Stabilität während der hohen Kaiserzeit schuf gute Voraussetzungen für die Wirtschaftsentwicklung. Der überwiegende Teil der Bevölkerung war in der Landwirtschaft beschäftigt und von ihr hing das Wohlergehen des Reiches maßgeblich ab. Die Blüte der Städte basierte großenteils auf der Tatsache, dass das jeweilige Umland ausreichend Lebensmittel produzierte, um die Stadtbewohner zu ernähren. Die *pax Romana* (→M1) (dt.: römischer Frieden) half der Landwirtschaft dadurch, dass sie den Handel über weite Entfernungen begünstigte. So wurde aus Sizilien und vor allem Ägypten, der „Kornkammer" Roms, Getreide auf die Italische Halbinsel exportiert, während von der Iberischen Halbinsel Olivenöl in viele Regionen des Reiches gelangte. Begünstigt wurde der Handel nicht nur durch die langen Friedenszeiten im Reich sowie die Eindämmung von Piraterie und Bandenwesen, sondern auch durch Straßenbau und Münzprägungen. Rom baute in fast allen Provinzen Straßen, die als Kommunikationsnetze innerhalb und zwischen den Provinzen dienten (→M6). Das römische Münzwesen stellte schließlich über Jahrhunderte sicher, dass Handel auf Geldbasis getrieben werden konnte. Das Römische Reich war jedoch kein einheitlicher Wirtschaftsraum. Dazu war die Bedeutung der Subsistenzwirtschaft (Selbstversorgung) und der rein lokalen Märkte zu groß. Allerdings ermöglichte es das Imperium Romanum, dass regionaler Handel und Fernhandel in einem Umfang betrieben werden konnten, wie dies vorher nicht möglich war. Dies führte dazu, dass der Handel sich romanisierte. Denn er beruhte auf römischen Münzen und häufig auch auf römischem Recht und römischer Sprache (→M7).

Die Sprache | Die Sprache ist jener Bereich, in dem die Romanisierung bis heute am leichtesten zu sehen (und zu hören) ist. In großen Teilen des ehemaligen Imperium Romanum werden auch heute noch Sprachen gesprochen, deren Wurzel das von Rom aus verbreitete Latein ist. Hierzu gehören u.a. Spanisch, Französisch, Portugiesisch und Rumänisch. Die iberische Kolonialherrschaft in Amerika und später der französische Kolonialismus in Nordamerika, Afrika und Asien haben die romanischen Sprachen über die ganze Welt verbreitet.

Die römischen Kaiser hatten weder Interesse noch die Mittel, um Latein als Sprache für die 50 bis 60 Millionen Menschen im Römischen Reich durchzusetzen. Für die allermeisten Bewohner gab es keinen Schulunterricht, und überall wurden die alten, regionalen Sprachen gesprochen. Die Eliten in den Provinzen hatten dagegen ein großes Interesse, Latein zu erlernen, war es doch für die Kommunikation mit Rom unerlässlich und zugleich ein Ausweis der eigenen Nähe zur römischen Kultur. So gab es auf der einen Seite einen jahrhundertelangen Spracherwerb aufseiten der provinzialen Eliten. Auf der anderen Seite siedelten Latein sprechende Kolonisten in unzähligen Provinzen des Reiches und brachten die Sprache mit. Für beide Prozesse war die Armee ein wichtiger Katalysator, denn der Aufstieg in der Armee erforderte die Beherrschung der lateinischen Sprache. Gleichzeitig brachten die Armee und ausgemusterte Soldaten Latein in die Provinzen (→M8).

Trotz der enormen Verbreitung der lateinischen Sprache überlebten zahlreiche Sprachen das Römische Reich. Zum Teil waren dies Sprachen ohne Schriftsysteme, aber auch einige wenige Schriftsprachen überdauerten die römische Herrschaft (z.B. Hebräisch). In der Spätantike entwickelten sich dann angesichts der nachlassenden Bedeutung Roms in manchen Gegenden neue Schriften (z.B. Koptisch). Unter allen Sprachen stellte das Griechische eine Ausnahme dar, da es im Osten als zweite offizielle Sprache fungierte. Die spätere Teilung in ein West- und ein Oströmisches Reich führte zu einem weitgehenden Niedergang des Lateinischen im Osten. Mit Ausnahme des Rumänischen finden sich heute in Osteuropa keine romanischen Sprachen von Bedeutung.

Römisches Recht | Roms Herrschaft beruhte auf schriftlichem Recht, also auf schriftlich fixierten Regeln mit allgemeinem Geltungsanspruch. Seit den Anfängen Roms hatte sich eine lange, viele Bereiche des Lebens umfassende Tradition römischen Rechts entwickelt, die im Laufe der Jahrhunderte ständig erweitert und verändert wurde.

Römische Herrschaft in einer Provinz drückte sich dadurch aus, dass Rom schriftliche Rechtsverordnungen für die entsprechende Provinz erließ (→M9). Sie regelten die Beziehung zwischen der Provinz und Rom, aber auch die Verhältnisse innerhalb einer Provinz. Vor allem im Osten waren verschiedene Städte einander nicht wohlgesonnen, sodass die römischen Verordnungen darauf abzielten, die Konflikte in den Provinzen zu reduzieren. Gleichzeitig dienten sie dazu, jene Städte und Gruppen zu belohnen, die Rom treu ergeben waren, während die Gegner Roms rechtlich bestraft wurden. Römische Rechtsverordnungen regelten aber auch die Rechte und Pflichten von Privatpersonen. Dies galt sowohl für politische (z.B. Bürgerrechte) als auch für private Fragen (z.B. Eigentumsrechte). Als Kaiser Caracalla 212 die reichsweite Vergabe des Bürgerrechts für alle freien Bewohner einführte, hob er auf rechtlicher Ebene die Trennung zwischen Römern, Italikern und den anderen Bewohnern des Imperium Romanum auf. Ein Bürger einer Provinz verfügte fortan über die gleichen Bürgerrechte wie ein Römer.

Ein zentraler Aspekt des Römischen Rechts war die Rechtsprechung. Diese unterstand in den Provinzen dem Statthalter, der dazu einen Rat (bzw. ein Gericht) einberief, welcher sich während der Gerichtstage versammelte. Aufgrund des großen Einflusses des vorsitzenden Statthalters entsprachen die Verfahren zwar nicht unserem heutigen Verständnis von Fairness und Gleichbehandlung der Parteien, aber sie fußten auf geschriebenem Recht und Provinzen konnten z.B. gegen Statthalter Klage erheben, die sie ausgebeutet hatten.

Die jahrhundertelange Praxis von schriftlicher Rechtsetzung und Rechtsverfahren beeinflusste das Rechtsverständnis in den Provinzen nachhaltig. Römisches Recht stabilisierte die Herrschaft und überdauerte sie. Bis heute ist ein großer Teil des europäischen Rechts von den ursprünglich in Rom entwickelten Rechtsvorstellungen geprägt.

Das Pantheon in Rom zur Kaiserzeit.
Undatierte Rekonstruktionszeichnung von Peter Connolly.
Das bereits in vorchristlicher Zeit angelegte und von Kaiser Hadrian fertiggestellte Pantheon gehört zu den am besten erhaltenen Bauten der römischen Antike. Dies liegt vor allem an der frühen Umweihung zur katholischen Kirche.

Pantheon: Bezeichnung sowohl für die Gesamtheit der Götter als auch für das ihnen geweihte Heiligtum.

Der Kaiserkult | Die kultische Verehrung des Herrschers war eine gängige Praxis vieler Völker des Altertums. In Rom begann die göttliche Verehrung der Herrscher nach dem Tod von *Gaius Julius Caesar* (100 v. Chr. – 44 v. Chr.), als dieser zum Gott erklärt wurde. Lebende Kaiser wurden in Rom nicht als Götter verehrt, während dies in verschiedenen Provinzen durchaus üblich war. Dort huldigten die Bewohner den Kaisern wie auch ihren lokalen Gottheiten. Da die religiösen Vorstellungen der Zeit die Göttlichkeit von Menschen und die Verehrung einer Vielzahl von Gottheiten (*Polytheismus*) gestatteten, war es kein großes Problem, den Kaiserkult in die religiösen Praktiken der meisten unterworfenen Völker zu integrieren. Die Aufnahme des lebenden oder der verstorbenen Kaiser in das **Pantheon** der lokalen Gottheiten verband Rom mit den unterworfenen Völkern und drückte gleichzeitig Roms Überlegenheit aus (→ M10).

Der Bau von Tempeln zu Ehren des lebenden oder verstorbenen Kaisers löste im Osten des Reiches häufig handfeste Machtkämpfe zwischen lokalen Eliten aus. Denn solche Tempel demonstrierten die Nähe und Loyalität zu Rom, das jeden Bau genehmigen musste. Die Vorrangstellung durch einen Tempel kam auch dadurch zum Ausdruck, dass sie Orte von Feiern und Festlichkeiten waren. Hier versammelten sich die politischen Machtträger und auch das einfache Volk, um dem Kaiser zu huldigen. Dies konnte einhergehen mit Opfern, Festen und Wettkämpfen, sodass eine Tempelanlage die gesellschaftliche und zum Teil auch wirtschaftliche Stellung einer Stadt unterstrich. Während der Feierlichkeiten repräsentierten Statthalter, Priester und andere Amtspersonen die römische Ordnung. Der Kaiserkult diente daher nicht nur dazu, einen Gott oder eine göttliche Person zu verehren. Er diente auch dazu, den Menschen die soziale und politische Ordnung zu demonstrieren sowie die Eliten und das einfache Volk an Rom zu binden.

Umgang des Imperiums mit Kulten und Religionen | Im Laufe der Jahrhunderte vermischten sich römische Kultpraktiken mit lokalen Religionen. Nicht nur dem Kaiser, sondern auch den eigenen lokalen Göttern wurde immer stärker auf römische Art und Weise gehuldigt. Vielfach kam es zur Aufnahme fremder Götter anderer Völker in die religiöse Vorstellungswelt der Römer. Während der Kaiserzeit erfreute sich der aus dem Orient stammende *Kult des Mithras*, eines Gottes des Lichtes, insbesondere beim römischen Heer großer Beliebtheit.

Der grundsätzliche offene Umgang der Römer mit Religionen und Göttern wurde durch das *Judentum* (→M11) und das *Christentum* infrage gestellt. Da es sich bei ihnen um *monotheistische Religionen* handelt, verbieten sie anderen Göttern zu huldigen (erstes der Zehn Gebote). Aufgrund dessen lehnten sie es auch ab, die römischen Kaiser als Götter zu verehren. Nachdem *Jesus von Nazareth* um 30 in Palästina gepredigt hatte, versuchte Rom zunächst, die neue Religion in ihre Glaubensvorstellungen zu integrieren. Die Christen aber blieben bei ihrer Intoleranz gegenüber anderen religiösen Ansichten und machten einen Kompromiss unmöglich. Schon im 1. Jahrhundert nach Christus kam es vereinzelt zu Christenverfolgungen. Die bekannteste ist sicherlich die unter dem oft zu Unrecht als Tyrann auf dem Kaiserthron bezeichneten Kaiser *Nero* (37 – 68). Im zweiten nachchristlichen Jahrhundert erfolgte die Christenverfolgung dann systematisiert.

Die seit 250 einsetzenden reichsweiten Christenverfolgungen fanden mit dem Toleranzedikt des Kaisers *Galerius* (um 250 – 311) ihr Ende (→M12). Im Jahre 311 hatte dieser das Christentum als Religion erlaubt. Damit tolerierte nun auch Rom eine Religion, die römische Vorstellungen nicht akzeptierte und den Kaiserkult explizit ablehnte. Auf der Gegenseite hatte das Christentum schon lange von seinen Vorstellungen Abstand genommen, das Ende der Welt – und das hieß: das Ende des Imperium Romanum – stünde unmittelbar bevor. Dies führte zu der Auffassung, dass die Verteidigung der bestehenden Ordnung einhergehen konnte mit einem gottgefälligen christlichen Leben. Ein solches Verhalten konnte sich auch auf das vermutlich in der zweiten Hälfte des 1. Jahrhunderts entstandene Matthäusevangelium (22, 21) berufen: „Gebt dem Kaiser, was des Kaisers ist, und Gott, was Gottes ist."

Die spätere Integration des Christentums in Herrscherkult und Herrscherpraxis durch Kaiser *Konstantin I.* (272/73 – 337) war durchaus auch im Interesse Roms. Er bestätigte 313 im *Toleranzedikt von Mailand* nicht nur die Anerkennung des Christentums, sondern privilegierte und praktizierte es sogar. Zugleich hielt Konstantin an alten Kultpraktiken fest und wurde nach seinem Tod als Gott verehrt. Gleichwohl bedeutete die sogenannte *Konstantinische Wende*, dass das Christentum sich von nun an innerhalb des Römischen Reiches massiv verbreiten konnte.

Das Christentum kann als Teil der jahrhundertelangen Romanisierungsprozesse betrachtet werden, da es sich seit dem 4. Jahrhundert gerade dank der Strukturen des Imperium Romanum ausdehnen konnte. Gleichzeitig war es den alten römischen religiösen Vorstellungen so fremd, dass die Christianisierung auch zum Ende des Reiches, so wie es viele Jahrhunderte bestanden hatte, beitrug.

Mithras-Kultbild (Ausschnitt).
Um 200 n. Chr.
Unter einem Rundbogen mit den zwölf Tierkreiszeichen ist der Gott Mithras mit römischer Tunika dargestellt, wie er einen Stier erdolcht. Blut galt als Quelle des Lebens. Der Mithras-Kult erreichte im Römischen Reich im 2. und 3. Jahrhundert seinen Höhepunkt. Im 4. Jahrhundert wurde er vom Christentum verdrängt.

▶ Der Mithras-Kult zählt zu den Mysterienkulten (Mysterien: geheime religiöse Feiern). Recherchieren Sie, welche weiteren Mysterienkulte im Römischen Reich existierten. Erklären Sie vor diesem Hintergrund, inwiefern der Kontakt mit anderen Kulturen die religiösen Vorstellungen der Römer veränderte.

M1 Pax Romana

*Der Althistoriker Werner Dahlheim (*1938) erklärt die Langlebigkeit des Römischen Reiches:*

Alle Segnungen, die die Kaiser in den Augen der Zeitgenossen gebracht haben, gipfelten in der Vorstellung des Friedens, der *pax Romana*. Seit Augustus ist pax eine Gottheit mit Anspruch auf kultische Verehrung: Der 13–9 v. Chr.
5 gebaute Altar der pax Augusta stellte durch das Beiwort zugleich unmissverständlich die Beziehung zur Person und zur Herrschaft des Kaisers her. Die Formel vom Kaiser als Friedensbringer betonte zunächst die Wiederherstellung der Eintracht (*concordia*) der Bürger, die in der Tat die
10 erste große Leistung des ersten Monarchen gewesen war. Gemeint war damit nicht nur das Ende der Bürgerkriege, sondern das gesamte Spektrum der inneren Befriedung: die Einigung mit dem Senat, die Befriedung des Militärs, die Sicherheit vor Umsturz, Enteignung und politischem Ter-
15 ror. Nicht damit gemeint war der Friede nach außen; im Gegenteil: Die Erfolge der römischen Waffen bildeten die andere Seite des inneren Friedens, den sie sicherten und weiter ausbauten.
Im zweiten Jahrhundert war die römisch gewordene Welt
20 überzeugt, mit dem gewonnenen Frieden den glücklichen Endpunkt aller Geschichte, das goldene Zeitalter erreicht zu haben. Die, welche außerhalb dieser Welt standen, Barbaren und Fremde, waren zum Gegenstand des Bedauerns geworden. Innerhalb dieser Welt bedeutete das Ende der
25 Kriege der Völker die Gewissheit, allein die zivilisierte Welt zu verkörpern: Nur in ihr war die städtische Zivilisation vorherrschend, nur sie kannte die umfassende Sicherheit des Rechts, und nur innerhalb ihrer Grenzen war der freie Austausch von Gütern und Meinungen möglich.

Werner Dahlheim, Die griechisch römische Antike, Bd. 2: Rom, Paderborn ³1997, S. 237

1. Erläutern Sie, welche Vor- und Nachteile die Unterwerfung unter Rom mit sich bringen konnte.
2. Erörtern Sie, inwiefern die Vorstellung einer überlegenen Zivilisation heutigen Auffassungen widerspricht. |F

M2 Die Iberische Halbinsel wird romanisiert

Der griechische Geograf und Geschichtsschreiber Strabon (um 63 v. Chr.–nach 23 n. Chr.) schildert die Romanisierung verschiedener Volksstämme im heutigen Spanien:

Der Segen des Landes hat bei den Turdetanern auch Zivilisation und Gemeinsinn zur Folge gehabt; auch bei den Keltikern dank ihrer Nachbarschaft [...], aber bei ihnen weniger (sie leben ja meist in Dörfern); die Turdetaner da-
5 gegen, besonders die am Baetis, sind ganz zu dem Lebensstil der Römer übergegangen und bewahren nicht einmal mehr eine Erinnerung an ihre eigene Sprache: Ferner sind die meisten Latiner geworden und haben römische Siedler bekommen, sodass nur noch wenig daran fehlt, dass sie sämtlich Römer sind; auch die neuerdings zusammengesie-
10 delten Städte, Pax Augusta bei den Keltikern, Augusta Emerita bei den Turdulern und Caesaraugusta im Gebiet der Keltiberer, und einige andere Siedlungen illustrieren den Umschwung besagter Gemeinwesen; so werden denn auch alle Iberer, die zu dieser Kategorie gehören, *togati*[1] genannt
15 (darunter sind auch die Keltiberer, die ehedem als die wildesten von allen galten).

Strabon, Geographika 3, 2, 15, nach: Strabon, Geographika. Mit Übersetzung und Kommentar, hrsg. von Stefan Radt, Bd. 1, Göttingen 2003, S. 381

1. **Präsentation:** Recherchieren Sie die modernen Namen der genannten Städte bzw. Regionen. Informieren Sie sich, ob in diesen Gebieten bis heute römische Spuren vorhanden sind. Geben Sie Ihre Ergebnisse in einer kleinen Präsentation wieder.
2. Arbeiten Sie die Kriterien der Romanisierung nach Strabon heraus.
3. Nehmen Sie zu der Frage „Romanisierung – Fluch oder Segen?" Stellung. Beziehen Sie dabei auch die Sichtweise Strabons mit ein. |F

M3 Wie trägt das Militär zur Romanisierung bei?

Der griechische Schriftsteller Plutarch (um 45–um 125 n. Chr.) beschreibt, wie der römische Feldherr Quintus Sertorius (123–72 v. Chr.) unterworfene Völker an Rom zu binden versucht:

Durch solche Taten erwarb sich Sertorius die Bewunderung und Liebe der Barbaren und ebenso dadurch, dass er durch Einführung römischer Bewaffnung, Formierung und Befehlserteilung ihre wilde und rohe Kampfweise beseitigte
5 und ihre Streitmacht aus einer großen Räuberbande zu einem wirklichen Heer machte. Auch sparte er nicht mit Gold und Silber, womit er ihre Helme schmücken und ihre Schilde reich verzieren ließ, lehrte sie, buntgestickte Waffenröcke und Mäntel zu tragen, und indem er ihnen dabei
10 half und ihre Wünsche förderte, schmeichelte er sich bei ihnen ein. Am meisten aber gewann er sie für sich durch sein Verfahren mit ihren Söhnen. Er ließ nämlich die vornehmsten Knaben aus den Stämmen in der großen Stadt Osca[2] zusammenziehen, bestellte für sie Lehrer in Griechisch und Latein und machte sie so tatsächlich zu Geiseln,
15 während er vorgab, er lasse sie dazu erziehen, dass sie,

---

[1] **togati:** Personen, die die Toga tragen. Die Toga war ein typisches Kleidungsstück des römischen Bürgers.
[2] **Osca:** die heutige, im Nordwesten Spaniens liegende Stadt Huesca

Männer geworden, an der Regierung und Staatsverwaltung teilnehmen könnten. Die Väter freuten sich dann außerordentlich, wenn sie ihre Söhne in purpurverbrämten Kleidern wohlgeordnet zur Schule gehen sahen, wo Sertorius die Lehrer für sie besoldete, häufig Prüfungen abnahm, an diejenigen, die sich auszeichneten, Preise verteilte und ihnen die goldenen Umhängekapseln schenkte, die die Römer *bulla* nennen.

Plutarch, Sertorius 14, 1 ff., nach: Plutarch, Große Griechen und Römer, eingeleitet und übersetzt von Konrat Ziegler, Bd. 5: Die Bibliothek der Alten Welt, Griechische Reihe, Zürich/Stuttgart 1960, S. 196

1. Beschreiben Sie, wie Sertorius laut Plutarch das Militär einsetzte, um die Loyalität der Unterworfenen zu erlangen.
2. Erläutern Sie, wer in der Darstellung Plutarchs durch die Unterwerfung der „Barbaren" Vorteile erzielt.
3. Überprüfen Sie, welche allgemeinen Elemente der Rechtfertigung von Herrschaft sich in dem Text von Plutarch finden.

Pont del Diable (dt.: Teufelsbrücke) bei Tarragona (Spanien).
Das Aquädukt wurde vermutlich im 1. Jahrhundert erbaut und versorgte noch bis ins Mittelalter die Stadt mit Wasser. Seit 2000 gehört es zum UNESCO-Weltkulturerbe.

M4 Städte strahlen in Glanz und Anmut

Der griechische Schriftsteller und Redner Aelius Aristides (117 – um 181) hält Mitte des 2. Jahrhunderts vor Kaiser Antoninus Pius (86 – 161) in Rom folgende Rede:

So sind denn die Städte frei von Besatzungen, kleine Reiter- und Infanterieabteilungen genügen als Aufsicht für ganze Völker, […] viele Völker wissen überhaupt nicht, wo ihre Besatzungen stehen. […] An Kriege, ja, dass es sie je gegeben hat, glaubt man nicht mehr, wie man sonst von Mythenerzählungen hört, hört die Menge von ihnen. Und wenn auch einmal Kämpfe an den Grenzen des Reiches stattfinden […], dann gehen sie wie Mythen schnell vorüber und mit ihnen das Gerede über sie. […] Reich besetzt sind die Küsten am Meere und das Binnenland mit Städten, teils neu gegründeten, teils solchen, die unter eurer Herrschaft und von euch gefördert worden sind. […] Wie an einem Festtage hat der ganze Erdkreis sein altes Gewand, das Eisen, abgelegt, sich festlichem Schmucke und allem, was das Leben froh macht, nach Lust und Belieben zugewandt. Jeder andere Wettstreit ist den Städten fremd geworden: Nur darum eifert mit Macht jede einzelne, als die schönste und anmutigste dazustehen. Überall Gymnasien[1], Springbrunnen, Vorhallen, Tempel, Werkstätten, Schulen […]. Städte stehen strahlend in Glanz und Anmut, die ganze Erde ist wie ein Paradiesgarten geschmückt: Brandrauch aus den Ebenen und Signale von Freund und Feind sind verschwunden, als hätte sie ein Wind davongetragen, jenseits von Land und Meer. An ihre Stelle traten anmutige Schauspiele aller Art und festliche Wettspiele ohne Zahl. So hören, wie ein heiliges, unauslöschliches Feuer, die festlichen Zusammenkünfte nicht auf, sie gehen von Stadt zu Stadt. […] Ja, das vielgesprochene Wort, dass die Erde die Mutter von allen und gemeinsames Vaterland ist, ihr habt es aufs Schönste zur Wahrheit werden lassen. Denn heute können Hellenen[2] wie Barbaren, mit und ohne Habe, ziehen, wohin es jeden verlangt, ohne alle Schwierigkeiten, gerade als zögen sie von einer Heimatstadt zur anderen. […] [Es] bedeutet Sicherheit genug, ein Römer zu sein oder, besser gesagt: einer von denen, die unter eurer Herrschaft stehen.

Aelius Aristides, Rede auf Rom, 67, 70, 94, 97, 99f., nach: Walter Arend (Bearb.), Altertum. Geschichte in Quellen, München ³1978, S. 679f.

1. Fassen Sie zusammen, wie Aelius Aristides die römischen Städte beschreibt.
2. Erklären Sie, wie sich das (städtische) Leben unter römischer Herrschaft verändert hat.
3. Erörtern Sie, warum nur wenige Soldaten zur Sicherung der Herrschaft im Innern des Reiches benötigt wurden.

---

[1] **Gymnasien:** Sportstätten

[2] **Hellenen:** Griechen

M5 Römischer Lebensstil bei den Briten

Der römische Senator und Schriftsteller Tacitus (um 55 – um 120) ehrt seinen Schwiegervater Agricola nach dessen Tod mit einer Biografie. Darin beschreibt er das Vorgehen Agricolas als Statthalter in der Provinz Britannien:

Sobald aber der Sommer nahte, zog er das Heer zusammen, war allenthalben mit auf dem Marsch, lobte die Mannszucht und hielt die Truppe zusammen; den Platz für das Lager bestimmte er selbst, Gewässer und Wälder erkundete
5 er als erster, den Feinden ließ er unterdessen keine Ruhe, unternahm vielmehr ganz plötzlich verheerende Streifzüge; sobald er jedoch genug Schrecken verbreitet hatte, schonte er sie wieder und zeigte ihnen die Lockungen des Friedens. Durch solche Maßnahmen ließen sich viele Stämme, die bis
10 dahin unabhängig geblieben waren, bewegen, Geiseln zu stellen und von ihrer Erbitterung abzulassen. Er belegte ihr Gebiet mit Stützpunkten und Kastellen, und zwar mit derart planmäßiger Sorgfalt, dass kein anderer neu eroberter Teil Britanniens so ruhig in römischen Besitz überging.
15 Der folgende Winter wurde zur Ausführung sehr heilsamer Pläne verwendet. Denn um die verstreuten und primitiv lebenden Menschen, die infolgedessen zum Kriege leicht geneigt waren, durch Annehmlichkeiten an Ruhe und friedliches Verhalten zu gewöhnen, ermunterte er sie persönlich
20 und unterstützte sie mit staatlichen Mitteln, Tempel, öffentliche Plätze und Häuser in der Stadt zu bauen, lobte die Eifrigen und tadelte die Säumigen; so trat Anerkennung und wetteiferndes Bemühen an die Stelle des Zwanges. Ferner ließ er die Söhne der Vornehmen in den freien
25 Künsten[1] bilden [...]. So kam es, dass die Menschen, die eben noch die römische Sprache ablehnten, nun die römische Redekunst zu erlernen begehrten. Von da an fand auch unser Äußeres Beifall, und die Toga wurde häufig getragen; und allmählich gab man sich dem verweichli-
30 chenden Einfluss des Lasters hin: Säulenhallen, Bädern und erlesenen Gelagen. Und so etwas hieß bei den Ahnungslosen Lebenskultur, während es doch nur ein Bestandteil der Knechtschaft war.

Tacitus, Agricola, 21, nach: Tacitus, Das Leben des Iulius Agricola, herausgegeben und übersetzt von Rudolf Till, Berlin ⁵1988, S. 35

1. Beschreiben Sie, wie sich das Leben in Britannien unter römischer Herrschaft änderte.
2. Arbeiten Sie Vor- und Nachteile heraus, die sich nach Tacitus für die Britannier aus der Übernahme des römischen Lebensstils ergeben. | H
3. Tacitus steht dem luxuriösen römischen Lebensstil seiner Zeit kritisch gegenüber. Weisen Sie diese Einstellung anhand der Quelle nach.
4. Nehmen Sie Stellung zu Tacitus' Einschätzung, die Übernahme des römischen Lebensstils sei „Bestandteil der Knechtschaft" (vgl. Zeile 31 f.).

M6 Straßen verbinden

Der griechische Geschichtsschreiber Strabon erläutert die Verkehrslage der Stadt Lugdunum (heute Lyon):

Lugdunum liegt durch das Zusammenströmen der Flüsse und durch seine Nähe zu allen Teilen wie eine Burg in der Mitte des Landes; daher hat auch Agrippa[2] die Straßen von dort aus gezogen: die durch das Kemmenon-Gebirge bis zu den Santonern und nach Aquitanien, die zum Rhein und
5 drittens die zum Ozean bei den Bellovacern und den Ambianern; die vierte ist die ins Narbonitische und zu der Massaliotischen Küste. Man kann aber auch Lugdunum und das darüber hinaus liegende Land links liegen lassen, direkt am Poeninus eine Abzweigung nehmen, auf der man nach
10 Überquerung der Rhone oder des Lemenna-Sees in die Ebenen der Helvetier kommt, und von dort über das Iura-Gebirge in das Land der Sequaner und der Lingonen hinübersteigen; bei ihnen teilt die Straße sich in zwei Durchgangsstraßen: eine zum Rhein und eine zum Ozean.
15

Strabon, Geographika 4, 6, 11, nach: Strabon, a.a.O., S. 547 f.

1. Erläutern Sie die Bedeutung, die das Straßennetz für Lyon besaß.
2. Suchen Sie das von Strabon beschriebene Straßennetz auf einer modernen Karte. Vergleichen Sie es mit den heutigen Autobahnrouten. Hat sich die Position Lyons verändert?
3. Die Länge des römischen Fernstraßennetzes betrug im 2. Jahrhundert rund 80 000 km. In der Kaiserzeit bestanden Verbindungen nicht nur mit den Provinzen, sondern auch über die Reichsgrenzen hinaus. Beurteilen Sie die Bedeutung des Straßennetzes für den Romanisierungsprozess.

---

[1] Zu den **freien Künsten** zählten Grammatik, Rhetorik, Dialektik, Arithmetik, Geometrie, Musik und Astronomie.

[2] **Marcus Vipsanius Agrippa** (63/64–12 v. Chr.): römischer Feldherr und Politiker, verheiratet mit der Tochter Augustus'

M7 Herstellung und Verbreitung von Terra sigillata-Keramik

Die Alltagskultur in den Provinzen wird in Schriftquellen nur selten ausführlich beschrieben. Die kulturelle Entwicklung des Römischen Reiches fernab des Zentrums muss daher vor allem aus archäologischen Quellen erschlossen werden. Dabei spielen Keramikfunde eine besondere Rolle. Mit diesen Funden können wir den antiken Menschen noch heute direkt auf den Esstisch schauen, denn obwohl die meisten Gefäße zerbrochen sind, bleiben die Scherben aus gebranntem Ton im Unterschied zu anderen Materialien in vielen Fällen selbst nach Jahrhunderten noch gut erhalten. Die teils glattwandige, teils reliefverzierte Terra sigillata (= gestempelter Ton) war vom 1. bis 3. Jahrhundert die beliebteste Geschirrkeramik der Römer. Sehr charakteristisch ist die rot glänzende Oberfläche, die nur mit bestimmten Tonarten und einer gezielten Luftzufuhr während des Brennvorgangs erreicht werden konnte. Aufgrund dieser besonderen Anforderungen war die Terra sigillata trotz einer sehr gut organisierten Produktion keine billige Ware. Da der Hersteller seine Gefäße mit einem Namensstempel versah, lassen sich die Funde bestimmten Herstellungsorten zuordnen.

Terra sigillata-Gefäße aus französischer Herstellung.
4. Jahrhundert, gefunden in der Gegend um Reims.

1. Beschreiben Sie die Entwicklung bei den Herstellungsorten der Terra sigillata (Karte).
2. Vergleichen Sie das Verbreitungsgebiet der Terra sigillata mit dem Gebiet des Römischen Reiches (siehe hierzu auch die Karte auf Seite 91). | **F**
3. Erklären Sie wichtige Erkenntnisse, die die Verbreitung der Terra sigillata den Archäologen und Historikern heute liefert.

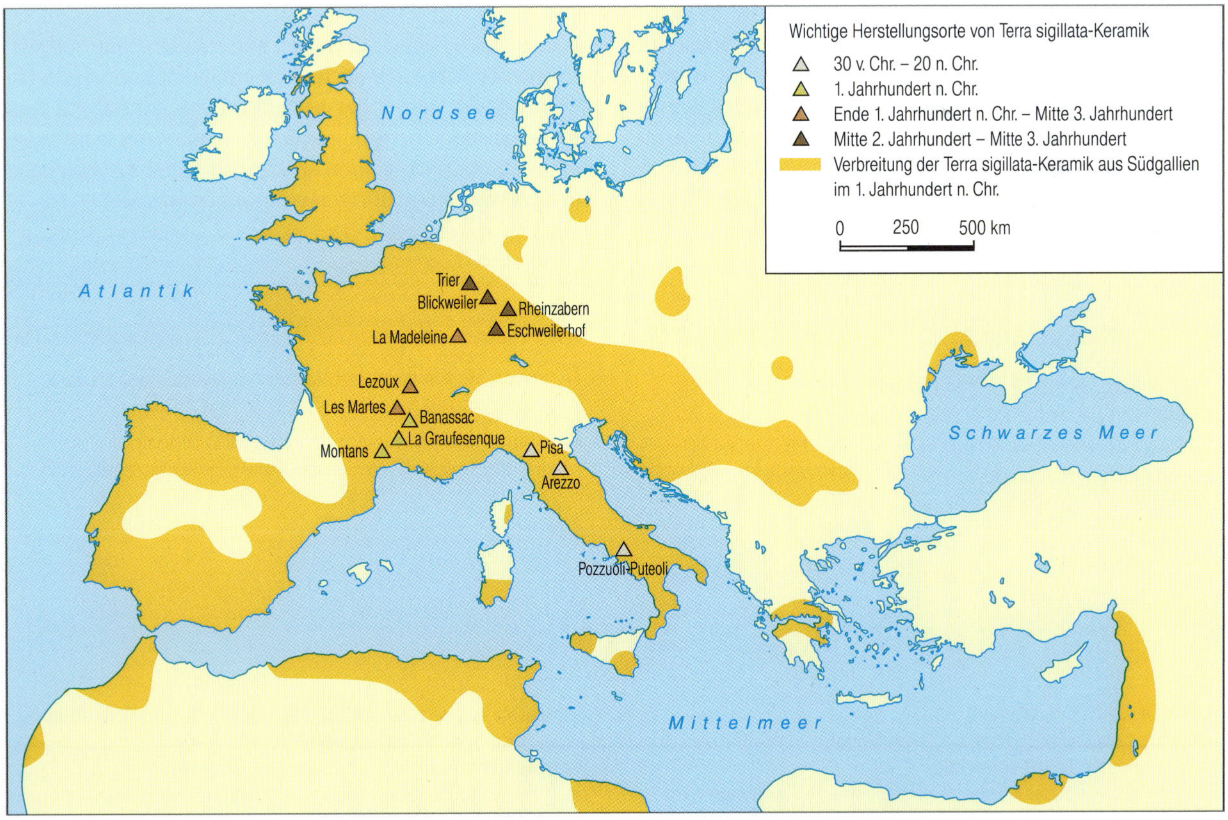

Wichtige Herstellungsorte von Terra sigillata-Keramik.

M8 Latein versus Griechisch

Der Althistoriker Eckhard Meyer-Zwiffelhoffer (*1955) erklärt die Bedeutung der lateinischen Sprache im Römischen Reich:

Rom hatte nie versucht, die lateinische Sprache und Schrift reichsweit durchzusetzen, aber sie war die Sprache der Herrschaft. In den Legionen und Auxiliarverbänden wurde lateinisch geschrieben und gesprochen, ebenso in
5 der Verwaltung, soweit es deren interne Kommunikation betraf. Die Münzlegenden der Reichsprägung waren lateinisch und alle kaiserlichen Gesetze ebenfalls. Doch erkannte Rom das Griechische als zweite offizielle Sprache insofern an, als die Kommunikation des Kaisers und
10 der römischen Amtsträger mit der Provinzialbevölkerung im Osten auf Griechisch erfolgte. Auch in den Gerichtsverhandlungen konnte auf Griechisch gesprochen werden; kaiserliche Edikte[1], Reskripte[2] und andere Dokumente wurden übersetzt. Denn die hohen römischen Amtsträger
15 und auch die meisten Kaiser waren seit der Republik zweisprachig gewesen.
In der östlichen Reichshälfte setzte sich das Lateinische nie als zweite Sprache durch. Nur die provinzialen Aristokraten, die in den Reichsdienst eintreten wollten, und die Sol-
20 daten lernten Latein. In der Spätantike, als das Reich faktisch geteilt war[3], verschärfte sich die sprachliche Trennung: In Rom und den westlichen Provinzen lernten nur noch wenige Aristokraten Griechisch und in der östlichen Hälfte immerhin all diejenigen Latein, die römisches
25 Recht studierten und im Heer und der Ziviladministration Dienst taten. Aber schon die Bischöfe im Osten des Reichs konnten kein Latein mehr, sowenig wie die Bischöfe im Westen Griechisch [...]. Unter Justinian[4] schließlich zog dann das Griechische auch in die Reichsverwaltung ein, wie
30 seine noch erhaltenen Gesetze („Novellen") zeigen.

Eckhard Meyer-Zwiffelhoffer, Imperium Romanum. Geschichte der römischen Provinzen, München 2009, S. 115 f.

---

1. Arbeiten Sie vergleichend die Stellung der lateinischen und der griechischen Sprache heraus. | **H**
2. Analysieren Sie, inwiefern sich der Umgang mit der griechischen Sprache von dem in M3 beschriebenen Vorgehen unterscheidet.

---

[1] **Edikt:** kaiserliche Verordnung
[2] **Reskript:** kaiserlicher Bescheid auf eine Eingabe von Untertanen oder römischen Amtsträgern hin
[3] Im Jahr 395 zerfiel das Römische Reich in eine Ost- und eine Westhälfte.
[4] **Justinian I.** (um 482–565): oströmischer Kaiser von 527 bis 565

M9 Ein Problemfall in der Provinzialverwaltung

Plinius der Jüngere (61/62 – um 113) kommt 111 als römischer Statthalter in die Provinz Bithynien und Pontus an der türkischen Schwarzmeerküste. Er schreibt häufig an Kaiser Trajan, um sich Rat zu holen. Sein Schriftwechsel mit dem Kaiser bietet einen Einblick in die Verwaltung einer Provinz und ist im zehnten Buch seiner „Epistulae" überliefert. Im Zusammenhang mit der Ernennung neuer Ratsherren (Dekurionen) wendet sich Plinius an Trajan:

Das Gesetz des Pompeius, das für die Bewohner von Bithynien und Pontus gilt,[5] fordert keine Geldzahlungen von denjenigen, die von den Zensoren[6] in den Stadtrat gewählt werden. Die Männer aber, die Deiner Huld zufolge in einigen Städten über die gesetzmäßige Zahl hinaus gewählt 5 werden durften, haben teils 1 000, teils 2 000 Denare[7] gezahlt. Der Prokonsul Anicius Maximus hat daraufhin verfügt – was freilich nur für einige wenige Städte gilt –, dass auch die von den Zensoren gewählten Ratsherren jeweils verschiedene Summen zu zahlen hätten. Darum bleibt 10 nichts anderes übrig, als dass Du selbst entscheidest, ob in sämtlichen Städten alle, die künftig zu Ratsherren gewählt werden, für ihren Eintritt eine bestimmte Summe zu entrichten haben. [...]

Trajan antwortet:

Ob alle, die in irgendeiner Stadt Bithyniens Ratsherren 15 werden, ein Antrittsgeld zu entrichten haben oder nicht, das kann ich nicht grundsätzlich entscheiden. Man soll sich also meiner Meinung nach, was immer das sicherste ist, jeweils an das Gesetz der betreffenden Stadt halten. Was die Männer betrifft, die ehrenhalber Ratsherren werden, so 20 meine ich eher, sie sollten so handeln, dass sie aufgrund einer Leistung[8] den übrigen vorgezogen werden.

C. Plinius Caecilius Secundus, Briefe, 10, 112–113, nach: Ders., Sämtliche Briefe, übersetzt und herausgegeben von Heribert Philips und Marion Giebel, Stuttgart 1998, S. 799 ff.

---

1. Geben Sie mit eigenen Worten das rechtliche Problem wieder, das Plinius dem Kaiser vorlegt.
2. Erläutern Sie, inwiefern der Kaiser das „Prinzip der Subsidiarität", nach dem möglichst viel vor Ort geregelt wird, verfolgt.

---

[5] Das Gesetz aus dem Jahre 63 v. Chr. regelte die grundlegenden Aspekte der römischen Herrschaft in der Provinz.
[6] **Zensoren:** Beamte, die neue Ratsherren einsetzen
[7] Im 1. Jahrhundert bekam ein gut verdienender Arbeitnehmer etwa 1 Denar am Tag.
[8] in der Regel eine wohltätige Geldspende

M10 Kaiserkult bei den Galliern

Der griechische Geschichtsschreiber Strabon berichtet von einem Heiligtum im heutigen Lyon:

Lugdunum selber denn, gegründet am Fuß einer Spitze beim Zusammenfluss des Arar-Flusses und der Rhone, haben die Römer in Besitz. Es ist, abgesehen von Narbo, die volkreichste Stadt von allen, denn sie wird als Handelsplatz
5 benutzt, und die Statthalter der Römer prägen dort ihre Silber- und Goldmünzen; ferner liegt das von allen Galatern gemeinsam für Caesar Augustus gestiftete Heiligtum vor dieser Stadt an dem Zusammenfluss der Flüsse (es besteht aus einem stattlichen Altar mit einer Inschrift der Namen
10 der Völker – sechzig an der Zahl –, Bildnissen eines jeden dieser Völker).

Strabon, Geographika 4, 3, 2, nach: Strabon, a.a.O., S. 499–501

1. Fassen Sie mit eigenen Worten die wichtigsten Aspekte des von Strabon beschriebenen Heiligtums zusammen.
2. Erklären Sie mögliche Gründe für die Nennung der Stämme im Altar.
3. Erörtern Sie die Verbindung von religiöser und politischer Macht anhand dieser Quelle.

Vorder- und Rückseite einer römischen Münze.

▶ Beschreiben Sie Vorder- und Rückseite der Münze.
▶ Erläutern Sie, wer und was dargestellt sind.
▶ Ordnen Sie die Münze in ihren historischen Kontext ein.

M11 Umgang mit den Juden

Der Althistoriker Eckhard Meyer-Zwiffelhoffer beschreibt die Stellung der Juden im Römischen Reich:

Die Juden in Palästina und zum Teil auch in der Diaspora[1] waren die einzigen römischen Untertanen, die in ihrer Mehrheit die römische Herrschaft ablehnten. Zwar gestanden ihnen die Kaiser eine Lebensweise gemäß dem jüdischen Gesetz zu, doch stießen sie mit ihren Sitten und Pri-
5 vilegien – dass sie am Sabbath[2] nicht vor Gericht erscheinen oder keinen Militärdienst leisten mussten – bei ihrer nichtjüdischen Umgebung wie bei den römischen Statthaltern auf wenig Verständnis: Die Aufstände in Mesopotamien, der Kyrenaika und Ägypten (115–117) resultierten aus
10 Konflikten mit den griechischen und ägyptischen Nachbarn. Das jüdische Kernland in Galiläa, Judäa und Samaria war seit der Herrschaft des römischen Vasallenkönigs Herodes und seiner Dynastie die unruhigste Region des gesamten Imperiums geworden. Kleinere Aufstände waren
15 an der Tagesordnung, und das Bandenwesen war allenthalben anzutreffen. Verantwortlich dafür war eine explosive Mischung aus wirtschaftlicher Not vieler Kleinbauern und Pächter, massiven sozialen Spannungen zwischen der lokalen, zum Teil romfreundlichen jüdischen Aristokratie und der breiten Bevölkerung sowie religiösem Fanatismus und 20 Sektenbildung.
Seit der Fremdherrschaft der von Rom eingesetzten Herodes-Dynastie, die entgegen dem Herkommen über das Hohepriesteramt in Jerusalem verfügte, war der Traum von einem eigenen jüdischen Staat wieder virulent geworden. 25 Viele jüdische Sekten hegten Endzeiterwartungen oder hofften auf den Messias[3]. In den ersten Jahrzehnten nach der Zeitenwende traten zahlreiche Messiasfiguren auf und scharten Anhänger um sich; einer von ihnen war Jesus „Christus". Sie suchten zumeist den Konflikt mit der etab- 30 lierten Orthodoxie der Pharisäer, der jüdischen Aristokratie und den römischen Behörden – die Statthalter ließen Tausende von ihnen mitsamt ihren Anführern kreuzigen. Die gewaltsamen sozialen Spannungen unter den Juden und der religiöse Fanatismus der Zeloten („Eiferer")[4] und 35 anderer Gruppen führte – entzündet durch die Ignoranz und Verachtung der römischen Präfekten und später der

[1] **Diaspora** (griech.: Zerstreuung): die jüdischen Gemeinden außerhalb Palästinas
[2] **Sabbath**: wöchentlicher jüdischer Feier- und Ruhetag zur Erinnerung an die Schöpfung der Welt und an Israels Befreiung aus der ägyptischen Sklaverei
[3] Der erwartete Messias sollte die Juden von der römischen Fremdherrschaft befreien und das jüdische Reich wiedererrichten.
[4] jüdische Widerstandsbewegung

Plünderung des jüdischen Tempels in Jerusalem.
Ausschnitt aus einem Relief am Titusbogen auf dem Forum Romanum in Rom, nach 81.
Der Triumphbogen wurde vom Senat zu Ehren Kaiser Titus' (39–81) errichtet. Er eroberte mit seinem Heer im Jahre 70 die Stadt Jerusalem und zerstörte den jüdischen Tempel. Damit verloren die Juden ihr politisches und religiöses Zentrum. Das Relief zeigt römische Soldaten, wie sie ihre Beute aus dem jüdischen Tempel tragen. Dazu zählten u. a. der goldene Schaubrottisch mit den Silbertrompeten (rechts) sowie der goldene siebenarmige Leuchter (Menora; links von der Bildmitte).

▶ Erörtern Sie, warum die Soldaten mit den erbeuteten Kultgeräten auf dem Triumphbogen dargestellt wurden.

Prokuratoren von *Iudaea*[1] – zum Ausbruch der beiden großen jüdischen Aufstände, die tatsächlich die römische
40 Herrschaft infrage stellten (66–70/73 und 132–135). Sie mussten mit einem großen Aufgebot an Legionen, Auxiliarverbänden und Hilfstruppen der Vasallenfürsten niedergekämpft werden.

Eckhard Meyer-Zwiffelhoffer, Imperium Romanum, a.a.O., S. 84f.

1. Fassen Sie zusammen, was die Stellung des Judentums nach Meyer-Zwiffelhoffer charakterisierte.
2. Erklären Sie, warum die Juden oft unterdrückt worden sind, obwohl die Römer in religiösen Fragen in der Regel tolerant waren.
3. **Präsentation:** Erläutern Sie Gemeinsamkeiten und Unterschiede der Konflikte mit Rom im Juden- und im Christentum. Ziehen Sie dazu auch das Internet oder Lexika sowie M12 heran. Stellen Sie Ihre Ergebnisse in einem Kurzreferat vor.
4. Beurteilen Sie, inwiefern sich der jüdische Widerstand gegen Rom mit heutigen religiös begründeten Kriegen vergleichen lässt.

---

[1] Von 6 bis 70 n. Chr. war Iudaea Teil der römischen Provinz Syria, dann bis 135 n. Chr. eine eigenständige Provinz, die nach dem zweiten Aufstand in „Syria Palaestina" umbenannt wurde.

M12 Toleranzedikt des Kaisers Galerius

Der aus Nordafrika stammende christliche Autor Laktanz (um 250–nach 317) beschreibt in seiner Schrift „Über die Todesarten der Verfolger" die gewaltsamen Tode der Christenverfolger als Beweis für deren Fehlverhalten. Darin zitiert er einen aus dem Jahre 311 stammenden Erlass des Kaisers Galerius:

Unter den übrigen Verordnungen, die wir immer zu Nutz und Frommen des Staates erlassen, hatten wir seinerzeit den Willen bekundet, alles entsprechend den alten Gesetzen und der staatlichen Ordnung der Römer einzurichten
5 und dafür zu sorgen, dass auch die Christen, die die Religion ihrer Väter verlassen hatten, wieder zur Vernunft zurückkehrten. Aus irgendeinem Grunde hatte diese Christen ein solcher Eigensinn erfasst und solche Torheit befallen, dass sie nicht mehr den Grundsätzen der Alten folgten, die
10 vielleicht ihre eigenen Vorfahren zuerst eingeführt hatten, sondern sich nach eigenem Gutdünken und Belieben selbst Gesetze machten, an die sie sich hielten, und da und dort bunte Menschenmengen zu einer Gemeinde vereinigten. Nachdem dann von uns der Befehl ergangen war, dass sie
15 zu den Grundsätzen der Alten zurückkehren sollten, wurden viele in Prozesse auf Leben und Tod verwickelt, viele auch von Haus und Herd vertrieben. Da aber die meisten bei ihrem Vorsatz beharrten und wir sahen, dass sie weder den Göttern den Kult und die Verehrung zollten, die ihnen
20 gebührt, noch den Kult des Christengottes ausübten, so haben wir in Anbetracht unserer großen Milde und im Hinblick auf unsere ständige Gepflogenheit, allen Menschen Verzeihung zu gewähren, diese unsere bereitwilligst gewährte Nachsicht auch auf die Christen ausdehnen zu
25 müssen geglaubt. Sie sollen also erneut Christen sein und ihre Versammlungsstätten wiederherstellen, jedoch unter der Bedingung, dass sie nicht der Ordnung zuwiderhandeln. In einem weiteren Schreiben werden wir den Provinzstatthaltern Weisung erteilen, wie sie sich zu verhalten
30 haben. In Ansehung dieser unserer Gnade sollen die Christen daher zu ihrem Gott für unser Wohlergehen, das des Staates und ihr eigenes beten, auf dass der Staat in jeder Hinsicht unversehrt bleibe und sie sorglos in ihren Wohnsitzen leben können.

Laktanz, Über die Todesarten der Verfolger, 34, 1–5, nach: Hans Jürgen Hillen (Bearb.), Die Geschichte Roms. Römische und griechische Historiker berichten, Düsseldorf 2006, S. 384f.

Kaiser Konstantin I. („der Große").
Nachzeichnung eines Silbermedaillons, Durchmesser 2,5 cm, um 315. Zwei Jahre nach dem Toleranzedikt von Kaiser Galerius bestätigte Kaiser Konstantin I. die Anerkennung des Christentums als erlaubte Religion.

▶ Interpretieren Sie die Aussage des Medaillons. Beachten Sie dabei die am Helmbusch vorne und am Schild angebrachten Symbole.

---

1. Beschreiben Sie den Umgang des Römischen Reiches mit den Christen vor dem Umdenken Kaiser Galerius'.

2. Arbeiten Sie heraus, was Kaiser Galerius gegenüber den Christen beschließt und wie er dies begründet.

3. Nehmen Sie dazu Stellung, inwieweit den von Galerius genannten Gründen geglaubt werden kann.

4. Beurteilen Sie, ob der Erlass von Kaiser Galerius einen Neuanfang der römischen Religionspolitik bedeutet. Informieren Sie sich in diesem Zusammenhang über das Vorgehen Roms gegenüber den Christen vor allem ab der Mitte des 3. Jahrhunderts.

Säulen der Romanisierung im Kaiserreich

Kompetenzen anwenden

SPRACHE
- Tolerierung verschiedener Sprachen
- Verbreitung von Latein als Sprache Roms
- im Osten starke Stellung des Griechischen
- romanische Sprachen heute unter anderem: Italienisch, Französisch, Spanisch, Portugiesisch, Rumänisch

RELIGION
- Tolerierung verschiedener Religionen
- Verbreitung des Kaiserkults
- Probleme mit Monotheismus (Judentum und Christentum)
- Übernahme und Verbreitung des Christentums ab 311/313

STÄDTEBAU
- Gründung und Ausbau von Städten
- Bau von Brunnen, Thermen und Wasserleitungen
- Bau von Tempeln und Amphitheatern
- Anlage von Plätzen als Stadtzentren

WIRTSCHAFT
- Verbreitung von Geld (Münzen)
- Handel innerhalb des Römischen Reiches
- Interesse an Luxusgütern
- Ausbau der Verkehrswege

POLITIK
- Einrichtung von Provinzen
- Vergabe des Bürgerrechts außerhalb Roms
- politischer Aufstieg bis hin zum Kaiser
- Gültigkeit des römischen Rechts in den Provinzen

MILITÄR
- Eroberung
- Stationierung von Truppen
- Rekrutierung von Einheimischen
- Ansiedlung von Veteranen

M Das Imperium Romanum

Der Althistoriker Eckhard Meyer-Zwiffelhoffer schreibt über die Romanisierung im Römischen Reich:

Das Römische Reich zeichnet sich vor anderen Imperien dadurch aus, dass es seine provinziale Peripherie im Laufe der Zeit vollständig integrierte und den Unterschied zwischen herrschender Gesellschaft und unterworfenen Ge-
5 meinwesen aufhob. Dabei entsprach der wachsenden Integration der Provinzialbevölkerung eine schleichende Entwertung des römischen Bürgerstatus in politischer wie rechtlicher Hinsicht. [...] Wie bereits [...] Zeitgenossen gesehen hatten, spielten für diese Integrationsleistung die
10 Beteiligung provinzialer Gruppen an der Herrschaftsausübung und die Bürgerrechtsvergabe die entscheidende Rolle. Eine Partizipation einzelner indigener Gruppen an der über sie ausgeübten Kolonialherrschaft hat es zwar in vielen Imperien gegeben, doch Rom ging hier noch einen
15 Schritt weiter: Während sich die meisten Kolonialherrschaften auf die Kollaboration bzw. Kooperation der lokalen Aristokratie stützten, beließ es Rom nicht bei einer Zusammenarbeit auf lokaler oder provinzialer Ebene, sondern gestattete Teilen der kolonialen Elite, in das Zentrum
20 der Macht aufzusteigen und dort selbst die Position des Kaisers einzunehmen. [...] Die mit diesem politischen und sozialen Aufstieg verbundene Bürgerrechtsvergabe beschränkte sich nicht auf einzelne Ausnahmefälle für besondere Verdienste, wie dies auch in anderen Kolonialherr-
25 schaften vorkam. Rom setzte seit der Kaiserzeit systematisch auf die politische Integration aller für die Herrschaftsausübung wichtigen Gruppen, nicht nur auf die kolonialen Eliten, sondern auch auf Provinziale einfacher Herkunft. Möglich wurde diese enorme Ausweitung des
30 Bürgerverbandes, weil die mit dem Bürgerrecht verbundenen politischen Privilegien nur denjenigen Neubürgern, die in den Senat oder die kaiserliche Verwaltung aufstiegen, Einfluss auf die Herrschaftsausübung einräumten. Ein weiterer Grund lag darin, dass das römische Bürgerrecht we-
35 der ethnisch noch religiös fundiert war, sondern rechtlich-politischen Charakter besaß. [...] Rom setzte nicht nur auf die Kooperation der kolonialen Eliten, sondern formte diese nach seinen eigenen Vorstellungen. Dem diente die reichsweite Schaffung städtischer Selbstverwaltungseinheiten, die sich zugleich nach dem Muster bestehender
40 griechischer Poleis[1] und italischer Munizipien urbanistisch entwickelten oder entwickelt wurden. Diese (Selbst-)Romanisierung brachte eine reichsweit ziemlich homogene Führungsschicht hervor, die sich durch einen gemeinsamen Habitus[2] auszeichnete, über eine gemeinsame Bildungswelt
45 und Werteorientierung gebot und in den Städten einen repräsentativen Lebensstil pflegte, der sich im Prinzip nicht von dem in der Metropole Rom unterschied. Zusätzlich stärkte Rom die soziale Position der lokalen Eliten (*honestiores*[3]) gegenüber dem Rest der städtischen und
50 ländlichen Gesellschaften und zog damit die zentrale gesellschaftliche Trennlinie weniger zwischen Römern und Provinzialen, als zwischen Römern und provinzialen Eliten auf der einen Seite und den provinzialen (und später auch römischen) *humiliores*[4] auf der anderen.
55

Eckhard Meyer-Zwiffelhoffer, Imperium Romanum. Geschichte der römischen Provinzen, München 2009, S. 117–120

1. Fassen Sie die Kernaussagen des Textes in eigenen Worten zusammen.
2. Erläutern Sie, inwiefern sich das Imperium Romanum laut Meyer-Zwiffelhoffer von anderen Imperien oder Kolonialreichen unterschied.
3. Erläutern Sie, warum die Ausdehnung des Imperium Romanum „eine schleichende Entwertung des römischen Bürgerstatus" (vgl. Zeile 6 f.) verursachte.
4. **Gruppenarbeit / Präsentation:** Analysieren Sie ausgehend vom Text und auf der Basis Ihres Sachwissens, welche Folgen die Romanisierung in den Bereichen Gesellschaft, Wirtschaft, Politik und Kultur nach sich zog. Entwerfen Sie dazu in Gruppenarbeit eine Mindmap.
5. **Gruppenarbeit:** Diskutieren Sie in der Gruppe, inwiefern das Imperium Romanum durch die Romanisierung stabilisiert und gleichzeitig infrage gestellt wurde. Begründen Sie Ihre Meinung.

---

[1] **Poleis:** Plural von Polis: Stadtstaat
[2] **Habitus:** Art und Weise sich zu verhalten, Umgangsform
[3] **honestiores:** die Angehörigen der Elite
[4] **humiliores:** die Angehörigen der unteren Schichten

2.6 Wahlmodul: China und die imperialistischen Mächte

Zwischen 1840 und 1949 kam es in China zu gewaltigen Veränderungen. Die militärische Überlegenheit Großbritanniens zwang im ersten Opiumkrieg (1839–1842) China dazu, den Briten enorme Handelsvorteile zu gewähren. In späteren Kriegen nutzten Japan, Russland, die USA, Deutschland und Frankreich die militärische Schwäche Chinas, um Teile des Landes zu besetzen oder sich Vorteile im Handel zu verschaffen. Der Zusammenbruch des Kaisertums und die Einführung der Republik 1911/12 waren nicht zuletzt Folge der Unfähigkeit des politischen Systems Chinas, das Land zu reformieren und gegen äußere Feinde zu verteidigen. In jahrzehntelangen innenpolitischen Auseinandersetzungen und im Krieg gegen Japan gelang es schließlich der Kommunistischen Partei Chinas unter der Führung Mao Zedongs im Jahre 1949, an die Macht zu kommen und dem Land eine stabilere politische Ordnung zu geben.

Das Kapitel beschäftigt sich inhaltlich mit ...

dem Selbstverständnis und Weltbild der Chinesen und der Europäer

den chinesischen Kontakten mit den imperialistischen Mächten und ihren Folgen

den chinesischen Reaktionen auf den europäischen Einfluss zwischen Anpassung und Widerstand

Der ehemalige deutsche Bahnhof in Tsingtau (heute Qingdao) im deutschen Pachtgebiet Kiautschou.
Foto vom Sommer 1988.
In der chinesischen Hafenstadt Tsingtau haben sich bis heute Wohnhäuser, einige Kasernen und eine Brauerei aus der deutschen Kolonialzeit erhalten, die um die Jahrhundertwende entstanden sind.

▶ Setzen Sie das vorliegende Bauwerk in Beziehung zum Herkunftsland.

▶ Entwickeln Sie eine Vorstellung erfolgreichen Kulturtransfers, indem Sie konkrete Merkmale benennen, und überprüfen Sie, inwiefern ein solcher hier stattgefunden hat.

Orientierung

1644 - 1911	Die Qing-Dynastie herrscht im Kaiserreich China.	**Äußere und innere Krisen**
1793	Kaiser Qianlong empfängt den britischen Gesandten **Lord Macartney**, lehnt aber eine Öffnung Chinas für britische Waren und diplomatische Beziehungen zu Großbritannien ab.	
1839 - 1842	**Erster Opiumkrieg**; Großbritannien setzt im Vertrag von Nanjing die Öffnung chinesischer Häfen für britische Händler durch. Damit beginnt eine Serie „ungleicher Verträge".	
1851 - 1864	Der Taiping-Aufstand gegen die Qing-Dynastie kostet Millionen von Menschen das Leben.	
1856 - 1860	**Zweiter Opiumkrieg**; Großbritannien sichert sich zusammen mit anderen europäischen Staaten und den USA Sonderrechte in China.	
seit 1860	Im Rahmen der „**Selbststärkungsbewegung**" werden Modernisierungsmaßnahmen im Land ergriffen.	
1879	Japan besetzt die Ryūkyū-Inseln und gliedert sie unter dem Namen Okinawa in den eigenen Staat ein.	
1884 - 1885	Nach einem kurzen Krieg akzeptiert China die Vorherrschaft Frankreichs über Vietnam, obwohl das Land lange Zeit unter chinesischem Einfluss gestanden hat.	
1895	Der Vertrag von Shimonoseki besiegelt die Niederlage Chinas im Krieg gegen Japan. Ein „Wettlauf nach China" beginnt.	**„Wettlauf nach China"**
1897	Das Deutsche Reich besetzt die Bucht von Kiautschou im Osten Chinas.	
1898	Die „**Reform der hundert Tage**" des Kaisers Guangxu scheitert am Widerstand der Reformgegner.	
1899	Die USA fordern den freien Zugang zu den chinesischen Märkten („**Open Door Policy**").	
1900	Im **Boxeraufstand** erhebt sich die Landbevölkerung gegen den Einfluss ausländischer Mächte. Er wird mithilfe internationaler Truppen niedergeschlagen.	
1912	Nach dem **Ende des Kaisertums** wird die Republik ausgerufen.	
1919	Im Anschluss an den Ersten Weltkrieg (1914–1918) werden auf der Pariser Friedenskonferenz die deutschen Sonderrechte in Kiautschou auf Japan übertragen.	**Vom Ersten Weltkrieg zur Ausrufung der Volksrepublik**
1931	Mit der Besetzung der Mandschurei im Nordosten Chinas beginnt Japan die Eroberung chinesischer Gebiete.	
1937	Bei der Einnahme von Nanjing richten japanische Truppen ein Blutbad unter der Zivilbevölkerung an.	
1945	Nach dem **Abwurf von Atombomben auf Hiroshima und Nagasaki** erklärt Japan die Kapitulation und gibt auch seine Ansprüche auf dem asiatischen Festland auf. China gehört zu den Siegermächten des Zweiten Weltkrieges. Bis 1947 werden die noch existierenden „ungleichen Verträge" mit den USA und Großbritannien aufgelöst.	
1949	Mit dem Sieg der Kommunisten und der **Ausrufung der Volksrepublik China** (1. Oktober) endet der jahrzehntelange chinesische Bürgerkrieg.	
1950 - 1953	Im Koreakrieg unterstützt China das kommunistische Nordkorea, welches sich dank dieser Hilfe gegenüber dem von den USA und anderen westlichen Ländern unterstützte Südkorea behaupten kann.	

2.6 Wahlmodul: China und die imperialistischen Mächte

Porträt des Kaisers Qianlong (1711–1799).
Gemälde des italienischen Malers und Jesuiten Giuseppe Castiglione, Chinatinte auf Papier, um 1737.
Unter Kaiser Qianlong stand das chinesische Reich auf dem Höhepunkt seiner Macht und erreichte mit fast zwölf Millionen Quadratkilometern die größte Ausdehnung seiner Geschichte.

Internettipp
Einen guten Überblick über die Geschichte Chinas bietet Ihnen ein Dossier der Bundeszentrale für politische Bildung. Sie finden es unter dem Code 32202-17.

Die Blütezeit der Qing-Dynastie | Die chinesische Geschichte kennt im Gegensatz zur europäischen keine Epochen wie Altertum, Mittelalter und Neuzeit. Sie wird vielmehr in die Herrschaftszeiten der Geschlechter, aus denen die Kaiser stammten, unterteilt. Das chinesische Kaiserreich existierte mit wechselnden Dynastien von 221 v. Chr. bis 1911. Seit 1644 war die *Qing-Dynastie* an der Macht. Die ersten anderthalb Jahrhunderte ihrer Herrschaft stellen eine Blütezeit in der Geschichte Chinas dar (→M1).

Unter den Qing-Kaisern erreichte das Land seine größte territoriale Ausdehnung. Im Norden gehörte die Mongolei (einschließlich der heute unabhängigen Nordmongolei) zu China. Im Westen reichten die Grenzen fast bis an das Kaspische Meer und schlossen Tibet und das östliche Turkestan ein. An das Reich der Qing war ein Gürtel selbstständiger, aber abhängiger Staaten angelagert, der von den Ryūkyū-Inseln und Korea im Osten über Südostasien bis Nepal reichte.

Der territorialen Expansion nach außen entsprach ein enormes Bevölkerungswachstum im Innern. Seit Beginn der Qing-Herrschaft hatte sich die Bevölkerung verdreifacht. Um 1800 lebten knapp 300 Millionen Menschen in China. Dies entsprach rund 35 Prozent der Weltbevölkerung (→M2). Das große Bevölkerungswachstum war Ausdruck einer immer leistungsstärkeren Landwirtschaft. Neue Anbauflächen wurden in großem Umfang erschlossen, und man baute neue Produkte vornehmlich amerikanischen Ursprungs wie Süßkartoffeln, Mais, Erdnüsse, aber auch Tabak und Baumwolle an. In vielen Regionen waren erfolgreiche Ernten von der Kontrolle der Flüsse abhängig, sodass der Aufschwung der Landwirtschaft sich auch den staatlichen Wasserbauprojekten verdankte. Chinas territoriale, demografische und wirtschaftliche Größe war damit nicht zuletzt Ausdruck eines mächtigen Staates, der sich auf eine loyale Beamtenschaft und eine schlagkräftige Armee stützte. Beide waren auch deshalb notwendig, weil China kein homogener Nationalstaat war, sondern ein aus zahlreichen Ethnien, Sprachfamilien und Kulturgruppen zusammengesetztes *Vielvölkerreich*.

Der Niedergang im 19. Jahrhundert | China war im 18. Jahrhundert den europäischen Mächten mindestens ebenbürtig. Nicht nur die Landwirtschaft war äußerst leistungsfähig, auch der Bergbau, das Handwerk und der Handel brauchten keinen Vergleich zu scheuen. Zentrale Bedeutung kam der Textilindustrie und der Porzellanmanufaktur zu. In beiden Bereichen arbeiteten Hunderttausende von Menschen, und die Produkte wurden inner- und außerhalb Chinas verkauft. Auch wenn bis zum Ende des 18. Jahrhunderts über 90 Prozent der Bevölkerung auf dem Land lebten, blühten auch Bildung und Gelehrsamkeit. Theater eröffneten, und Druckereien ermöglichten einer immer größeren Zahl von Menschen den Zugang zu chinesischer Literatur. Gegen Ende des 18. Jahrhunderts mehrten sich allerdings auch die Krisensymptome. Das Vielvölkerreich hatte zunehmend mit Aufständen zu kämpfen, deren Niederschlagung die Staatsfinanzen belastete. Gleichzeitig stellte das Bevölkerungswachstum die Landwirtschaft vor immer größere Aufgaben, da nur ein kleiner Teil des chinesischen Bodens für den Ackerbau geeignet war. Und schließlich machten sich zunehmend Korruption und Ineffizienz von der Staatsspitze bis zu den unteren Rängen der Bürokratie bemerkbar.

„Das Reich der Mitte."
Foto vom französischen Diplomaten und Fotografen Auguste François, um 1900.
Bauern überqueren eine Hängebrücke, die die Provinz Yunnan im Südwesten Chinas mit Tibet verbindet. Brücken wie diese gab es im chinesischen Reich schon seit über 1000 Jahren.

Die ab 1800 zunehmend offenkundig werdenden Probleme entwickelten sich für China zur existenzgefährdenden Krise, da gleichzeitig Europa im Zuge der Industrialisierung einen enormen Aufschwung erlebte. Die Ersetzung der Handarbeit durch Maschinenarbeit und die Erzeugung von Energie durch Dampfkraft veränderten Wirtschaft und Gesellschaft zunächst in Großbritannien und anschließend in zahlreichen Ländern Europas und in den USA. Die Maschinisierung der Produktion ging einher mit Revolutionen im Transportwesen, zunächst durch Ausdehnung des Kanalsystems für die Schifffahrt, später durch die Eisenbahn und die Dampfschifffahrt. Die Industrielle Revolution machte schließlich aus dem Riesen China einen ökonomischen Zwerg.[1]

Chinesische Handelspolitik | Die chinesischen Herrscher schlossen ihr Reich nicht von der Welt ab, aber sie waren darauf bedacht, europäische Einflüsse unter Kontrolle zu halten. Der Handel mit Europa und den USA war nicht frei, sondern unterlag strikten Kontrollen. Lediglich im Hafen von Guangzhou (Kanton) durften Europäer und US-Amerikaner Geschäfte tätigen. Allerdings konnten sie nur mit einer begrenzten Zahl chinesischer Firmen Handel treiben, die von kaiserlichen Beamten dazu bestimmt wurden. Vor allem den Briten war dieses System ein Dorn im Auge. 1793 sandten sie eine von *Lord Macartney* (1737–1806) geführte Gesandtschaft, die den Kaiser Qianlong von einer liberaleren Handelspolitik überzeugen sollte. Aber Macartney hatte keinen Erfolg (→M3).

Die Chinesen hatten lange Zeit gar keinen Grund, ihre Grenzen zu öffnen, profitierten sie doch von dem bestehenden System in erheblichem Maße. Während Tee, Porzellan und Textilien aus China nach Europa, insbesondere Großbritannien, verkauft wurden, gab es kaum etwas, was die Chinesen aus Europa hätten einführen wollen. Die Handelsbilanz wies daher einen großen Überschuss aufseiten Chinas aus. Durch den Handel gelangte ein kontinuierlicher Fluss von Silbergeld in das ostasiatische Land, der wie ein dauerhaftes Konjunkturprogramm wirkte. Den Briten gefiel es dagegen nicht, dass die Chinesen ihre Märkte verschlossen und gleichzeitig in großem Umfang Waren nach Europa ausführten. Sie fanden mit Opium ein Produkt, das in China nicht hergestellt, aber in immer größerem Umfang nachgefragt wurde. So begannen britische und

---

[1] Siehe hierzu vergleichend die Statistik zur Weltindustrieproduktion auf Seite 135.

US-amerikanische Händler Ende des 18. Jahrhunderts, Opium aus dem britischen Indien und aus der Türkei nach China zu exportieren. Der chinesischen Regierung wurde schnell klar, dass dieses Rauschmittel nicht nur massive gesundheitliche Schäden bei den Konsumenten zur Folge hatte, sondern auch die Handelsbilanz zuungunsten Chinas veränderte. 1821 verbot sie den Opiumhandel, was allerdings keinerlei Konsequenzen hatte. Im Gegenteil, nachdem sich der Handel zwischen 1800 und 1833 verfünffacht hatte, verdoppelte er sich nochmals bis 1838. Der chinesischen Regierung missfiel diese Entwicklung, da in ihren Augen nun zu viel Silber das Land verließ. Dies brachte die chinesische Wirtschaft in ernsthafte Probleme. Sie beschloss daher, gegen das illegale Opiumgeschäft vorzugehen. 1839 schickte sie einen hochrangigen Beamten nach Guangzhou, der nach wochenlangen Auseinandersetzungen die Ausländer schließlich zwang, ihre Opiumvorräte zur Vernichtung herauszugeben.

„Sie haben dieses Gift auf der Stelle zu kaufen."
Karikatur aus der Pariser Satirezeitschrift „Le Charivari", 1840. Die französische Karikatur legt dem Engländer folgende Worte in den Mund: „Sie haben dieses Gift auf der Stelle zu kaufen, damit wir eine Menge Tee zum Verdauen unseres Roastbeefs bekommen."

▶ Interpretieren Sie Zeichnung und Text.

Opiumkriege und „ungleiche Verträge" | Das Vorgehen der chinesischen Regierung nahm Großbritannien zum Anlass, Krieg gegen das Reich der Mitte zu führen. Im Sommer 1839 wurde eine Flotte von 16 Kriegsschiffen entsandt, die ein Jahr später China erreichte. Das ostasiatische Land besaß keine Kriegsmarine im herkömmlichen Sinn, da bisher keine Gefahren von See gedroht hatten. Den Briten war es daher ein Leichtes, die traditionellen chinesischen Segelschiffe, Dschunken genannt, zu versenken. Um Häfen und Flussmündungen zu kontrollieren, reichte es in der Regel, ein einziges Schiff vor Ort zu lassen. So gelang es den Briten innerhalb von zwei Jahren, die wichtigsten Häfen und Flussmündungen zu beherrschen. Nach der Einnahme von Nanjing in Zentralchina konnten die Briten den Chinesen 1842 einen Vertrag diktieren, der alle ihre Forderungen enthielt. So musste China fünf von Großbritannien ausgesuchte Häfen für den Handel mit Großbritannien öffnen und den Briten erlauben, sich ihre chinesischen Geschäftspartner frei zu wählen. Die britischen Händler brauchten in den Hafenstädten nun nicht mehr in den von den chinesischen Behörden zugewiesenen Vierteln wohnen, sondern konnten sich ihren Wohnsitz innerhalb der fünf Städte frei aussuchen. Zu ihrem Schutz und ihrer Vertretung durften die Briten Konsulate in den Städten einrichten. Zölle und Abgaben auf importierte Waren mussten niedrig sein und verschafften so den britischen Händlern einen Wettbewerbsvorteil. Darüber hinaus trat China die Insel Hongkong an Großbritannien ab. Es dauerte schließlich über 150 Jahre, bis Hongkong 1997 zurück an China fiel. Angesichts dieser demütigenden Vereinbarungen erschienen die horrenden Beträge, die China an Großbritannien und britische Händler zahlen musste, fast zweitrangig.

Hatte der *erste Opiumkrieg* deutlich gemacht, dass Großbritannien in der Lage war, seine Interessen auch an der chinesischen Küste militärisch durchzusetzen, so zeigte der *zweite Opiumkrieg* (1856–1860), dass die Staaten Europas auch einen Landkrieg in

Briten greifen 1842 die chinesische Stadt Nanjing an.
Chinesische Darstellung, um 1842.

▶ Beschreiben Sie die dargestellte Szene.

▶ Analysieren Sie, warum die Briten den Chinesen im Kampf überlegen waren.

▶ Erklären Sie, inwiefern die Zeichnung einen „Krieg" darstellt.

China gewinnen konnten. Anlass war dieses Mal das Entern eines unter britischer Flagge segelnden chinesischen Schiffes durch chinesische Beamte, die illegalen Opiumschmuggel vermuteten. Als die gefangen genommenen Besatzungsmitglieder trotz des Verlangens Großbritanniens nicht freigelassen wurden, erklärten die Briten China den Krieg. Dieser Kriegserklärung schloss sich auch Frankreich an. Russland und die USA blieben offiziell neutral, nutzten aber diese Position ihrerseits zum Abschluss vorteilhafter Abkommen mit China. Nachdem 1858 ein Friedensvertrag unterzeichnet worden war, begann der Krieg von Neuem, als der chinesische Kaiser die Einrichtung diplomatischer Vertretungen seiner Kriegsgegner in der Hauptstadt Peking ablehnte. Daraufhin marschierte 1860 eine britisch-französische Armee nach Peking und verwüstete die kaiserlichen Paläste. Die 1858 und 1860 unterzeichneten Verträge ergänzten den Vertrag von 1842 und weitere in der Zwischenzeit geschlossene Vereinbarungen. Die Briten unterlagen nun nicht mehr der chinesischen Justiz, und sie genossen bei Besitz eines britischen Passes Reisefreiheit im Kaiserreich. Eine große Zahl von Städten am Meer und an Flüssen wurde für den britischen Handel geöffnet. Andere europäische Staaten, die USA und sogar einige Staaten in Lateinamerika schlossen ähnlich lautende Verträge mit China ab. Das ostasiatische Land musste seinen Untertanen darüber hinaus erlauben, auszuwandern.

Die Opiumkriege und die „ungleichen Verträge" unterwarfen letztlich die chinesische Außen- und Handelspolitik europäischen und US-amerikanischen Forderungen. Die harschen Bedingungen der Verträge schienen darüber hinaus sicherzustellen, dass es China nicht gelingen würde, das internationale Machtverhältnis zu seinen Gunsten zu verschieben. Die Europäer und US-Amerikaner profitierten von der Öffnung Chinas, da sie nun ihre Waren hier verkaufen konnten, auch wenn die Märkte nicht so viel Profit abwarfen wie ursprünglich erhofft. Die chinesische Wirtschaft wurde aber wie beabsichtigt stärker mit Europa und den USA verbunden. Denn schließlich hatten sich die Sieger der Opiumkriege niedrige Zölle und sogar die Einfuhr der von China verbotenen Droge Opium garantieren lassen.

„Tianwang, der Taipingkaiser."
Zeitgenössischer Holzstich. Der chinesische Revolutionär Hong Xiuquan (1814–1864) führte den Taiping-Aufstand an. Er sah sich als jüngerer Bruder Jesu Christi und verband christliche mit chinesischen religiösen Vorstellungen. 1851 nahm er den Titel „Himmlischer König" („Tianwang") an.

Innere Krisen und Aufstände | Die „ungleichen Verträge" verstärkten die wirtschaftlichen und sozialen Probleme Chinas, die sich seit dem Ende des 18. Jahrhunderts abgezeichnet hatten. Die Spannungen entluden sich in Aufständen, die sich zum Teil zu Bürgerkriegen entwickelten. Schätzungsweise etwa 20 Millionen Chinesen starben beim *Taiping-Aufstand* (1851–1864). Er richtete sich gegen die Qing-Dynastie, die aufgrund ihrer Herkunft aus der Mandschurei im Nordosten Chinas als unchinesisch verurteilt wurde. Den Aufständischen gelang es, große Gebiete in Zentral- und Ostchina zu erobern. Der Versuch, 1853 Peking einzunehmen, scheiterte allerdings. Die Stadt Nanjing blieb jedoch bis 1864 in den Händen der Rebellen (→ M4). Gleichzeitig mit dem Aufstand im Südosten wurde die Qing-Dynastie von der *Nian-Rebellion* im Norden des Landes bedroht (1861–1868), und zwischen 1855 und 1877 tobten im Südwesten, im Nordwesten sowie in Turkestan *Aufstände von Muslimen*, die insgesamt zehn Millionen Todesopfer forderten. Ende der 1860er-Jahre hatte China sich daher nicht nur aufgrund des Eindringens der Europäer und US-Amerikaner, sondern auch aufgrund dieser blutigen Bürgerkriege radikal geändert. Große Teile des Landes waren verwüstet, Millionen Menschen waren gestorben, die Landwirtschaft lag darnieder und die Staatsfinanzen waren am Ende. Hohe Zivilbeamte in den Provinzen (*Provinzgouverneure*), die zugleich als Generäle die siegreichen Qing-Truppen geführt hatten, besaßen nun ungeheure Macht und nahmen die politische Führungsrolle ein. Dadurch wurde die Zentralregierung in Peking stark geschwächt, zumal seit 1862 alle Kaiser als Minderjährige auf den Thron gelangten.

Das Chinabild der Europäer | Bevor die Europäer sich im 19. Jahrhundert mit Waffengewalt Zugang nach China verschafften, war das Wissen über China in Europa auf die Berichte von Missionaren und Händlern angewiesen. Gebildete Kreise in Europa bewunderten chinesisches Porzellan, bestaunten die Abbildungen chinesischer Architektur und tranken Tee aus China, aber ein realistisches und fundiertes Bild von China besaßen sie nicht. So entstanden im Zeitalter der Aufklärung Idealvorstellungen von China, die wenig mit dem tatsächlich existierenden China zu tun hatten. Für manche Aufklärer war China ein hochkultiviertes Land, in dem kluge Monarchen von feingeistigen Philosophen beraten wurden und zum Wohle ihres Volkes weise Entscheidungen trafen. Andere Europäer sahen dagegen in China ein despotisches System, in dem sich der allmächtige Kaiser mit einer privilegierten Klasse von Beratern von der Gesellschaft abschottete und seine Untertanen willkürlich belohnte und bestrafte. Solche Idealvorstellungen hatten wenig mit China zu tun. Sie dienten vielmehr dazu, die europäischen Verhältnisse zu beschreiben und zu kritisieren, ohne dass man konkret europäische Herrscher benennen musste.

Dennoch hatten die intellektuellen Entwicklungen des 18. Jahrhunderts großen Einfluss auf die europäischen Vorstellungen von China. Denn im 18. Jahrhundert entstand in gebildeten europäischen Kreisen ein Überlegenheitsgefühl gegenüber all jenen, die nicht Teil der europäischen Hochkultur waren. Anstatt andere Länder in ihrer kulturellen Andersheit zu respektieren, setzte sich die Vorstellung durch, dass es nur eine Zivilisation gibt, nämlich jene, die sich mit dem Siegeszug der aufgeklärten Vernunft in Europa im 18. Jahrhundert Bahn gebrochen hatte. Die Vorstellung von der

2.6 Wahlmodul: China und die imperialistischen Mächte

Überlegenheit der europäischen Zivilisation ging einher mit der Überzeugung, dass die Europäer die Verpflichtung hatten, die Wohltaten der Zivilisation in der ganzen Welt zu verbreiten. Solche Vorstellungen hätten wenig Bedeutung besessen, hätte nicht die Industrialisierung das Machtverhältnis zwischen Europa und der Welt grundlegend verändert. Erst dadurch, dass die Industrialisierung in Europa begann, gewannen europäische Länder den materiellen Reichtum und die militärische Fähigkeit, in China zu intervenieren und dort ihre Interessen durchzusetzen. So lieferte die Industrialisierung auf der einen Seite die Voraussetzungen für die europäische Vormacht und diente auf der anderen Seite den Europäern als Nachweis für ihre angebliche kulturelle Überlegenheit. Denn man meinte, dass nur Europa jenen zivilisatorischen Fortschritt hervorbringen könne, welcher die Grundlage der technologisch-militärischen Macht darstellte.

Das Überlegenheitsgefühl der Europäer, sowie später auch der US-Amerikaner und der Japaner, drückte sich auch in einem anti-chinesischen Rassismus aus. Die Chinesen galten vielen Europäern nicht als gleichwertige Menschen, sondern als eine degenerierte oder minderwertige Rasse, welche nicht in der Lage sei, eine geordnete Gesellschaft zu errichten. Der Rassismus legitimierte die Interventionen in China und die zahlreichen Verbrechen, welche Europäer und Japaner in China begingen.

Japanisch-Chinesischer Krieg (1894/95) | Im letzten Viertel des 19. Jahrhunderts nahm der ausländische Einfluss in China eine neue Qualität an. China verlor seine vorherrschende Stellung in Ostasien und musste fremden Mächten im eigenen Land immer umfassendere Rechte gewähren. Ein besonderer Schock war es für die chinesische Elite, dass das – im Vergleich zu China – kleine Japan sich im letzten Drittel des Jahrhunderts zu einer neuen regionalen Vormacht entwickelte. Japan hatte seit 1867 große

China von der Mitte des 19. bis zum Anfang des 20. Jahrhunderts.

2.6 Wahlmodul: China und die imperialistischen Mächte

Reformprojekte in Angriff genommen, um die Selbstständigkeit des Landes gegenüber den europäischen Mächten und den USA zu verteidigen. Diese Reformen verschoben auch die Machtbalance im Verhältnis zu China. 1879 besetzte Japan die bis dahin unabhängigen, aber eng mit China verbundenen Ryūkyū-Inseln und gliederte sie als Präfektur Okinawa in sein Staatsgebiet ein. Schon fünf Jahre zuvor hatte die Regierung in Tokio Kriegsschiffe nach Taiwan geschickt, um dort eine sogenannte „Strafexpedition" durchzuführen. China war nicht in der Lage, sich gegen diese Aggression zu verteidigen, und musste schließlich sogar Entschädigungszahlungen an Japan leisten.

Zum zentralen Streitpunkt wurde schließlich Korea. 1894 besetzte Japan die von China abhängige Halbinsel und erklärte den Krieg. Trotz jahrzehntelanger Modernisierungsbemühungen unterlag die chinesische Kriegsmarine den japanischen Streitkräften. Den Japanern gelang es, in wenigen Schlachten die chinesischen Verbände fast völlig zu vernichten, sodass Japan die Friedensbedingungen 1895 diktieren konnte. China musste im *Vertrag von Shimonoseki* unter anderem Taiwan als Kolonie an Japan abtreten, die Unabhängigkeit Koreas anerkennen, chinesische Häfen für den japanischen Außenhandel öffnen und sich zu Entschädigungszahlungen an Japan verpflichten, die ein Vielfaches der jährlichen Staatseinnahmen betrugen.

Imperialistische Herrschaft in China

Die Niederlage gegen Japan löste einen „Wettlauf nach China" aus. Denn nun wollten sich auch andere Länder im chinesischen Machtbereich Einflusssphären sichern. Frankreich hatte sich nach zweijährigem Krieg schon 1885 die Herrschaft über das vormals von China dominierte Vietnam gesichert. 1897 nahm das Deutsche Reich die Ermordung zweier deutscher Missionare zum Anlass, die Kiautschou-Bucht (Provinz Shandong) im Osten Chinas zu besetzen. Da China nicht in der Lage war, das Gebiet zu verteidigen, willigte es in einen Vertrag ein, in dem das Deutsche Reich Kiautschou für 99 Jahre pachtete. Theoretisch blieb Kiautschou ein Teil Chinas, tatsächlich wurde es eine deutsche Kolonie, von der aus die wirtschaftliche Durchdringung Chinas von deutscher Seite vorangetrieben werden sollte. Den Deutschen folgten in kurzem Abstand andere Länder. 1898 pachtete Russland die Hafenstadt Lüshun (Port Arthur) im Nordosten des Landes, Großbritannien das in der Provinz Shandong gelegene Weihaiwei. Zudem erweiterten die Briten das Territorium von Hongkong durch einen weiteren Pachtvertrag. Frankreich übernahm hingegen das an der südchinesischen Küste gelegene Guangzhouwan. Die Pachtgebiete dienten den imperialistischen Mächten als Brückenköpfe, um ihren wirtschaftlichen und politischen Einfluss in China auszubauen. Um die eigene Position zu verbessern, ließen sich Japan, Frankreich, Großbritannien und das Deutsche Reich sogenannte „Interessensphären" zuteilen, die ohne ihr Einverständnis nicht an andere Länder vergeben werden konnten. Denn längst ging es den ausländischen Mächten nicht mehr allein darum, ihre Waren in China zu verkaufen. Ihnen lag vielmehr daran,

„Ein Spuk am hellen, lichten Tage."
Karikatur aus „Der Wahre Jacob" vom 11. September 1911.

▶ Beschreiben Sie die Karikatur.

▶ Analysieren Sie, wie der Zeichner die Situation Chinas im Jahre 1911 deutet.

▶ Vergleichen Sie die in der Karikatur dargestellte Lage Chinas mit der heutigen Stellung des Landes.

die Wirtschaft in China zu kontrollieren. Europäische und japanische Firmen sicherten sich die Vorrechte für den von China bezahlten Bau von Eisenbahnlinien. Sie beuteten Bodenschätze aus und spielten eine immer größere Rolle im Finanzwesen des Landes. Alles schien darauf hinzudeuten, dass China von den imperialistischen Mächten in Kolonien geteilt werden würde. Gegen diese Entwicklung protestierten allerdings die USA. In Washington versprach man sich von einer für alle interessierten Mächte „offenen Tür" in China („*Open Door Policy*") einen größeren Nutzen für die heimischen Wirtschaftsinteressen und pochte deshalb darauf, dass China als – zumindest auf dem Papier – selbstständiger Staat erhalten blieb (→M5). So rettete letztlich die Konkurrenz unter den imperialistischen Ländern die staatliche Einheit eines auf seine Kernterritorien geschrumpften Chinas.

Reformversuche und Intrigen | Seit etwa 1860 unternahm eine Reihe von Provinzgouverneuren im Rahmen der sogenannten *Selbststärkungsbewegung* Anstrengungen, insbesondere das Militär den modernen Anforderungen anzupassen. Es wurde eine Werft- und Rüstungsindustrie aufgebaut sowie Eisenbahn- und Telegrafenlinien errichtet. Einige wenige Spezialschulen sollten chinesische Experten in Völkerrecht, Fremdsprachen und moderner Technologie heranbilden. Gleichzeitig bestanden aber große Ängste, China zu sehr zu verändern (→M6). Die politische und soziale Ordnung sollte so weit wie möglich erhalten bleiben. Nach der Niederlage gegen Japan und den zahlreichen Gebietsabtretungen waren Reformen dringender geboten als je zuvor. Im Juni 1898 griff der junge Kaiser *Guangxu* (1871–1908) Ideen einer Gruppe radikaler Reformer auf und erließ in den folgenden drei Monaten 27 Gesetzesbestimmungen, um China zu modernisieren. Die sogenannte *Reform der hundert Tage* zielte vor allem auf eine Veränderung des Bildungswesens und des Beamtenapparates. Sie sollte den Staat effizienter machen und eine neue Mentalität der chinesischen Politik hervorbringen. Ein solches Projekt musste auf den erbitterten Widerstand all jener Kräfte stoßen, die von der existierenden Bürokratie profitierten. Und tatsächlich gelang es den Reformgegnern unter Führung der Kaiserinwitwe *Cixi* (1835–1908), die Reformen zu stoppen. Der junge Kaiser wurde zwar nicht abgesetzt, aber entmachtet. Führende Vertreter des Reformvorhabens wurden verhaftet und hingerichtet. Die Monarchie hatte sich als unfähig erwiesen, sich den Anforderungen der Zeit anzupassen (→M7).

Boxeraufstand und Ende des Kaiserreiches | Unabhängig von den Reformbemühungen an der Spitze des Staates hatte sich Ende der 1890er-Jahre in der nordchinesischen Provinz Shandong eine Volksbewegung entwickelt, die in den Ausländern den Grund für ihre Misere sah. Der Fremdenhass entlud sich besonders gegenüber christlichen Missionaren, die aus Europa nach China kamen (→M8). Anhänger der **Boxerbewegung** töteten Missionare und stritten unter der Parole „Unterstützt die Qing, vernichtet die Fremden" für ein von ausländischen Einflüssen freies China (→M9). Als die Aufständischen in Peking das Gesandtschaftsviertel belagerten, schloss sich die Kaiserinwitwe Cixi der Erhebung an und erklärte den imperialistischen Mächten den Krieg. Dies stärkte die Boxerbewegung und führte zur Ermordung Hunderter Europäer und Tausender chinesischer Christen. Sechs europäische Länder, Japan und die USA schickten daraufhin Truppen nach China. Ein Expeditionsheer marschierte nach Peking, befreite das belagerte Gesandtschaftsviertel und zerschlug mit großer Brutalität die Boxerbewegung (→M10). Im *Boxerprotokoll* von 1901 musste China die Mandschurei an Russland abtreten und sich zu der gigantischen Zahlung von 67 Millionen Pfund Sterling verpflichten. Darüber hinaus durften die ausländischen Mächte nun Maßnahmen ergreifen, um ihre Staatsangehörigen in Peking und anderswo militärisch zu schützen. China blieb zwar formal unabhängig, nach dem Boxeraufstand konnte die chinesische Regierung aber endgültig keine Politik der Abschottung mehr betreiben. Unter den chinesischen Eliten bestand nun Einigkeit darüber, dass internationale Gleichberechtigung für China nur zu erreichen war, wenn es sich stärker an ausländischen Modellen orientierte (v. a. Japan, aber auch die USA und Europa).

Boxerbewegung: Die Bewegung wurde nach den Kampfübungen ihrer Anhänger oder ihrem Namen „In Rechtschaffenheit vereinigte Faustkämpfer" benannt.

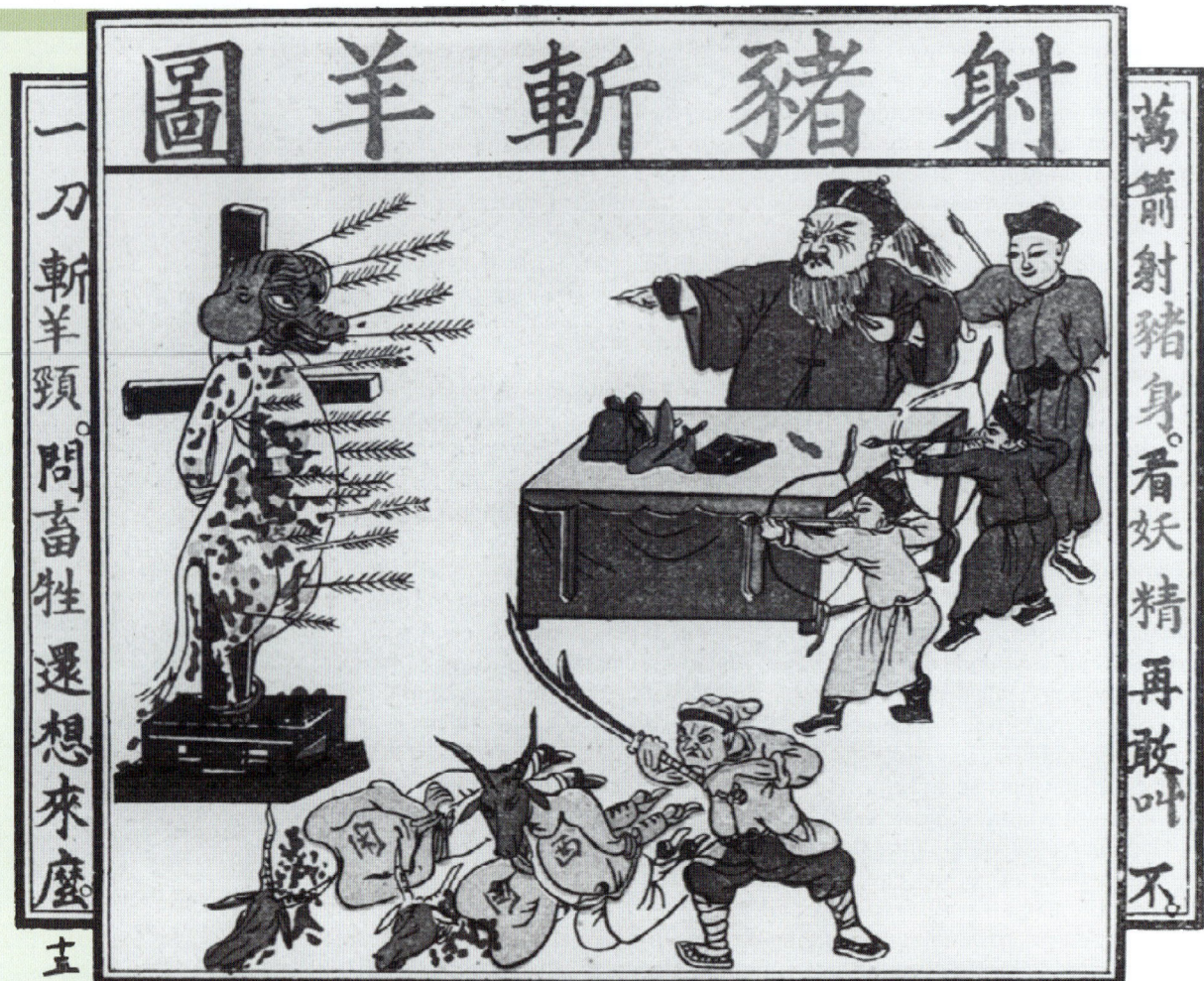

„Das Schwein erschießen und die Ziegen köpfen!"
Chinesisches antichristliches Plakat, um 1900.
Das Schwein ganz links steht für Jesus Christus, die Ziegen am unteren Bildrand sollen Ausländer versinnbildlichen.

▶ Charakterisieren Sie die dargestellten Personen.

▶ Arbeiten Sie heraus, an welchen Adressatenkreis sich die Darstellung richtet.

▶ Interpretieren Sie die „Botschaft" des Plakates.

Um die Jahrhundertwende schien die Qing-Dynastie am Ende. Sie hatte sich als unfähig erwiesen, sich zu reformieren, und unfähig, einen Volksaufstand gegen die ausländischen Mächte erfolgreich anzuführen. So gewannen jene Bewegungen an Bedeutung, die die politische Ordnung ändern wollten. Der Qing-Hof selbst legte die Grundlagen zur Entstehung einer konstitutionellen Monarchie, radikale Revolutionäre hingegen plädierten für die Abschaffung der Monarchie und Einführung der Republik. Alle diese Bewegungen profitierten von den Kontakten nach Europa und den USA, da sie dort Anregungen für Veränderungen des politischen Systems bekamen. Gleichzeitig erschwerte die Präsenz der imperialistischen Mächte es der chinesischen Regierung, die Opposition zu unterdrücken, da die Revolutionäre in den ausländischen Konzessionsgebieten sicheren Unterschlupf finden konnten. Der Wechsel lag also schon seit Jahren in der Luft, als im Oktober 1911 die republikanische Revolution ausbrach. Innerhalb von Wochen schlossen sich zahlreiche Provinzen der Erhebung an und erklärten sich von Peking unabhängig. Auf einem Treffen der aufständischen Provinzen wählten sie den westlich geprägten Arzt und revolutionären Reformer *Sun Yatsen* (1866/70–1925) zum Provisorischen Präsidenten der *Republik China*. Im Februar 1912 dankte der letzte chinesische Kaiser ab. Das mehr als 2000 Jahre alte chinesische Kaiserreich existierte nicht mehr.

Bürgerkriege | Die Ausrufung der Republik ist zwar ein markantes Datum der chinesischen Geschichte, sie führte aber nicht zu einem grundsätzlichen Kurswechsel. Im Gegenteil, der Zerfall des Landes in unterschiedliche Parteien und Provinzen ging unvermindert weiter. Daran änderte auch die Verabschiedung einer Verfassung (1912) und die Wahl eines Parlaments (1913) nichts. Der neue Präsident *Yuan Shikai* (1859–1916) erwies sich als autoritärer Machthaber, der seine Macht nicht mit anderen Verfassungsorganen teilen wollte. So ließ er bald nach der Wahl des Parlaments die mit Abstand größte Partei, die *Guomindang* (Nationalpartei), verbieten und löste das Parlament und alle Provinzversammlungen auf. Als Yuan sich 1915 selbst zum Kaiser proklamieren ließ, überspannte er den Bogen endgültig. Seine wichtigste Stütze, das Militär, erhob sich. Yuan trat zurück und starb kurz darauf. Das schnelle Scheitern der republikanischen Ordnung führte zu einem jahrzehntelangen *Bürgerkrieg*, in dem eine ganze Reihe von politischen Kräften in wechselnden Bündnissen gegeneinander kämpfte. In den 1920er-Jahren gewannen zwei zunächst eng kooperierende, bald jedoch heftig verfeindete Parteien die Oberhand. Auf der einen Seite die Guomindang, die sich zunächst eng mit der Sowjetunion verbündet hatte, dann aber in brutalen Säuberungsaktionen alle Kommunisten in den eigenen Reihen beseitigte. Auf der anderen Seite eine zunächst kleine kommunistische Partei, die dank der Neuorientierung der Guomindang großen Zulauf erhielt und sich unter der Leitung *Mao Zedongs* (1893–1976) seit Ende der 1920er-Jahre zunächst in ländlichen Gegenden Chinas eine Machtbasis erarbeitete (→M11). Erst 1949, nach einem fast 20-jährigen und nur für wenige Jahre unterbrochenen Bürgerkrieg, setzten sich die Kommunisten endgültig durch.[1]

Japanische Interventionen | Der Zerfall Chinas drückte sich auch in der zunehmenden Einmischung Japans aus. Für die Geschichte Chinas gilt daher nicht, dass der Erste Weltkrieg das Ende des imperialistischen Zeitalters markierte. Im Gegenteil, zwar beendete der Krieg den deutschen Einfluss im Reich der Mitte, dafür aber spielte Japan im Laufe der nächsten Jahre eine immer größere Rolle. 1914 eroberte Japan den deutschen Stützpunkt Tsingtau in Nordostchina und erhielt auf der Pariser Friedenskonferenz 1919 trotz vehementer Proteste in China von der Regierung in Peking die deutschen Sonderrechte in Kiautschou übertragen sowie eine Verlängerung der Pachtverträge in der Mandschurei, die Japan nach dem siegreichen Krieg gegen Russland 1905 übernommen hatte. Japan hatte somit in drei Kriegen (1894/95 gegen China, 1904/05 gegen Russland, 1914–1918 im Ersten Weltkrieg an der Seite Großbritanniens gegen Deutschland) eine Vormachtstellung in Ostasien errungen. Die Hoffnung der chinesischen Regierung und der öffentlichen Meinung, die Vorstöße Japans in chinesische Gebiete würden von den Siegermächten nach dem Ersten Weltkrieg verurteilt, erfüllte sich nicht. Auch wenn China Deutschland 1917 den Krieg erklärt hatte, so wurde es doch weiterhin nicht als ein gleichberechtigter Verhandlungspartner angesehen.

China im Zweiten Weltkrieg | Die Geschichte des Zweiten Weltkrieges in Ostasien ist eng mit der imperialistischen Expansion Japans auf das asiatische Festland verbunden. Nachdem Japan seit dem Ersten Weltkrieg zunehmend Einfluss auf die Politik und Wirtschaft Chinas gewonnen hatte, ging das Land in den 1930er-Jahren dazu über, chinesisches Staatsgebiet zu annektieren. 1931 besetzte Japan die Mandschurei und gründete dort einen „Marionettenstaat", an dessen Spitze es den letzten Kaiser Chinas stellte (zunächst als Präsident, ab 1934 als Kaiser). In den folgenden Jahren gelang es Japan, die Kontrolle über die Mongolei und Teile Nordchinas zu erhalten, auch wenn diese Gebiete formal weiterhin zu China gehörten. Als im Anschluss an einen Schusswechsel zwischen japanischen und chinesischen Soldaten in der Nähe von Peking 1937

---

[1] Siehe hierzu Seite 122 f.

offene Kriegshandlungen zwischen Japan und China ausbrachen, war dies zugleich der Beginn des Zweiten Weltkrieges in Asien. Japan gelang es, große Gebiete an den chinesischen Küsten zu erobern und dort „Marionettenregierungen" einzurichten. Auch Nanjing, das zwischenzeitlich Hauptstadt der Republik China geworden war, nahmen 1937 japanische Truppen ein. Sie richteten dort ein Blutbad unter der Zivilbevölkerung an, das nach vorsichtigen Schätzungen 150 000 Menschen das Leben kostete. Die chinesische Regierung war längst in schwerer zugängliche Gebiete geflohen (→ M12).

Den Japanern gelang es allerdings zu keinem Zeitpunkt, ganz China zu erobern. Denn sie kämpften gleichzeitig gegen die verschiedenen Armeen der chinesischen Bürgerkriegsparteien. China wurde zudem von Russland und den formal neutralen USA mit Waffen und Material unterstützt. Russland war seit dem Krieg von 1904/05 ein Gegner Japans in Ostasien und gleichzeitig seit 1941 der stärkste Verbündete Großbritanniens im europäischen Krieg gegen das nationalsozialistische Deutschland. Der japanische Angriff auf die US-Marinebasis in Pearl Harbor (Hawaii) im Dezember 1941 gab dem Krieg in Ostasien eine entscheidende Wende. China wurde zum wichtigsten asiatischen Verbündeten der USA im Kampf gegen Japan. Als die Atombombenabwürfe auf Hiroshima und Nagasaki Japan 1945 zur Kapitulation zwangen, bedeutete dies auch die Aufgabe aller japanischen Ansprüche auf dem asiatischen Festland. Da China nun zu den Siegermächten des Zweiten Weltkrieges gehörte, wurden die noch bestehenden „ungleichen Verträge" mit den USA und Großbritannien bis 1947 aufgehoben.

Die Revolution von 1949
Innenpolitisch stand China am Ende des Zweiten Weltkrieges nicht besser da als am Ende des Ersten. Im Land brach der während der Kriegsjahre aufgeschobene blutige Bürgerkrieg wieder aus, und es stand zu befürchten, dass angesichts der inneren Konflikte die neuen Supermächte USA und Sowjetunion nun an die Stelle der alten imperialistischen Mächte treten würden. Anders als in den 1920er-Jahren gelang es aber in der zweiten Hälfte der 1940er-Jahre der *Kommunistischen Partei Chinas* relativ rasch, die Oberhand zu gewinnen. Innerhalb von nur vier Jahren besiegte sie ihren großen Gegner, die Guomindang, vollständig und zwang ihn, sich auf die Insel Taiwan zurückzuziehen.

Am 1. Oktober 1949 proklamierte Mao Zedong die *Volksrepublik China*. Die Regierung der Kommunisten beendete die Epoche der Bürgerkriege und baute einen stabilen und mächtigen Staat auf (→ M13). Dieser Staat bediente sich von Beginn an brutaler und häufig terroristischer Methoden, um Widerstand oder auch nur Kritik zu unterdrücken. Gleichzeitig leitete er grundlegende Reformen ein, z. B. hinsichtlich der Gleichstellung der Frau und der Verteilung der landwirtschaftlich nutzbaren Flächen.

China behauptet sich
Die Machtergreifung der Kommunisten führte zu einem selbstbewussteren Auftreten nach außen. Die Mandschurei war schon 1946 an China zurückgefallen, und 1950 besetzte China erneut Tibet, das sich nach der Ausrufung der Republik 1912 mit britischer Hilfe für unabhängig erklärt hatte. Die Äußere Mongolei blieb dagegen ein unabhängiger, eng mit der Sowjetunion verbundener Staat, während die Innere Mongolei 1947 eine autonome Region Chinas wurde. Auch Taiwan bewahrte unter der Führung der Guomindang seine Selbstständigkeit gegenüber dem kommunistischen China.

Der entscheidende Konflikt spielte sich in Korea ab, das bis zur japanischen Besetzung 1894 ein von China abhängiger Staat gewesen war. Hier hatten sich die Sowjetunion und die USA nach dem Zweiten Weltkrieg auf eine Zweiteilung geeinigt, wobei der Süden zur US-amerikanischen Einflusssphäre wurde. In den Augen der chinesischen Führung konnte dies nur als Fortsetzung der imperialistischen Politik Japans verstanden werden. Mit sowjetischer Einwilligung und Unterstützung überfiel Nordkorea 1950 Südkorea. Daraufhin schickten die Vereinten Nationen eine internationale Streitmacht unter amerikanischer Führung. Diese Armee vertrieb nicht nur die nordkoreanischen Streitkräfte, sondern rückte weit nach Nordkorea vor. Dies musste die chinesische Regierung

---

Internettipp
Eine Biografie Maos sowie eine Zusammenfassung seiner Regierungszeit von 1949 bis 1976 finden Sie unter dem Code **32202-18**.

alarmieren, war doch auch der Boxeraufstand gegen die Ausländer fünfzig Jahre zuvor von einer internationalen Streitmacht unterdrückt worden. China war daher an der Existenz eines anti-US-amerikanischen Nordkoreas interessiert und schickte seine Streitkräfte in den Krieg gegen die von den USA geführten Truppen.

Anders als in den Jahrzehnten zuvor erwiesen sich die chinesischen Streitkräfte ihren europäischen und US-amerikanischen Gegnern aber dieses Mal als gleichwertig. Keine der beiden Seiten war in der Lage, sich entscheidende Vorteile zu erkämpfen. Der Krieg endete schließlich 1953 durch einen Waffenstillstand. Er bestätigte im Großen und Ganzen die alten Grenzlinien zwischen Nord- und Südkorea. China hatte seine Feinde zwar nicht vom ostasiatischen Festland vertreiben können. Es war nun aber erstmals seit dem ersten Opiumkrieg von 1839 in der Lage, ausländische Armeen von seinen Grenzen fernzuhalten. So konnte China wieder beginnen, eine eigenständige Politik in und außerhalb des Landes zu verfolgen.

Ausrufung der Volksrepublik China.
Foto vom 1. Oktober 1949.
Mao Zedong spricht auf einer Rednertribüne auf dem Tiananmen-Platz (Platz des Himmlischen Friedens) in Peking vor etwa 300 000 Menschen. Er war von 1945 bis 1976 Vorsitzender der Kommunistischen Partei Chinas. Von 1949 bis 1954 stand er der zentralen Volksregierung vor, von 1954 bis 1959 übte er das Amt des Staatspräsidenten der Volksrepublik China aus.

Kaiser Qianlong bei einem Siegesfest nach dem Feldzug gegen die Westmongolen (Ausschnitt).
Chinesisches Rollenbild von Lang Shihning, 1760.

M1 Blütezeit der Qing-Dynastie

*Die Historikerin Sabine Dabringhaus (*1962) beschreibt die Situation Chinas im 18. Jahrhundert:*

Die Periode etwa zwischen 1725 und 1777 wird als eine Zeit beispiellosen Wohlstands beschrieben. Bevölkerung und Wirtschaft prosperierten. Dank der technologischen Veränderungen und dem hohen Spezialisierungsgrad von
5 Arbeitskraft und Ressourcennutzung, der Dörfer und Städte miteinander verband, hatte sich eine Marktwirtschaft entwickelt. Ihr beständiges Wachstum beruhte auf verschiedenen Formen zunehmender Produktivität, dem blühenden Binnen- und Außenhandel und einem hohen
10 Konsumniveau. Nach dem Vorbild der von den Provinzbehörden eingerichteten öffentlichen Getreidespeicher der Städte begannen Anfang des 18. Jahrhunderts auch Lokalgemeinden, Getreidespeicher einzurichten, sodass es seit den 1730er-Jahren ein landesweites Getreidevorratssys-
15 tem gab, auf das bei Ernteausfällen zurückgegriffen werden konnte. Die darin zur Verfügung gestellten Nahrungsmittel umfassten in den 1780/90er-Jahren fünf bis zehn Prozent der Gesamtproduktion. Obwohl China im 18. Jahrhundert immer wieder von schweren Dürre- und Flutkata-
20 strophen heimgesucht wurde, war die Qing-Regierung in der Lage, betroffenen Kreisen Steuerbefreiung zu gewähren und die Bevölkerung mit den Getreidevorräten zu versorgen. Auch gelang es ihr, eine ernste monetäre[1] Krise zu verhindern, da sie sich durch den steigenden Warenexport
25 auf dem Weltmarkt mit Silber versorgen konnte und den Kupferbedarf durch internen Abbau deckte. Die Steigerung der landwirtschaftlichen Produktion beruhte auf mehreren Faktoren, vor allem weltweiter Klimaerwärmung, neuen Agrartechnologien und territorialer Expansion. Auch die
30 anfängliche niedrige Besteuerung konnte festgesetzt werden, da bis in die späte Qianlong-Zeit[2] interne Rebellion und externe Aggression den Staat kaum zu höheren Belastungen zwangen. Selbst als um 1800 Schwierigkeiten bei der Niederschlagung des Weißer-Lotus-Aufstandes[3] und
35 wachsende Korruption in der Qing-Bürokratie eine Wende ankündigten, war die Bevölkerung Chinas besser ernährt, gekleidet und untergebracht und profitierte von einem vielseitigeren Wirtschaftsleben als die Menschen in anderen Gebieten Asiens oder in vielen Teilen Europas.

Sabine Dabringhaus, Geschichte Chinas. 1279–1949, München 2006, S. 45

1. Geben Sie wieder, worin sich die chinesische Blütezeit im 18. Jahrhundert ausdrückt.
2. Erklären Sie, wie hoch der Lebensstandard der chinesischen Bevölkerung im Vergleich zu Bewohnern anderer Länder war. Was sagt der Text zu dieser Frage, was vermuten Sie?
3. Nehmen Sie zu der vermeintlichen kulturellen Überlegenheit der Europäer, Japaner und US-Amerikaner vor dem Hintergrund dieser Quelle Stellung.

M2 Bevölkerungsentwicklung Chinas

Jahr	Weltbevölkerung (in Millionen)	Chinas Bevölkerung (in Millionen)	Anteil an der Weltbevölkerung (in %)
1650	550	123	22,4
1750	725	260	35,9
1850	1175	412	35,1
1950	2556	552	21,6
1980	4458	987	22,1
1996	5772	1224	21,2

Nach: Thoralf Klein, Geschichte Chinas. Von 1800 bis zur Gegenwart, Paderborn ²2009, S. 134

1. Beschreiben Sie vergleichend die Bevölkerungsentwicklung Chinas und der Welt. | H
2. Erläutern Sie, warum die Zeit zwischen 1850 und 1950 zu einem deutlichen Niedergang der weltweiten Bedeutung der chinesischen Bevölkerung führte. Suchen Sie nach möglichen Gründen für die Veränderungen.

---

[1] **monetär:** geldlich, das Geld betreffend
[2] **Qianlong** (1711–1799): regierte in der Qing-Zeit von 1736 bis 1796 als Kaiser; siehe auch Seite 112 und M3 auf der Seite 125
[3] **Weißer Lotus:** chinesische Geheimgesellschaft, deren Ursprünge bis ins 12. Jahrhundert reichen. Sie war vor allem im Norden Chinas verbreitet.

M3 „Diese Bitte […] kann nicht in Erwägung gezogen werden"

Großbritannien ist im 18. Jahrhundert der größte Abnehmer chinesischer Exportwaren wie Tee oder Seide. Da es jedoch im Gegenzug seine eigenen Produkte nicht in China absetzen kann, zudem mit Silber bezahlen muss und somit ein großes Handelsdefizit mit China entsteht, schickt der englische König Georg III. (1738–1820) den Lord George Macartney (1737–1806) mit einer Handels- und Militärflotte nach China, um den chinesischen Kaiser davon zu überzeugen, die Märkte Chinas für englische Produkte zu öffnen. Kaiser Qianlong (1711–1799) empfängt Lord Macartney 1793 und lehnt den vorgeschlagenen Handels- und Freundschaftsvertrag sowie die Einrichtung einer ständigen diplomatischen Vertretung ab. In seiner Antwort heißt es:

Was Euer dringendes Gesuch angeht, einen Eurer Untertanen abzuordnen, dass er an meinem Himmlischen Hof akkreditiert werde und die Kontrolle über den Handel Eures Landes mit China ausüben soll, so steht diese Bitte im Gegensatz zu
5 den Gewohnheiten meiner Dynastie und kann nicht in Erwägung gezogen werden […]. Wenn Ihr versichert, dass Eure Hochachtung für Unsere Himmlische Dynastie Euch mit dem Wunsch nach unserer Kultur erfüllt, muss doch darauf hingewiesen werden, dass unsere Gebräuche und Gesetzgebung
10 sich so vollständig von den Euren unterscheiden, dass, selbst wenn Euer Gesandter in der Lage wäre, die Ansätze unserer Kultur aufzunehmen, unsere Gewohnheiten und Sitten unmöglich in Euern fremden Boden verpflanzt werden könnten. Daher würde durch die Bestellung eines Botschafters nichts
15 gewonnen werden, wie geschickt er auch sein würde. Meine Herrschaft über die weite Welt hat das eine Ziel, vollkommen zu regieren und die Staatspflichten zu erfüllen: Fremde und kostspielige Gegenstände interessieren mich nicht. […] Der hervorragende Ruf unserer Dynastie ist in jedes Land unter
20 dem Himmel gelangt, und Herrscher aller Völker haben ihre Tributabgabe auf dem Land- und Seeweg überbracht. Wie Euer Gesandter mit eigenen Augen sehen kann, besitzen wir alles. Ich lege keinen Wert auf fremde Gegenstände, die fremdländisch oder geschickt erfunden sind, und ich habe
25 keine Verwendung für die Produktion Eures Landes. […] Es schickt sich, o König, meinen Willen zu achten und mir in Zukunft noch größere Verehrung und Loyalität zu erweisen, sodass Ihr durch ständige Unterwerfung unter unseren Thron Frieden und Wohlwollen für Euer Land sichert.

Günter Schönbrunn (Bearb.), Das bürgerliche Zeitalter 1815–1914. Geschichte in Quellen, München 1980, S. 531 f.

---

1. Arbeiten Sie die Haltung des chinesischen Kaisers gegenüber dem englischen König und sein Selbstverständnis in Bezug auf die Außenwelt heraus.
2. **Präsentation:** Entwickeln Sie eine Antwort des englischen Königs in Form eines Briefes an den chinesischen Kaiser.
3. Nehmen Sie Stellung zu der These, dass China durch eine positivere Reaktion auf die britische Gesandtschaft und die Öffnung seiner Märkte für das Ausland die Chance auf eine gleichberechtigte Rolle in der Welt gehabt hätte.

M4 Der Taiping-Aufstand

*Der Historiker Helwig Schmidt-Glintzer (*1948) äußert sich über den Taiping-Aufstand:*

Unter den Hunderten Rebellionen jener Zeit aber nimmt der Taiping-Aufstand (1851–1864) in mehrerlei Hinsicht eine Sonderstellung ein, zumal er als einer der größten Bürgerkriege im 19. Jahrhundert überhaupt gelten muss.
5 In ehemals dicht besiedelten Gebieten habe man, zeitgenössischen Berichten zufolge, nach den Aufständen tagelang durch verlassene Ortschaften und ein Meer von Leichen gehen können, ohne eine Menschenseele anzutreffen. Fünfzehn Jahre Mordbrennerei und Hungersnot kosteten schätz-
10 zungsweise 20 Millionen Chinesen das Leben, und es gibt Hinweise darauf, dass auch diese Zahlen noch erheblich zu niedrig sind. Dieser Krieg veränderte China und schuf gänzlich neue Machtverhältnisse. Dazu gehört eine erweiterte Militarisierung Zentralchinas, wo der General Zeng Guofan
15 (1811–1872), der seit 1853 eine Armee gegen die Taiping-Bewegung organisiert hatte, seine Machtstellung befestigte. Seit 1860 hatte er unbeschränkte Vollmachten erhalten, die es ihm ermöglichten, im Jahre 1861 drei Militärzonen einzurichten, von denen er die eine (Jiangsu) Li
20 Hongzhang (1823–1901), die andere (Zhejiang) Zuo Zongtang (1812–1885) und jene von Anhui sich selbst unterstellte. Vor allem war der Taiping-Aufstand Ausdruck eines religiös-ideologischen und sozialen Prozesses, der auch wegen der Anknüpfung an alte Utopien zunächst so erfolg-
25 reich verlief. Ihr Anführer Hong Xiuquan (1813–1864), ein Angehöriger des chinesischen Hakka-Volkes, war eine höchst charismatische Gestalt, die sich als jüngerer Bruder Christi ausgab und eine von christlichen Missionsparolen nicht unwesentlich bestimmte Programmatik verfolgte.

Helwig Schmidt-Glintzer, Kleine Geschichte Chinas, Frankfurt a. M. 2008, S. 130

---

1. Informieren Sie sich im Internet oder in Lexika über den Anführer des Taiping-Aufstandes Hong Xiuquan. Überlegen Sie, warum er und seine Überzeugungen eine große Anziehungskraft auf Zehntausende ausübten. Erklären Sie mögliche Gründe.
2. Arbeiten Sie heraus, welche Machtverschiebungen innerhalb des chinesischen Staates der Aufstand nach Helwig Schmidt-Glintzer begünstigte.
3. Erörtern Sie, inwiefern der Aufstand auch eine Folge des langen Kulturkontaktes mit Europa ist.

Open Door Policy.
US-amerikanische Karikatur um 1900.

▶ Erklären Sie, für welches Land jeweils die drei Männer im Vordergrund stehen. Begründen Sie Ihre Meinung.
▶ Analysieren Sie die Haltung des Karikaturisten zur „Open Door"-Politik der USA.

M5 Die USA verkünden eine Politik der „offenen Tür"

Der amerikanische Außenminister John Hay (1838–1905) richtet am 6. November 1899 ein Rundschreiben an die Regierungen von Deutschland, Großbritannien, Frankreich, Russland und Japan:

Die Vereinigten Staaten haben das ernste Bestreben, allen Grund für Spannungen zu beseitigen, und wünschen zugleich, dem Handel aller Nationen die unbezweifelbaren Vorteile zu sichern, welche aus einer formellen Anerkennung der dort „Interessensphären" beanspruchenden Mächte entstehen würden. Sie wünschen, dass alle Nationen vollständige Gleichheit bei der Behandlung ihres Handels und ihrer Schifffahrt innerhalb solcher Sphären genießen sollen. Deshalb würde es die Regierung der Vereinigten Staaten begrüßen, wenn die Regierung Ihrer Majestät formelle Zusicherungen gäbe und dazu mithülfe, ähnliche Zusicherungen von den anderen interessierten Mächten (über die folgenden Punkte) zu erlangen. Erstens soll in keiner Weise in irgendwelchen Vertragshäfen und überkommenen Privilegien innerhalb Chinas interveniert werden. Zweitens soll der derzeitige chinesische Vertragszoll auf alle Güter innerhalb der genannten „Interessensphären" erhoben werden (außer in den „freien Häfen"), und zwar unabhängig davon, von welcher Nation diese Güter stammen. Die so erhobenen Zölle sollen von der chinesischen Regierung eingezogen werden. Drittens soll eine solche Macht keine höheren Hafengebühren für Schiffe fremder Nationalität in einem Hafen innerhalb einer solchen Sphäre erheben, und für keine Güter sollen von irgendeiner Nation höhere Eisenbahnfrachtraten verlangt werden, als sie für ähnliche Güter von den eigenen Bürgern über gleiche Transportentfernungen erhoben werden.

Günter Schönbrunn (Bearb.), a.a.O., S. 599

1. Erläutern Sie anhand der Quelle die amerikanische „Open Door Policy".
2. Arbeiten Sie heraus, wer von dieser Politik profitiert. | H

M6 Der Konfuzianismus

*Als Konfuzianismus bezeichnet man die Lehren, die sich auf den chinesischen Philosophen Konfuzius (551–479 v. Chr.) berufen. Der Historiker Thoralf Klein (*1967) beschreibt Grundelemente des Konfuzianismus und seine Bedeutung sowohl für Bewahrer als auch für Reformer am Ende der Qing-Zeit. Die Dynastie der Qing herrschte von 1644 bis 1912 in China.*

In seiner ursprünglichen Gestalt im chinesischen Altertum war der Konfuzianismus eine Mischung aus individueller Moralphilosophie und politischer Theorie, die sich vorrangig auf die Stellung des Menschen innerhalb der Gesellschaft konzentrierte. Schon die klassischen Texte erblickten einen engen Zusammenhang zwischen der moralischen Selbstkultivierung des Einzelnen und der Herstellung politisch und sozial stabiler Verhältnisse. Ethisch richtiges Handeln fand seinen Ausdruck in der korrekten Einhaltung von grundsätzlich hierarchisch gedachten sozialen Beziehungen. Dass unter den Fünf Grundbeziehungen (Wu lun) des Konfuzianismus nach derjenigen zwischen Vater und Sohn an zweiter Stelle die zwischen Herrscher und Untertan folgt, ist Ausdruck dafür, dass der Konfuzianismus […] den Staat analog zur Familie konstruierte. Die Monarchie war demzufolge die naturgegebene Staatsform, der Herrscher die höchste Autorität und Garant der kosmischen und damit auch der sozialen Stabilität und Harmonie. Die monarchische Ausrichtung des Konfuzianismus und seine Akzeptanz sozialer Hierarchien fanden jedoch ein Gegengewicht in der Betonung moralischen Regierens. Das Handeln der politisch Verantwortlichen war keineswegs Selbstzweck, sondern hatte dem Wohl des Volkes zu dienen. […] Diese Grundprinzipien des Konfuzianismus waren auch in der Qing-Zeit noch gültig und verliehen dem politischen Konfuzianismus seine politische Wirkung. Die Qing-Herrscher förderten aus wohlverstandenem Eigeninteresse vor allem die konfuzianische Morallehre [...]. Insbesondere die machtpolitische, ökonomische und kulturelle Herausforderung durch den Westen warf jedoch die Frage auf, inwieweit die Konzentration auf moralische Vorstellungen eine Lösung für Chinas Probleme sein könne. In den 1860er- und 1870er-Jahren vertrat die Selbststärkungsbewegung[1] gegen konservativen Widerstand die Auffassung, man könne technische Errungenschaften des Westens übernehmen, ohne das geistige, politische, soziale und kulturelle Fundament des Konfuzianismus zu gefährden [...]. Ende der 1890er-Jahre versuchte dagegen eine Gruppe von Gelehrten um den vielseitigen, auch für fremde geistige Traditionen aufgeschlossenen Kang Youwei[2], den Konfuzianismus zum intellektuellen Fundament für eine umfassende Erneuerung Chinas zu machen. [...] Gestützt auf eine selektive Textauswahl, deren Einseitigkeit ihm von seinen Kritikern vorgehalten wurde, bestritt Kang den rückwärtsgewandten Konservatismus des Konfuzius und erklärte diesen im Gegenteil zu einem fortschrittlichen Reformer, der bewusst eine neue Ordnung begründet habe. Mit dieser These ließ sich nicht zuletzt die politische Umwandlung Chinas in eine konstitutionelle Monarchie rechtfertigen, für die Kang sich bis zu seinem Lebensende einsetzte.

Thoralf Klein, a. a. O., S. 66 f.

1. Fassen Sie die Kernaussagen des Textes zusammen.
2. Arbeiten Sie heraus, inwiefern der Konfuzianismus von der Qing-Dynastie als Argument gegen Reformen verwendet werden konnte.
3. Analysieren Sie, in welcher Weise der Konfuzianismus von den Reformern interpretiert wurde, um ihn mit ihren Reformvorhaben in Einklang zu bringen.
4. Gruppenarbeit: Diskutieren Sie in der Gruppe, warum auch Reformkräfte sich auf den Konfuzianismus beriefen und ihn nicht komplett ablehnten.

[1] **Selbststärkungsbewegung**: Eine Reformbewegung, welche durch Modernisierung die Stellung Chinas stärken wollte. Siehe dazu auch die Darstellung auf Seite 119.
[2] **Kang Youwei** (1858–1927): chinesischer Gelehrter und Reformer

Liang Qichao (1873–1929). Porträt unbekannten Datums.

M7 Reformen sind notwendig

Die Niederlage Chinas im Krieg gegen Japan 1895 beschleunigt die imperialistische Einflussnahme der Großmächte, die nun zur Kolonialisierung einiger chinesischer Randgebiete und der intensiven wirtschaftlichen Durchdringung des Landes übergehen. Angesichts des äußeren Drucks und daraus folgender schwerer innerer Krisen äußert sich der chinesische Schriftsteller und Reformer Liang Qichao im Jahre 1896 in einer Denkschrift:

Diejenigen, die gegen Veränderungen eintreten, behaupten fortwährend: „Wir folgen den Vorfahren, folgen den Vorfahren." Wissen sie, dass von den prähistorischen, antiken, mittelalterlichen und modernen Zeiten bis zum gegenwärtigen Tage viele Hunderttausende und Myriaden[3] von Veränderungen geschehen sind? [...] Dennoch dachten der Prinz und das Volk, die oberen und unteren Klassen immer störrisch, dass „unsere heutigen Gesetze von unseren Vorfahren benutzt wurden, um das Reich zu regieren, und es wurde gut regiert". Sie beachteten diese [Gesetze] starrsinnig, folgten der Tradition kritiklos. [...]
Das Alter des Landes China kommt dem Indiens gleich, und die Fruchtbarkeit des Landes ist der Türkei überlegen, aber Chinas Anpassung an fehlerhafte Denkweisen und die Unfähigkeit sich aufzuraffen macht es auch zu einem Bruder dieser zwei Länder. [...] Immer wenn es eine Überschwemmung oder eine Trockenheit gibt, sich die Verkehrsverhältnisse verschlechtern, gibt es keine Möglichkeit, Nahrungsmittel zu transportieren [...]. Die Mitglieder von Geheimgesellschaften sind über das ganze Land verbreitet und warten auf ihre Chance. Die Industrie ist unterentwickelt, Debatten über den Handel finden nicht statt, die selbst erzeugten Güter sind täglich schwerer zu verkaufen. [...] Der Druck nimmt jeden Tag zu und unsere finanziellen Quellen sind fast ausgetrocknet. Die Schulen werden schlecht verwaltet und die Studenten [...] wissen nicht, wie

[3] **Myriade**: im Griechischen eine Anzahl von 10 000; steht im Plural meist für eine unzählige, große Menge

man auch nur ein praktisches Ding erledigt. Die fähigsten Studenten arbeiten an kleinen Übungen, an blumenreichem Schreiben und an verschiedenen Kleinigkeiten. Erzähle ihnen über die Weite der Ozeane, so reißen sie ihre Augen auf und glauben es nicht. [...]

[In den europäischen Ländern] wird die Industrie gefördert und der Handel geschützt, weil die Europäer fürchten, dass die Quellen des Reichtums von anderen erobert werden könnten und ihr Land dadurch geschwächt und erschüttert würde. Generäle müssen über Kenntnisse verfügen, Soldaten müssen lesen und schreiben können und Tag und Nacht so üben, als ob ein Feind bereits im Anmarsch wäre; [...] ihre Schiffe und Waffen sind modern und sie wetteifern miteinander in Manövern, weil sie fühlen, dass sie bereits bei der leichtesten militärischen Schwäche geschlagen werden würden und sich vielleicht niemals wieder erheben könnten. Alle anderen verwaltungstechnischen Maßnahmen sind ähnlich. Sie konkurrieren miteinander und stimulieren sich gegenseitig jeden Tag. Deshalb entwickeln sie ihre Talente und die Weisheit ihres Volkes durch Nacheiferung, und der Wohlstand und die Stärke ihrer Länder reichen immer aus, dass sie gegeneinander Krieg führen können. [...] Aber dieses sogenannte unabhängige oder isolierte Land, China, hat niemals große Feinde gesehen. Stolz betrachtet es sich selbst als hoch und mächtig und behauptet, niemand käme ihm gleich.

Ssu-yu Teng und John K. Fairbank, China's Response to the West. A Documentary Survey 1839–1923, Cambridge/Mass. 1965, S. 154–157 (übersetzt von Boris Barth)

---

1. Fassen Sie zusammen, warum Liang Qichao Reformen des chinesischen Staates für notwendig hält.
2. Erklären Sie die Ursachen, auf die Liang Qichao die Lage seines Landes zurückführt.
3. Analysieren Sie sein Bild von Europa.
4. Entwickeln Sie aus den Ausführungen von Liang Qichao ein konkretes Reformprogramm. |F

M8 Missionierung in China

Der deutsche Geograf und Forscher Ferdinand von Richthofen (1833–1905) reist mehrere Jahre durch Asien und versucht, sich als Chinaexperte zu profilieren. Auch um als Wissenschaftler in einem besseren Licht zu erscheinen, verfasst er scharfe Kritiken an anderen in China lebenden Europäern. 1898 berichtet er über Missionare des Franziskaner-Ordens in der Provinz Shandong an der Ostküste Chinas:

Die Geografie von China war den Missionaren unbekannt, und selbst in ihrer eigenen Provinz kannten sie wenig mehr als die Namen und annähernde Lage der Missionsstationen. [...] Es setzte mich besonders in Verwunderung, dass die meisten die chinesische Sprache nicht beherrschten und sich um die Erlernung der Schriftzeichen nicht kümmerten. Überhaupt hatten sie, mit Ausnahme der Förmlichkeiten, von allem, was chinesisch ist, unvollkommene Vorstellungen und hielten es nicht für der Mühe wert, in dessen Geist einzudringen. [...] Hier [in Jinan], wie anderwärts, hörte ich die Klage, dass die meisten der neuen Christen sich nur taufen ließen, um den fremden Schutz zu erhalten.

Der seit 1895 als österreichischer Botschafter in China tätige Arthur von Rosthorn (1862–1945) schreibt über die christlichen Missionen:

Die religiöse Propaganda – China durch den Frieden von Nanking im Jahre 1842 aufgezwungen – war dem Volke und der Regierung schon lange ein Dorn im Auge. Nicht als ob die Chinesen in religiöser Hinsicht fanatisch oder auch nur intolerant wären; allein die christlichen Kirchen verboten den Ahnenkult, der die Grundlage der Familienordnung ist, und die Konvertiten[1] lösten sich naturgemäß aus der Familiengemeinschaft los, was zu allerlei Streitigkeiten und Störungen des sozialen Gleichgewichts führte. Dazu kam, dass die katholische Geistlichkeit ihre Proselyten[2] vielfach durch persönliche Intervention bei den Behörden begünstigte, was bisweilen Rechtsbeugungen zur Folge hatte und böses Blut machte. Dem abergläubischen Volke war leicht einzureden, dass die Missionen, welche in selbstloser Weise Spitäler und Orphelinate[3] unterhielten, diese Institute kommerziell ausbeuteten.

Der Historiker Thoralf Klein geht auf positive Folgen der christlichen Missionierung ein:

Der positive Aspekt, das Engagement der Mission für die Modernisierung Chinas, machte sich denn auch vor allem in den beiden Jahrzehnten nach 1900 bemerkbar. Begonnen hatte es jedoch weitaus früher. Schon in den 1860er-Jahren hatten einige Missionare der Selbststärkungsbewegung vor allem mit Übersetzungen wissenschaftlicher Werke zugearbeitet, andere gründeten Krankenhäuser, Schulen und Universitäten. Sie setzten sich auch für gesellschaftliche Reformen ein, etwa für die Abschaffung des Fußebindens bei Frauen oder die Bekämpfung des Opiumkonsums. Mit diesen Maßnahmen unterstützten sie den chinesischen Staat in seinen Modernisierungsbestrebungen und machten sich dort unentbehrlich, wo dessen Kapazitäten nicht ausreichten. Insgesamt gingen die Protestanten mit größerem Einsatz zu Werke als die Katholiken, wobei die führende Rolle wiederum den Amerikanern zufiel. Viele von diesen stützten sich auf die Idee des „Social Gospel", der zufolge die Christianisierung nicht mehr durch

---

[1] **Konvertit:** Person, die zu einem anderen Glauben oder einer anderen Konfession übergetreten ist
[2] **Proselyt:** Neubekehrter
[3] **Orphelinat:** Waisenhaus

direkte Evangelisierung, sondern mittels sozialer Projekte erfolgen sollte. Diese Impulse wirkten sich auch auf die chinesischen Christen aus: In den Großstädten wurden sie
50 infolge ihrer modernen Ausbildung Teil der neuen professionellen Mittelklasse; auf dem Land galt dies hingegen nur für diejenigen, die den Sprung in die Städte schafften. Infolgedessen galt das Christentum in China bis in die 1920er-Jahre als genuin moderne Religion.

Erster und zweiter Text: Sabine Dabringhaus, Der Boxer-Aufstand in China (1898–1900). Studienbrief der FernUniversität Hagen. Grundkurs Neuzeitliches Asien, Kurseinheit 7, 1992, S. 28f.; dritter Text: Thoralf Klein, a.a.O., S. 280

1. Beschreiben Sie, wie sich die Tätigkeit der Missionare in China hier darstellt (erster bis dritter Text).
2. Analysieren Sie, inwiefern der Bericht von Richthofen auch die Konkurrenz zwischen Kirche und Staat im 19. Jahrhundert spiegelt (erster Text).
3. Erläutern Sie, warum die Missionare in China als Bedrohung empfunden wurden (zweiter Text).
4. Erklären Sie, inwiefern das Christentum als etwas Fremdes in China verstanden werden konnte (dritter Text).
5. Erörtern Sie, welche Rolle die christliche Missionierung bzw. die Missionare in China nach Thoralf Klein einnahmen. Vergleichen Sie mit der Darstellung von Ferdinand von Richthofen (erster und dritter Text). | H

M9 Die Boxerbewegung

Das Vordringen der Fremden durch die deutsche Besetzung der Kiautschou-Bucht sowie Flut- und Dürrekatastrophen lösen Ende der 1890er-Jahre in Nordchina große Unruhen aus. Vor diesem Hintergrund formiert sich der sich schnell ausbreitende religiöse Geheimbund der Yihetuan (I-ho t'uan), deren Mitglieder sich selbst als „Milizen für Gerechtigkeit und Eintracht" bezeichnen, jedoch von den Europäern allgemein „Boxer" genannt werden. In einem ihrer Aufrufe aus dem Jahr 1900 heißt es:

Seit der Periode von Hsien-feng[1] haben die Katholiken mit Fremden konspiriert, haben China Schwierigkeiten bereitet, unser Nationaleinkommen vergeudet, unsere Klöster aufgebrochen, buddhistische Bilder zerstört und die Friedhöfe unseres Volkes beschlagnahmt. [...] Dies hat auch die 5 Bäume und Pflanzen des Volkes betroffen, sodass sie durch Katastrophen von Heuschrecken und Trockenheit fast in jedem Jahr leiden müssen. Unsere Nation ist des Friedens und unser Volk der Sicherheit beraubt. [...] Weil einige Personen ihre fremde Religion und betrügerische Technik 10 nutzen, das Volk zu täuschen, ist der Himmel oben zornig und sendet viele kluge Männer, um auf die Erde herabzusteigen und zu dem göttlichen Altar zu kommen, damit unsere Jugend in die I-ho-Gesellschaft initiiert wird. „I" bedeutet Freundlichkeit, und „ho" bedeutet Höflichkeit; 15 Freundlichkeit und Höflichkeit werden Stadt und Land

St. Josephs Kathedrale in Peking.
Foto von 2008.
Ein italienischer Jesuit ließ 1655 die St. Josephs Kirche errichten. Nach einem Brand wurde sie 1904 wieder aufgebaut.
Die ersten Jesuiten gelangten Ende des 16. Jahrhunderts nach China. Die katholischen Missionare ließ Kaiser Yongzheng (1678–1735) jedoch bereits in den 1720er-Jahren ausweisen, nachdem der Papst den chinesischen Namen für den christlichen Gott verboten hatte. Das Christentum galt nun als illegal. Erst die ab 1842 geschlossenen „ungleichen Verträge" legalisierten es wieder. Seit 1860 strömten katholische und protestantische Missionare nach China. Bis um 1900 drangen die christlichen Prediger immer weiter ins Landesinnere vor. Die Missionare traten oft mit einem aggressiven Sendungsbewusstsein auf, was zu Spannungen führte, die sich nicht selten in gewaltsamen Auseinandersetzungen entluden.

▶ Recherchieren Sie in Lexika, Fachbüchern oder dem Internet weitere Texte und Bilder zum Thema „Missionierung in China bis zum Beginn des 20. Jahrhunderts" und interpretieren Sie diese.

---

[1] **Hsien-feng** (1831–1861): auch Xianfeng, Kaiser aus der Qing-Dynastie von 1850 bis 1861

friedlich und harmonisch machen. Unser Volk soll die richtigen Prinzipien und Tugenden als Grundlage nehmen und soll sich der Landwirtschaft als seinem Beruf ergeben. Das Volk soll dem Buddhismus folgen und gehorchen.

Im Sommer 1900 verbreiten die Boxer Plakate mit folgendem Text:

Die Geister helfen den Fäusten, den Milizen für Gerechtigkeit und Eintracht, aus dem einfachen Grund, weil die Teufel in China Unruhe stiften. [...] Der Herrscher des Himmels ist wütend, der Herrscher der Unsterblichen ist ärgerlich, gemeinsam steigen sie die Berge herab, um die Lehre zu verkünden. Die Geister kommen aus den Höhlen heraus, die Unsterblichen steigen die Berge herab, sie verbinden sich mit den menschlichen Körpern, um den Faustkampf zu üben. Sie zerstören Eisenbahngleise, sie reißen Telegrafendrähte herunter und brennen wütend Dampfschiffe nieder. Die großen französischen Teufel sind in ihren Herzen von gewaltiger Angst ergriffen, die Engländer, Amerikaner, Deutschen und Russen sind alle in einer unangenehmen Lage. Die ausländischen Teufel werden alle vollkommen vernichtet. Die große Qing beruhigt das Land völlig.

Erster Text: Ssu-yu Teng und John K. Fairbank, a.a.O., S. 189 (übersetzt von Boris Barth); zweiter Text: Sabine Dabringhaus, Der Boxeraufstand in China (1900/1901). Die Militarisierung des kulturellen Konflikts, in: Eva Maria Auch und Stig Förster (Hrsg.), „Barbaren" und „Weiße Teufel". Kulturkonflikte und Imperialismus in Asien vom 18. bis zum 20. Jahrhundert, Paderborn 1997, S. 123-144, hier S. 123

1. Arbeiten Sie aus den Quellen die Motive der Boxerbewegung heraus. Welche kulturellen und gesellschaftlichen Vorstellungen werden hier deutlich?
2. Vergleichen Sie in tabellarischer Form Beweggründe und Ziele der Boxerbewegung mit jenen des Reformers Liang (M7). Bestimmen Sie jeweils das Verhältnis zur Regierung und überlegen Sie, welche Schlüsse sich auf Herkunft und Stellung der Boxerbewegung und des Reformers ziehen lassen.
3. Nehmen Sie zu der Art und Weise Stellung, mit der die Boxerbewegung ihre Ziele erreichen will.

M10 „Pardon wird nicht gegeben"

Als die Übergriffe der Boxer gegen Ausländer mit der Ermordung des deutschen Gesandten Klemens Freiherr von Ketteler am 20. Juni 1900 und der darauf folgenden Belagerung des Gesandtschaftsviertels in Peking durch chinesische Regierungstruppen eskalieren, hält Kaiser Wilhelm II. (1859–1941) am 27. Juli 1900 in Bremerhaven eine Ansprache vor den deutschen Truppen, die zur Bekämpfung des „Boxeraufstandes" nach China entsandt werden. Obwohl die Reichsbehörden gegenüber der Presse auf eine teilweise Streichung der Rede bestehen, wird sie am folgenden Tag vollständig in der Nordwestdeutschen Zeitung publiziert und als „Hunnenrede" Wilhelms II. weltbekannt:

Zum ersten Mal, seit das Deutsche Reich wiedererstanden ist, tritt an Sie eine große überseeische Aufgabe heran. Dieselben sind früher in größerer Ausdehnung an uns herangetreten, als die meisten Meiner Landsleute erwartet haben. Sie sind die Folgen davon, dass das Deutsche Reich wiedererstanden ist und damit die Verpflichtung hat, für seine im Ausland lebenden Brüder einzustehen im Momente der Gefahr. [...]

Die Aufgabe, zu der Ich Euch hinaussende, ist eine große. Ihr sollt schweres Unrecht sühnen. Ein Volk, das, wie die Chinesen, es wagt, tausendjährige alte Völkerrechte umzuwerfen und der Heiligkeit der Gesandten und der Heiligkeit des Gastrechtes in abscheulicher Weise hohnspricht, das ist ein Vorfall, wie er in der Weltgeschichte noch nicht vorgekommen ist und dazu von einem Volke, welches stolz ist auf eine vieltausendjährige Kultur. Aber Ihr könnt daraus ersehen, wohin eine Kultur kommt, die nicht auf dem Christentum aufgebaut ist: Jede heidnische Kultur, mag sie noch so schön und herrlich sein, geht zugrunde, wenn große Aufgaben an sie herantreten. So sende ich Euch aus, dass Ihr bewähren sollt einmal Eure alte deutsche Tüchtigkeit, zum zweiten die Hingebung, die Tapferkeit und das freudige Ertragen jedweden Ungemachs und zum dritten Ehre und Ruhm unserer Waffen und Fahnen. Ihr sollt Beispiele abgeben von der Manneszucht und Disziplin, aber auch der Überwindung und Selbstbeherrschung. Ihr sollt fechten gegen eine gut bewaffnete Macht, aber Ihr sollt auch rächen, nicht nur den Tod des Gesandten, sondern auch vieler Deutscher und Europäer. Kommt ihr an den Feind, so wird er geschlagen, Pardon wird nicht gegeben; Gefangene nicht gemacht. Wer Euch in die Hände fällt, sei in Eurer Hand. Wie vor tausend Jahren die Hunnen unter König Etzel sich einen Namen gemacht, der sie noch jetzt in der Überlieferung gewaltig erscheinen lässt, so möge der Name Deutschland in China in einer solchen Weise bekannt werden, dass niemals wieder ein Chinese es wagt, einen Deutschen auch nur scheel anzusehen. [...] Gebt, wo es auch sei, Beweise Eures Mutes, und der Segen Gottes wird sich an Eure Fahnen heften und es Euch geben, dass das Christentum in jenem Lande seinen Eingang finde. Dafür steht Ihr Mir mit Eurem Fahneneid, und nun glückliche Reise. Adieu Kameraden.

Bernd Sösemann, Die sogenannte Hunnenrede Wilhelms II. Textkritische und interpretatorische Bemerkungen zur Ansprache des Kaisers vom 27. Juli 1900 in Bremerhaven, in: Historische Zeitschrift 222 (1976), S. 349 f.

1. Geben Sie die wesentlichen Inhalte der Ansprache Kaiser Wilhelms II. wieder.
2. Analysieren Sie Stil und Wortwahl der Ansprache. Charakterisieren Sie die Sichtweise des Kaisers gegenüber China.

3. Erklären Sie, welche Bedeutung der Anspielung auf die Hunnen zukommt und was dies über das Selbstverständnis des Kaisers aussagt.
4. Erörtern Sie, warum die Reichsbehörden eine Veröffentlichung der vollständigen Rede zu verhindern suchten.

Kaiser Wilhelm II. bei der Verabschiedung des deutschen Expeditionskorps.
Fotografie vom 27. Juli 1900.

M11 China unter der Guomindang

Der Historiker Thoralf Klein beschreibt die Schwierigkeiten der Guomindang (GMD)-Regierung, China zu stabilisieren:

In der Zeit zwischen 1927 und 1937 (der sogenannten Nanjing-Periode) verfolgte die GMD mit Chiang Kaishek[1] an der Spitze den Plan eines umfassenden Aufbaus. Trotz vieler Anstrengungen und Erfolge und obwohl es seine Herrschaft wenn nötig mit brutaler Gewalt verteidigte, verfügte das Regime über keine hinreichende Stabilität. Chiang Kaishek konnte sich weder auf die Loyalität der Partei noch auf diejenige des Militärs vollständig verlassen. Bis Mitte der 1930er-Jahre führten Meutereien und Rebellionen von Koalitionen aus innerparteilichen Gegnern Chiangs und regionalen Militärmachthabern immer wieder zu regelrechten Bürgerkriegen. Schon im Herbst 1927 kam es zur militärischen Auseinandersetzung zwischen der Regierung Chiangs in Nanjing und einer prokommunistisch eingestellten GMD-Gegenregierung in Wuhan, die eine schwere Niederlage hinnehmen musste und daraufhin zusammenbrach. Zwischen 1931 und 1936 befand sich mit der Provinz Guangdong sogar die ursprüngliche Machtbasis der GMD in offener Sezession von der Regierung in Nanjing. Während Chiang bis Mitte der 1930er-Jahre die Oberhand über seine Gegner in den eigenen Reihen gewann, gelang es ihm nicht, den Bürgerkrieg mit den Kommunisten und ihrer Roten Armee erfolgreich zu beenden. In vier Einkreisungsfeldzügen erwies sich die kommunistische Partisanenstrategie als erfolgreich. Erst die fünfte, von deutschen Militärberatern eingeleitete Kampagne von Herbst 1933 bis Frühjahr 1934 brachte die kommunistischen Streitkräfte vor allem durch die konsequente Abriegelung des Sowjetgebiets mittels eines Systems von Blockhäusern an den Rand der Niederlage.
Die Führung der KPCh[2] ordnete daher schließlich die Evakuierung der Sowjets an und ließ nur eine Nachhut zur Abwehr der GMD-Streitkräfte zurück. Rund 90 000 Menschen machten sich im Oktober 1934 auf den später sogenannten Langen Marsch. Nach einem außerordentlich verlustreichen Exodus durch die Provinzen Südwestchinas erreichten ein Jahr später rund 8 000 bis 9 000 Überlebende die nordwestliche Provinz Shaanxi, wo die Partei 1936 ihr neues Hauptquartier in der kleinen Stadt Yan'an einrichtete.

Thoralf Klein, a.a.O., S. 51

1. Fassen Sie zusammen, wodurch nach Thoralf Klein die Guomindang-Regierung geschwächt wird.
2. Erläutern Sie anhand des Textes, wie die Guomindang-Regierung mit ihren Gegnern umgeht.
3. Beurteilen Sie, was die innere Bedrohung der GMD-Herrschaft für den späteren Krieg gegen Japan (seit 1937) bedeutete.

---

[1] **Chiang Kaishek** (1887–1975): chinesischer Politiker und Offizier, seit 1925 Parteiführer der Guomindang

[2] **KPCh**: Kommunistische Partei Chinas; 1921 gegründet, seit 1949 vorherrschende Partei der Volksrepublik China

M12 Japanische Besatzer

Die Historikerin Sabine Dabringhaus schildert den Krieg gegen Japan:

Japan hatte auf die Zurückhaltung der anderen Großmächte gehofft. Tatsächlich gelang es dem „Freien China" der Nationalregierung, die internationale Stimmung für sich zu gewinnen, doch blieb konkrete Hilfe aus. Zu-
5 nächst war nur die Sowjetunion bereit, Chiang Kaishek materiell und mit begrenzten Kampfeinsätzen aus der Luft zu unterstützen. Bis 1941 stand China gegen Japan allein. Auf die Eroberung Shanghais folgte der Fall der ehemaligen nationalchinesischen Hauptstadt Nanjing.
10 Nach der Einnahme der von Kampftruppen und Regierungsbehörden geräumten Großstadt am 12. Dezember 1937 fielen dort in den folgenden sieben Wochen vermutlich über 200000 Menschen einem unvorstellbar grausamen Dauermassaker an der Zivilbevölkerung und
15 an Kriegsgefangenen zum Opfer. Die Untaten wurden von einer entfesselten japanischen Soldateska begangen und hätten ohne die stillschweigende Duldung des japanischen Oberkommandos ihr schreckliches Ausmaß nicht erreichen können.
20 Die Nationalregierung hatte sich zu dieser Zeit nach Chongqing in der Provinz Sichuan zurückgezogen und mobilisierte die schlagkräftigsten unter den ihr verbliebenen Verbänden zum Kampf um Wuhan. Weder die zentralchinesische Metropole noch Kanton, die wichtigste
25 Großstadt im Süden, ließen sich halten. Beide fielen im September 1938 den Japanern in die Hände. Damit endete die Blitzkriegphase der japanischen Invasion. Der japanische Vormarsch hatte die Isolierung der industriellen Basis
30 in den Küstenregionen vom chinesischen Hinterland erreicht. Die von Chiang Kaishek angeordnete Zerstörung der
35 Deiche des Huanghe, die Tausende von Zivilisten tötete und zu einer katastrophalen Hungersnot in der Region führte, hemmte den Vormarsch der Japaner, ohne ihn stoppen zu können. Alle wichtigen 40 Schlachten der ersten Kriegsjahre endeten mit Niederlagen der GMD-Truppen. Auch im weiteren Verlauf des Krieges vermochte die nationalchinesische Armee den Japanern kaum ernsthaften Widerstand entgegenzusetzen. Nur wenig erfolgreicher verliefen die Aktionen der Roten 45 Armee. Ihre Achte Feldarmee errang im September 1938 den ersten chinesischen Sieg seit Kriegsbeginn und stellte sich in der dreimonatigen „Schlacht der Hundert Regimenter" den Japanern entgegen. Vor allem in Nordchina waren hinter den japanischen Linien die berühmten kom- 50 munistischen Guerilla-Kämpfer aktiv. Ihnen gelang es nicht, die Japaner nennenswert zurückzudrängen, doch banden sie viele japanische Kräfte und trugen dazu bei, dass sich die japanische Kontrolle auf die Großstädte und die strategisch wichtigen Eisenbahnlinien beschränkte. In 55 ihren Besatzungsgebieten entlang der Küste herrschten die Japaner mithilfe von Marionettenverwaltungen.

Sabine Dabringhaus, Geschichte Chinas, a.a.O., S. 99f.

---

1. Charakterisieren Sie das Verhalten der japanischen Truppen in China.
2. Erklären Sie, welche der Bürgerkriegsparteien die japanische Besatzung besser überstand und warum.
3. Erörtern Sie die Entwicklung Chinas und Japans im imperialistischen Zeitalter. Nennen Sie für die unterschiedliche Entwicklung Gründe. Sie können dazu zusätzlich auch die Darstellung im Buch ab Seite 112 heranziehen.

Japanische Truppeneinheiten kurz nach der Einnahme des Bahnhofs von Shanghai. Foto vom November 1937.

M13 Staatsgründung 1949

Anlässlich der Gründung der Volksrepublik China sagt Mao Zedong am 1. Oktober 1949:

Trotz Bildung einer Regierung ist unsere revolutionäre Arbeit nicht beendet. Die imperialistischen Reaktionäre im In- und Ausland werden ihre Niederlage nicht einfach stillschweigend hinnehmen. Sie werden noch versuchen, einen
5 letzten Widerstand zu leisten. Wenn die Ruhe und Ordnung einmal hergestellt sein wird, werden sie zur Sabotage Zuflucht nehmen und auf verschiedene Arten den Versuch machen, wieder an die Macht zu kommen. Wir dürfen daher unsere Wachsamkeit nicht vermindern. China muss mit
10 allen Ländern und Völkern, die den Frieden und die Freiheit lieben, ganz besonders aber mit der Sowjetunion und den osteuropäischen Staaten die Einheit herstellen. Chinas dringlichste Aufgabe besteht im wirtschaftlichen Aufbau.

Der Historiker Helwig Schmidt-Glintzer schreibt über die Gründung der Volksrepublik China unter Mao Zedong:

Trotz der häufigen Verwendung des Föderalismus-Begriffs
15 *lianbang* durch Mao Zedong in den 30er- und 40er-Jahren des 20. Jahrhunderts – noch im Jahre 1945 sprach Mao Zedong von der föderalen Struktur eines zukünftigen China – gab es doch niemals einen ernsthaften Zweifel daran, dass für China der Einheitsstaat das Ziel sein müsse.
20 Nach der langen Dauer eines Einheitsstaates auf chinesischem Boden hatten am Ausgang der Qing-Zeit zentralistische bzw. integrationistische Vorstellungen überwogen. Hinzu trat im späten 19. Jahrhundert die Forderung eines Großteils der Elite, die Nation müsse gestärkt werden. Die
25 Restrukturierung des Staates im Zuge der Niederwerfung sozialer Unruhen zusammen mit dem Auftreten der imperialistischen Mächte ließ es daher nicht zu einer Ausdifferenzierung lokaler und regionaler Interessen einerseits und einer Beschränkung der zentralen Staatsmacht anderer-
30 seits kommen. Denn obwohl sich nach dem Ende des Kaiserreiches zunächst kein neues nationales Machtzentrum herausbildete und man daher von einer Zeit der Zersplitterung sprechen muss, begünstigte dies nicht die Bildung und das Anwachsen einer bürgerlichen Schicht, die zum
35 Träger einer bürgerlichen Revolution hätte werden können. Die ideologischen Kämpfe und die wirtschaftliche und administrative Entwicklung förderte eher eine Fragmentierung innerhalb der Elite.

Erster Text: Keesings Archiv der Gegenwart, XVIII./XIX. Jg. (1948/49), S. 2074; zweiter Text: Helwig Schmidt-Glintzer, a.a.O., S. 186f.

---

1. Beschreiben Sie die innen- und außenpolitischen Ziele der kommunistischen Regierung.

2. Erklären Sie, was Mao Zedong mit „imperialistischen Reaktionäre[n] im In- und Ausland" (vgl. Zeile 2f.) gemeint haben könnte.

3. Analysieren Sie, warum es nach Schmidt-Glintzer keinen Zweifel daran geben konnte, dass Mao Zedong und die Kommunistische Partei Chinas eine zentralistische Staatsform bevorzugen würden.

4. Laut dem Historiker Helwig Schmidt-Glintzer ging 1949 das „Jahrhundert der chinesischen Revolution" zu Ende. Erläutern Sie diese Aussage.

Statistiken auswerten

Statistiken stellen eine systematische Sammlung von Informationen in Form von Zahlen dar. Ablesen lassen sich aus ihren Daten
- Zustände
- Entwicklungen
- Zusammenhänge

für den betrachteten Zeitraum. Statistisches Material begegnet uns in **Tabellen** oder **Diagrammen**. Statistiken können dabei absolute Zahlen (genaue oder gerundete) oder relative Werte wie Prozentangaben enthalten. Die Qualität einer Statistik hängt von der **Erhebung** der Daten und deren mathematischer **Umsetzung** ab. Diese Faktoren machen bereits deutlich, dass es für viele historische Aussagen schwierig oder gar unmöglich ist, verwertbare Statistiken zu erzeugen. **Daher: Kritisch bleiben!** – Statistiken zeigen nur das Ergebnis und nicht dessen Zustandekommen.

Ein weiteres Anwendungsbeispiel finden Sie auf der Seite 124.

Arbeitsschritt	Leitfragen
1. beschreiben	• Um welche Art von Statistik handelt es sich? • Wer hat die Statistik erstellt / in Auftrag gegeben und wo wurde sie veröffentlicht? • Wann und zu welchem Anlass ist sie entstanden?
2. erklären	• Worüber informiert die Statistik? (Thema, Raum, Messgrößen) • Welche Daten sind für die Aufgabenstellung relevant? • Woher stammt das Material? Inwiefern sind Rückschlüsse auf die Zuverlässigkeit der zugrunde liegenden Daten möglich? • Welche Zustände oder Entwicklungen werden wiedergegeben? • Auf welche Personen / Anlässe wird Bezug genommen? • Welche Fachbegriffe kommen ggf. vor und müssen diese geklärt werden?
3. beurteilen	• Auf welchen historischen Zeitraum / welches Ereignis bezieht sich die Statistik? ------ Ende Sachurteil / Beginn Werturteil ------ • Welche Aussageabsicht lässt sich der Statistik entnehmen? • Gibt es alternative oder ergänzende Quellen, anhand derer sich die Aussage überprüfen und der Quellenwert bestimmen lässt? • Welche Meinung vertreten Sie bzgl. der Aussage des Materials?

Statistiken auswerten   135

Achtung! Die zeitlichen Abstände können variieren.

Hier wird der untersuchte **Zeitraum** dargestellt.

	1750	1800	1830	1860	1880	1900
		+50	+30	+30	+20	+20
Großbritannien	1,9	4,3	9,5	19,9	22,9	18,5
Habsburger Reich	2,9	3,2	3,2	4,2	4,4	4,7
Frankreich	4,0	4,2	5,2	7,9	7,8	6,8
Deutsche Staaten / Deutschland	2,9	3,5	3,5	4,9	8,5	13,2
Italienische Staaten / Italien	2,4	2,5	2,3	2,5	2,5	2,5
Russland	5,0	5,6	5,6	7,0	7,6	8,8
USA	0,1	0,8	2,4	7,2	14,7	23,6
Japan	3,8	3,5	2,8	2,6	2,4	2,4
China	32,8	33,3	29,8	19,7	12,5	6,2
Indien / Pakistan	24,5	19,7	17,6	8,6	2,8	1,7

Fokus auf: **Entwicklung** eines Landes über den gesamten Zeitraum

Relative Anteile an der Weltindustrieproduktion (in Prozent).
Nach: Paul Kennedy, Aufstieg und Fall der großen Mächte, Frankfurt am Main ⁵2005, S. 237 (gekürzt) ← **Thema**

Hier werden die untersuchten **Nationen** aufgeführt. (Vorauswahl!)

Fokus auf: **Status quo** (aller Länder) zu einem bestimmten Zeitpunkt

Dies ist die relevante Information, um die **Quelle** benennen und einschätzen zu können.

▶ Analysieren Sie die Statistik mithilfe der Arbeitsschritte auf Seite 134. Ihre Ergebnisse können Sie mit der Beispiellösung auf Seite 153 vergleichen.

China – vom Kaiserreich zur Republik

Krisen

Industrialisierung in Europa
Europa „überholt" China

konservative Qing-Dynastie
keine grundlegenden Reformen

massiver Bevölkerungsanstieg
Herausforderungen für Wirtschaft und Gesellschaft

korruptes politisches System
Interessen der Mehrheit werden ignoriert

zahlreiche Aufstände
Destabilisierung und zusätzliche ökonomische Probleme

Ausländische Interventionen

1839–1842:
Erster Opiumkrieg

1856–1860:
Zweiter Opiumkrieg

1884–1885:
Chinesisch-Französischer Krieg

1894–1895:
Chinesisch-Japanischer Krieg

1897:
Das Deutsche Reich besetzt die Bucht von Kiautschou.

1900:
Internationale Truppen schlagen den Boxeraufstand nieder.

1931:
Japanische Truppen besetzen die Mandschurei. Ausgangspunkt für weitere japanische Expansion auf dem chinesischen Festland

Veränderungen des politischen Systems

19. Jahrhundert:
Machtverlust des Kaisers
= Machtgewinn lokaler „Provinzfürsten"

1911/12:
Ende des Kaiserreiches
= Beginn der Republik

1912–1949:
instabile Republik
= Bürgerkriege und ausländische Interventionen

1949:
Sieg der Kommunistischen Partei
= Beginn einer neuen Epoche

M Das Ende des Kaiserreiches

*Der Sinologe Kai Vogelsang (*1969) fasst die wichtigsten Gründe für den Zusammenbruch des Kaiserreiches zusammen:*

In der späten Qing-Zeit[1] erlebte die chinesische Gesellschaft den radikalsten Strukturwandel seit der „Rituellen Revolution"[2] [...]: mit dieser war eine stratifizierte[3] Gesellschaft entstanden, die sich in den folgenden drei Jahrtausenden vielfach umformte, aber in ihrer Grundstruktur erhalten blieb. Jetzt löste sie sich auf und wurde ersetzt durch eine moderne, funktional differenzierte Gesellschaft. Traditionelle Ordnungsmuster wichen offeneren Formen der Partizipation, ausländische Einflüsse beschleunigten die Emanzipation von Wissenschaft, Technik, Militär und Wirtschaft, Zeitungen wurden zum Medium einer neuen Öffentlichkeit, in den offenen Küstenstädten bildete sich eine urbane Gesellschaft, in der soziale Ungleichheit zunehmend zum Problem wurde. [...] Auf dem Höhepunkt ihrer Macht wurden die Qing von verdrängten Problemen eingeholt: Bevölkerungsdruck führte zu großen Aufständen, die der nahezu bankrotte, von Korruption geschwächte Staatsapparat kaum mehr niederschlagen konnte. Militärische Macht ging zunehmend an regionale Milizen und Provinzgouverneure über, während politisches Mitspracherecht auf Interessengruppen außerhalb der Regierung ausgeweitet wurde. Diese neuen Akteure spielten eine wichtige Rolle beim Konflikt mit den Engländern, die ihr „Recht auf freien Handel" mit Opium in China mit Militärgewalt durchsetzten. Zweimal, 1840 und 1856, griffen sie China mit modernen Kanonenbooten an und zwangen die hoffnungslos unterlegenen Qing zur Öffnung von Küstenstädten für den Handel. Dieser Überfall der westlichen Moderne, so schockartig er kam, fiel in China auf wohlbereiteten Grund. Die Auflösung der ständischen Gesellschaft, Verbreitung des Buchdrucks, kritische Gelehrsamkeit und eine neue Öffentlichkeit hatten China schon lange an die Schwelle der Moderne gebracht. Westliche Lehren, die sich jetzt durch Reisen, Zeitungen und direkte Interaktion in Städten wie Shanghai verbreiteten, wurden zum Katalysator dieser Moderne. [...]

Während die Qing-Regierung, seit 1861 unter der Führung der Kaiserinwitwe Cixi[4], bemüht war, westliche Technik zu „Selbststärkung" und Erhalt der Dynastie zu nutzen, war es den Eliten des Südens darum zu tun, ihr Land zu retten. Nicht Regierungstruppen, sondern Provinzgouverneure [...] trugen auch die Hauptlast der Kriege gegen Frankreich (1884/85) und Japan (1894/95), welche die militärische Schwäche Chinas schonungslos offenbarten. In den nächsten Jahren wurde China fast kolonial zwischen Japan, Russland und den Westmächten aufgeteilt. Spätestens jetzt wurde deutlich, dass technisch-militärische „Selbststärkung" nicht die Lösung für Chinas Schwäche bot. Die Probleme saßen tiefer: in einer Gesellschaft, die als zunehmend fragmentiert und haltlos empfunden wurde. Weder die hierarchische Ordnung noch das kaiserliche Regierungssystem oder die konfuzianische Ideologie entsprachen dieser neuen Gesellschaft. Was China brauchte, waren Freiheit, Gleichheit, Brüderlichkeit: Nur das Selbstverständnis als Nation, organisiert in einem Nationalstaat, konnte Zusammenhalt im Inneren und Stärke nach außen bewirken, die China so dringend brauchte.

Während manche Intellektuelle an der Reform von Staat und Gesellschaft innerhalb des bestehenden Systems laborierten, bekämpften andere das System selbst. Revolutionäre wie Sun Yatsen[5] probten immer wieder Aufstände, bis 1911 – fast wie durch Zufall – ein Aufstand in Wuhan tatsächlich zur Revolution führte: Der letzte Qing-Kaiser dankte ab, und das chinesische Kaiserreich fiel zusammen wie ein Kartenhaus.

Kai Vogelsang, Geschichte Chinas, Ditzingen ⁵2013, S. 440f.

---

1. Fassen Sie die Kernaussagen des Textes in eigenen Worten zusammen.
2. Geben Sie aufgrund Ihres Sachwissens die wichtigsten Aspekte der Krise der späten Qing-Zeit wieder.
3. Analysieren Sie ausgehend vom Text und auf der Basis Ihres Sachwissens die Gründe für die Krise der Qing-Herrschaft im 19. und frühen 20. Jahrhundert.
4. **Gruppenarbeit:** Diskutieren Sie in der Gruppe, welche Rolle die ausländischen Invasionen beim Zusammenbruch der Monarchie in China spielten.

---

[1] Die Qing-Dynastie herrschte von 1644 bis 1911.
[2] Als **Rituelle Revolution** wird ein im 9. Jahrhundert v. Chr. einsetzender, allmählicher struktureller Wandel der chinesischen Gesellschaft bezeichnet. Er lässt sich heute nur noch anhand der Änderungen bei den für den Ahnenkult eingesetzten Ritualgefäßen nachvollziehen. Teil einer bestimmten Verwandtschaftsgruppe zu sein, verlor nach und nach an Bedeutung. Für das Selbstverständnis der Chinesen wurde vielmehr die Zugehörigkeit zu einer gesellschaftlichen Schicht wie bspw. „die Bauern" oder „der Adel" ausschlaggebend.
[3] **stratifiziert:** in Schichten eingeteilt
[4] **Cixi** (1835–1908): regierte als Kaiserinwitwe mehrere Jahrzehnte das chinesische Kaiserreich und ließ 1898 den Reformkaiser Guangxu inhaftieren, um daraufhin wieder selbst zu regieren
[5] **Sun Yatsen** (1866–1925): 1912 erster Präsident der Republik China

2.1 Hilfen zum richtigen Umgang mit den Operatoren

Anforderungsbereich I (Reproduktion)

Operator	Was ist zu beachten?	Wie ist vorzugehen?
beschreiben	Der Operator wird häufig sowohl bei Bildquellen wie Gemälden, Karikaturen oder Fotografien als auch bei Statistiken verwendet. Als Vorbereitung für eine anschließende Analyse soll das Material in **nachvollziehbarer** und **strukturierter Form** in seinen **Einzelheiten** (in der Regel Bildelemente und deren Beziehungen zueinander) vorgestellt werden. Eine Analyse oder Erklärung ist hier noch nicht vorzunehmen, also was z. B. die einzelnen Elemente einer Bildquelle oder einer Statistik im historischen Kontext für eine Bedeutung haben oder wie die Darstellung zu beurteilen ist. Klar identifizierbare Personen dürfen aber bereits als solche benannt werden.	Kreisen Sie das Ihnen wesentlich erscheinende Element des Materials ein und verfassen Sie ausgehend davon eine Beschreibung. Das zentrale Element ist z. B. bei einer **Bildquelle** daran zu erkennen, dass es oft in klarer Beziehung zu den anderen Bildelementen steht. Davon ausgehend können Sie dann die übrigen Bestandteile des Materials und die Bildebenen (Vordergrund, Hintergrund) in ihrem Inhalt beschreiben. Bei **Statistiken** empfiehlt es sich, auf die dort oft dargestellte Entwicklung einzugehen. Das gilt auch für dynamische **Karten** (z. B. eine Karte, die die Expansion Roms oder die „Entdeckungsfahrten" der Frühen Neuzeit zeigt). **Beispiel:** Im Zentrum des um 1877 entstandenen Historiengemäldes des Künstlers Anton von Werner steht Martin Luther in aufrechter Haltung und legt seine rechte Hand aufs Herz. Sein Blick ist Kaiser Karl V., der auf seinem Thron im Schatten sitzt, zugewandt. Im Bildhintergrund befinden sich … usw.
gliedern	Der Operator ist dafür gedacht, einen **Sachverhalt vorzustrukturieren** und zu **ordnen**, um ihn leichter greifbar zu machen. Das kann zum Beispiel die Einteilung eines zeitlichen Verlaufes in bestimmte Phasen sein. In Bezug auf einen vorgegebenen Text wird durch die Gliederung die Vorarbeit für eine Zusammenfassung bzw. eine Textwiedergabe geleistet. Oft wird der Operator daher bei Texten verwendet, in denen die zugrunde liegende inhaltliche Struktur zunächst nicht so einfach zu erkennen ist oder sich verschiedene Aspekte überlagern.	Falls keine Gliederungskategorien durch die Aufgabenstellung vorgegeben sind, wählen Sie **prägnante Begriffe** aus, die aus dem Text heraus deutlich werden. Geben Sie dann die **Zeilen** an, in denen Informationen, die zu diesen Begriffen gehören, benannt werden. Die Begriffe können dann jeweils den Ausgangspunkt für eine Textwiedergabe oder Zusammenfassung bilden. Zusätzlich werden auch Wertungen und Einstellungen der Autorin/des Autors wiedergegeben bzw. zusammengefasst. **Beispiel:** In einem Brief an seine Ordensbrüder in Europa berichtet der Franziskaner Pedro de Gante aus Mexiko-Stadt 1529 über die Missionierung der indigenen Bevölkerung. Der Autor schreibt zunächst über den alten Glauben der Einheimischen (Belegstelle: Zeilenangabe). Anschließend thematisiert er die verschiedenen Strategien der Missionierung der indigenen Bevölkerung. Dabei nennt er die Massentaufen (Belegstelle: Zeilenangabe), den Unterricht und die Ausbildung der Einheimischen zu Missionaren (Belegstelle: Zeilenangabe) und deren Vorgehen bei der Missionierung (Belegstelle: Zeilenangabe).
wiedergeben	Ähnlich wie beim Operator „zusammenfassen" (siehe Seite 139) geht es hier darum, zu zeigen, dass Sie den **Inhalt** eines vorgegebenen Textes **verstanden** haben. Allerdings sollen die Inhalte dabei nicht reduziert, sondern **strukturiert** in ihrer Gänze wiedergegeben werden. Meist wird dieser Operator bei Texten verwendet, die einen hohen Informationsgehalt und wenige Wiederholungen aufweisen, oft auch sprachlich anspruchsvoller sind und quasi „**übersetzt**" werden müssen. Dies kann z. B. für Quellen gelten, die aus einer weiter zurückliegenden Epoche stammen. Auch hier soll der Inhalt des vorliegenden Textes weder von Ihnen erläutert noch bewertet werden. Sie verfassen Ihre Textwiedergabe also wie ein **distanzierter Beobachter**.	Teilen Sie den Text, der wiedergegeben werden soll, in **Sinnabschnitte** ein. Notieren Sie an den Rand des jeweiligen Sinnabschnitts einen Satz, der die Inhalte des Abschnitts in die **moderne Fachsprache** „übersetzt". Um die sprachliche Distanz zum Ausdruck zu bringen, verwenden Sie bei der anschließenden Formulierung der Wiedergabe den **Konjunktiv**. **Beispiel:** Der portugiesische Seefahrer Vasco da Gama berichtet, dass bei der Ankunft seiner Flotte an der Küste von Kalikut im Jahre 1498 zunächst Abgesandte in vier Booten zu ihm gekommen seien, die ihn und sein Gefolge nach ihrer Herkunft gefragt hätten.

2.1 Hilfen zum richtigen Umgang mit den Operatoren

Operator	Was ist zu beachten?	Wie ist vorzugehen?
zusammenfassen	Der Operator ist oft in der ersten Aufgabe bei schriftlichen Arbeiten anzutreffen. Hier sollen Sie zeigen, dass Sie den **Inhalt** eines Textes **verstanden** haben und damit in der Lage sind, diesen **gekürzt** und **in eigenen Worten** wiederzugeben. Zu beachten ist dabei, dass Sie den Text auf die **wichtigsten Aussagen** reduzieren und diese dann anführen. Die Inhalte des zu untersuchenden Textes sollen weder von Ihnen erläutert noch bewertet werden. Sie schreiben Ihre Zusammenfassung wie ein **distanzierter Beobachter**.	Teilen Sie den Text, der zusammengefasst werden soll, im Vorfeld in **Sinnabschnitte** ein. Schreiben Sie an den Rand des jeweiligen Sinnabschnitts eine **Überschrift** oder einen **Satz**, der den Inhalt des Abschnitts auf den Punkt bringt. Um die sprachliche Distanz zu unterstreichen, verwenden Sie bei der anschließenden Formulierung der Zusammenfassung den **Konjunktiv**. **Beispiel**: Der Historiker Manfred Hettling erläutert in einer Fachpublikation, dass der Begriff „Wende" passender als der Begriff „Revolution" für die Zeit von 1989/90 sei.

Anforderungsbereich II (Reorganisation und Transfer)

Operator	Was ist zu beachten?	Wie ist vorzugehen?
analysieren	Mithilfe dieses Operators soll ein Material auf bestimmte Aspekte hin untersucht werden, um seine **inhaltliche Aussagekraft** thematisch **zielgerichtet zu erfassen**. Die Aspekte sind in der Regel direkt aus dem Material zu ersehen. Bei manchen Materialien bietet es sich auch an, diese in Hinblick auf mehrere Aspekte zu analysieren und dann zu einem Gesamtbild zusammenzufügen. Wichtig ist es, die Untersuchungsergebnisse anschließend zu **ordnen** und **strukturiert darzustellen**. Außerdem muss – zum Beispiel durch ein Zitat mit Zeilenangabe bzw. ein Bildelement oder einen Zahlenwert – das entsprechend erfasste Ergebnis der Untersuchung am Material **belegt** werden. Genau wie bei „charakterisieren" und „herausarbeiten" (siehe Seite 140 und 141) wird der Operator „analysieren" zur **inhaltlichen Erschließung** eines Materials genutzt. Damit werden diese Operatoren seltener in normalen schriftlichen Arbeiten eingesetzt. Allerdings können sie in umfangreicheren schriftlichen Arbeiten (z. B. im Abitur) als **Vorbereitung**, **Nachbereitung** oder **Verbindung** zu einer anderen weiteren Aufgabe aus dem Anforderungsbereich II (wie „erläutern"; siehe Seite 140 f.) genutzt werden. So kann z. B. eine inhaltliche Erläuterung der jeweils erschlossenen Aspekte gefordert sein oder eine Untersuchung eines Materials in Bezug auf zuvor in einer anderen Aufgabe erläuterte Inhalte.	Gehen Sie das Material durch, indem Sie Ihre „Analysebrille" aufsetzen und die Elemente (Textpassagen, Bildelement oder Zahlenwerte) **markieren**, in denen Aussagen zu ihrem Untersuchungsaspekt auftauchen. Fügen Sie diese Elemente zusammen und wählen Sie eine **geeignete Struktur**, mit der Sie Ihre Ergebnisse geordnet darstellen wollen. **Beispiel**: Analysieren Sie die Motive (Kriterium) der handelnden Gruppen, die in der spätmittelalterlichen Chronik in Bezug auf den Umgang mit der jüdischen Bevölkerung genannt werden. Eine denkbare Antwort: In der Chronik wird ein entscheidendes Motiv für die Ermordung der jüdischen Bevölkerung durch die Stadtbevölkerung genannt: „Was man den Juden schuldete, galt als bezahlt" (Belegstelle: Seiten- und/oder Zeilenangabe). Die Pest bot den Stadtbürgern einen Anlass, die Juden als Sündenböcke darzustellen und sich so ihrer Schulden zu entledigen. Dies gilt auch für die „Landesherren", die als „Schuldner" (Belegstelle: Seiten- und/oder Zeilenangabe) erwähnt werden. Die ablehnende Haltung der Stadträte gegenüber den Mordaktionen gegen die jüdische Bevölkerung, die in … (Belegstelle: Seiten- und/oder Zeilenangabe) nachzulesen ist, erklärt sich daraus, dass die jüdische Gemeinde in den Städten regelmäßig Schutzgeldzahlungen an den jeweiligen Stadtrat leistete.
charakterisieren	Ähnlich wie beim Operator „analysieren" soll auch hier **ein Aspekt** in einem Material **zielgerichtet untersucht** werden. Während bei einer Analyse eher sachorientiert vorzugehen ist, stehen bei einer Charakterisierung **Eigenarten und Merkmale** im Vordergrund, die sich häufig auf einer Werteebene bewegen. Die untersuchten Eigenschaften lassen sich oft mit **Adjektiven** belegen, die die Eigenarten beschreiben und sich im Endergebnis zu einem „Gesamtbild" bzw. einer Gesamtwirkung zusammenfügen. Dazu ist es wichtig, die Untersuchungsergebnisse zu **ordnen** und **strukturiert darzustellen** und auch ein **Fazit** zu ziehen. ▶ nächste Seite	Betrachten Sie das Material durch Ihre „Analysebrille" und **markieren** Sie die Elemente (Textpassagen), in denen Aussagen zu Ihrem Untersuchungsaspekt auftauchen. **Belegen** Sie die Aussagen auch mit passenden Adjektiven, die sich z. B. aus der Bewertung des Autors oder Ihrem eigenen Eindruck ergeben. Fügen Sie anschließend die Elemente zusammen und suchen Sie eine **Struktur**, mit der Sie Ihre Ergebnisse geordnet darstellen wollen. Wichtig ist dabei, auch die **Gesamtwirkung** zu erfassen, die der Sachverhalt nach der Untersuchung entfaltet. **Beispiel**: Charakterisieren Sie die Vorgehensweise (Kriterium) der Franziskaner bei der Missionierung der indigenen Bevölkerung in Spanischamerika. Eine mögliche Antwort: Die Vorgehensweise lässt sich als oberflächlich (Adjektiv) charakterisieren, da in … ▶ nächste Seite

Operator	Was ist zu beachten?	Wie ist vorzugehen?
charakterisieren	Dabei kann eine erste Bewertung der Ergebnisse erfolgen. Außerdem ist – zum Beispiel durch ein Zitat mit Zeilenangabe – das **Ergebnis** der Untersuchung auf Basis des Materials zu **belegen**.	(Belegstelle: Seiten- und/oder Zeilenangabe) deutlich wird, das Teile der indigenen Bevölkerung, die zuvor mit dem christlichen Glauben noch nicht in Berührung gekommen sind, sehr schnell zu Missionaren ausgebildet werden. Sie gehen wiederum auch gewalttätig (*Adjektiv*) vor, da sie „Götzenbilder" und „Tempel" des alten Glaubens ohne Zögern zerstören (Belegstelle: Seiten- und/oder Zeilenangabe). Insgesamt erscheint die Missionierung eher darauf abzuzielen, möglichst viele Menschen zu erfassen. Die Akzeptanz des christlichen Glaubens durch die einheimische Bevölkerung aus Überzeugung und dessen Durchdringung scheinen eher zweitrangig zu sein.
einordnen	Dieser Operator ist verwandt mit dem Operator „erläutern" (siehe weiter unten) aber von der Aufgabenstellung her enger gefasst. Es geht darum, **Einzelaspekte** in einen größeren **historischen Zusammenhang** zu stellen. Durch eine Erläuterung dieser Zusammenhänge, in den der Aspekt eingeordnet wird, zeigen Sie dann, dass Sie **wissen** und **begründen** können, warum der Aspekt in diesen Zusammenhang passt. Daher wird dieser Operator auch gern für schriftliche Arbeiten gewählt.	Es bietet sich zunächst an, eine **Mindmap** zu erstellen. Gehen Sie dabei von einem Einzelaspekt aus, der sich z. B. in einem vorgegebenen Material findet, und suchen Sie weitere Aspekte, die mit ihm in Beziehung stehen. Oft geht es dabei um historische Ereignisse und Prozesse, die als Ursache des Sachverhalts zeitlich vorher abliefen oder als Wirkungen und Folgen zeitlich danach stattfanden. So ergibt sich der **Gesamtzusammenhang**, den Sie dann umfassend in Ursachen und Folgen erläutern.
		Beispiel: In seiner Schrift „An den christlichen Adel deutscher Nation von des christlichen Standes Besserung" aus dem Jahre 1520 erklärt Martin Luther, dass alle Christen geistlichen Standes seien. Er erkennt damit die Überordnung des geistlichen Standes über den weltlichen Stand nicht mehr an. Für ihn sind alle Getauften Priester (*Ausgangspunkt*). Diese Feststellung ist eine Reaktion auf die Missstände innerhalb der Kirche z. B. in Bezug auf Simonie (Ämterkauf) und kanonische Gerichtsbarkeit, die die folgenden Auswirkungen hatten … (*Ursachen*). Mit seiner Lehre vom allgemeinen Priestertum erhöht Luther den Status des Laien und verhilft dem weltlichen Stand, sich aus seiner Unmündigkeit zu befreien. Diese Erkenntnis aus Luthers Adelsschrift ermöglicht z. B. den Fürsten des Heiligen Römischen Reiches sich als „Notbischöfe" zu verstehen, die somit die Struktur der Kirche in ihren Territorien ganz neu ordnen konnten … (*Folgen*).
erklären	Der Operator ist eine **Vorstufe des Erläuterns**, daher sind im Prinzip dieselben Aspekte zu beachten (siehe unten). Allerdings steht der Materialbezug hier weniger im Vordergrund. Gleichwohl geht es aber auch darum, **Wissen gezielt anzuwenden**. Ein Sachverhalt ist so darzustellen, dass seine Voraussetzungen, Ursachen und Folgen verständlich werden. Sie sollen also die **Gründe** oder die **Zusammenhänge** von etwas **aufzeigen**.	Grundsätzlich gelten hier dieselben Anregungen wie beim Operator „erläutern" (siehe unten). Allerdings können die Sachverhalte abgekoppelt von konkreten Materialbezügen dargestellt werden. So kann z. B. die **Gesamtaussage eines Materials** Ausgangspunkt einer Erklärung sein.
		Beispiel: Erklären Sie, was das vom spanischen Kronjuristen Palacios Rubios 1513 entworfene Requerimiento für die Gebietsansprüche anderer europäischer Mächte bedeutet. Eine denkbare Antwort: Der Text des Requerimiento gaukelt vor, die indigene Bevölkerung hätte eine Möglichkeit, sich mit den Spaniern friedlich zu einigen. Dadurch erhielt die spanische Eroberung den Anschein der Rechtmäßigkeit. Das Requerimiento etablierte also ein Verfahren, welches der spanischen Krone gegenüber anderen europäischen Mächten die Behauptung ermöglichte, die Eroberung sei rechtmäßig, weil sie erst nach Unterweisung der Einheimischen vollzogen worden sei.
erläutern	Der Operator taucht häufig in schriftlichen Arbeiten auf. Dabei sollen Sachverhalte, die in Textquellen, aber auch in Materialien wie Statistiken oder Bildern angesprochen werden, in ihren **Hintergründen erklärt** werden. ▶ nächste Seite	Bei diesem Operator ist es wichtig, *nicht* nur einfach **Wissen** unstrukturiert und aneinandergereiht wiederzugeben. Sie sollen zeigen, dass Sie Ihr Wissen, das zur Bearbeitung der Aufgabe benötigt wird, abrufen können, um dann zielgerichtet die Sachverhalte zu erläutern. ▶ nächste Seite

2.1 Hilfen zum richtigen Umgang mit den Operatoren

Operator	Was ist zu beachten?	Wie ist vorzugehen?
erläutern	Das eigene Sachwissen ist zu nutzen, um zielgerichtet z. B. einzelne relevante Textpassagen, Bildelemente oder Daten in ihrer **tieferen Bedeutung** umfassend darzustellen. Hier zeigen Sie also, dass Sie Ihre **Kenntnisse kompetent anwenden** können. Der Operator beinhaltet zwar auch den Operator „erklären" (siehe Seite 140), geht jedoch über ihn hinaus. So sollen nicht nur **Theorien** (wie z. B. Theorien zu Krisen oder Transformationsprozessen), sondern auch **historische Beispiele** herangezogen werden, um die entsprechenden Sachverhalte zu veranschaulichen.	In einem ersten Schritt ist das vorgegebene Material daraufhin zu untersuchen, zu welchen Textpassagen, Bildelementen oder Daten Sie **Hintergründe** erläutern könnten. Zur Vorstrukturierung bietet es sich an, z. B. eine **Mindmap** zu erstellen und den gewählten Passagen schlagwortartig Sachinhalte zuzuordnen. Diesen Sachinhalten können noch weitere Inhalte zugeordnet werden, sodass sich ein umfassendes Beziehungsgeflecht ergibt. Nach einer von Ihnen gewählten Reihenfolge kann dann ausgehend vom Material die Erläuterung mit **Beispielen und Belegen** formuliert werden. **Beispiel**: Den Ausgangspunkt der Erläuterung bildet eine Textpassage aus dem 1513 verfassten Requerimiento. Dort wird von der indigenen Bevölkerung verlangt, die Kirche als obersten Herrn der gesamten Welt anzuerkennen. Eine mögliche Erläuterung dazu könnte folgendermaßen aussehen: Die spanische Krone will damit eine Rechtsgrundlage für ihre Herrschaft in Amerika schaffen. Sie hatte durch die päpstliche Bulle „Inter caetera divinae" (1493) und den Vertrag von Tordesillas (1494) die Herrschaft in den „neu entdeckten" Territorien, die sich in dem ihnen zugewiesenen Bereich befanden, zugesprochen bekommen – also letztlich auch vonseiten der Kirche. Daher ist es wichtig, dass die indigene Bevölkerung missioniert wird und sich zum „heiligen katholischen Glauben" bekennt (Belegstelle: Seiten- und/oder Zeilenangabe), um damit – in der Vorstellung der spanischen Krone – auch die neue Herrschaftsordnung verbindlich anzuerkennen. Deswegen wird sogar mit Vergünstigungen und Rechten im Fall eines Übertritts zum Christentum geworben (Belegstelle: Seiten- und/oder Zeilenangabe).
gegenüberstellen	Dieser Operator ist eine **Vorstufe zum Operator „vergleichen"** (siehe Seite 142 f.). Hier geht es aber ausschließlich darum, die **Unterschiede und Gegensätze** von Sachverhalten oder Materialien anhand **bestimmter Kriterien** herauszustellen.	Es empfiehlt sich, zunächst eine **Tabelle** anzulegen. Eine Spalte sollte sich auf den ersten Sachverhalt bzw. das erste Material und die andere auf den zweiten Sachverhalt bzw. das zweite Material beziehen. Anhand des in der Aufgabe formulierten Kriteriums werden nun beide Sachverhalte bzw. Materialien auf die gegensätzlichen Aspekte hin untersucht und diese jeweils in den entsprechenden Sichtweisen – am besten mit **Belegstellen** aus dem Material – stichpunktartig in die Tabelle eingetragen. Mithilfe dieser Vorstrukturierung können Sie dann die Gegenüberstellung ausformulieren. **Beispiel**: Während der sowjetische Staatspräsident Michail Gorbatschow Reformen (*Kriterium*) in der Sowjetunion anmahnt, schließt Erich Honecker auf einer Politbürositzung im Februar 1989 diese für die DDR mit den Worten „wir sind doch nicht daran interessiert, dass wir Rückstände wieder [...] als Ziel angehen [...]" aus (Belegstelle: Seiten- und/oder Zeilenangabe).
herausarbeiten	Während beim Operator „analysieren" (siehe Seite 139) die Aspekte, die aus einem Material erschlossen werden sollen, direkt zu erkennen sind, muss beim Operator „herausarbeiten" erst **„zwischen den Zeilen"** gelesen werden, um die Aussage eines Materials zu erfassen. Genauso wie beim Operator „analysieren" werden einem dabei **bestimmte Kriterien** an die Hand gegeben, anhand derer die Untersuchung erfolgen soll.	Wie bei den Operatoren „analysieren" und „charakterisieren" ist es auch beim Operator „herausarbeiten" hilfreich, sich das **Untersuchungskriterium**, das in der Aufgabenstellung genannt wird, klar zu machen. Achten Sie bei der Bearbeitung des Textes auf **Andeutungen** oder **subtile Bewertungen**, die der Autor/die Autorin vornimmt, und ziehen Sie daraus Ihre Erkenntnisse. **Beispiel**: Arbeiten Sie aus dem Bericht des Sekretärs des Herzogs von Aragón im Jahre 1517 heraus, wie er Leonardos Arbeiten beurteilt (*Kriterium*). Die relevante Textstelle in dem Bericht lautet: „Dieser Herr hat eine besondere (*Wertung*) Abhandlung über den Körperbau zusammengestellt [...], so wie noch kein anderer Mensch es jemals getan hat (*Wertung*)" (Belegstelle: Seiten- und/oder Zeilenangabe).

▶ nächste Seite

Operator	Was ist zu beachten?	Wie ist vorzugehen?
	◀ vorherige Seite	Fazit: Der Sekretär stellt das einzigartige Talent Leonardos heraus. Er hat etwas geschaffen, was noch niemand vor ihm geschafft hat, seine Arbeit ist also besser als die Anderer.
in Beziehung setzen	Wenn dieser Operator in einer Aufgabe verwendet wird, sind **Zusammenhänge** zwischen Sachverhalten, die in **verschiedenen Materialien** zu finden sind, herzustellen. Häufig soll dabei untersucht werden, in welcher Art der Sachverhalt in dem jeweils anderen Material erscheint und ob sich ggf. in der inhaltlichen Aussage Veränderungen zeigen. Es kann aber auch sein, dass in einem Material der Sachverhalt selbst analysiert wird und dann in Beziehung zu einem Material gesetzt werden soll, welches bereits die Folgen oder Ursachen dieses Sachverhaltes thematisiert. In jedem Fall ist es notwendig, die jeweils herausgestellten Zusammenhänge nachvollziehbar zu **erläutern**.	Analysieren Sie zunächst das Ausgangsmaterial nach den gesuchten Aspekten und listen Sie diese **stichpunktartig** auf (ähnlich wie beim Operator „nachweisen", siehe unten). Untersuchen Sie dann das andere Material daraufhin, inwiefern ein **Zusammenhang** zu den herausgestellten Aspekten erkennbar ist. Fassen Sie anschließend den jeweiligen Zusammenhang in Worte und erläutern Sie ihn. **Beispiel:** In dem Ende des 16. Jahrhunderts veröffentlichten Kupferstich von Theodor de Bry „Kolumbus betritt amerikanischen Boden" (*Ausgangsmaterial*) sind gleich mehrere Ereignisse zu erkennen, die sich in dem durch Bartolomé de Las Casas überlieferten „Bordbuch des Kolumbus" (*Bezugsmaterial*) an verschiedenen Tagen wiederfinden. So wird die Flucht der indigenen Bevölkerung vor der ankommenden Flotte des Kolumbus, die im Hintergrund des Kupferstiches zu sehen ist, im Bordbuch am … erwähnt. Der Stich soll also in der Rückschau einen visuellen Überblick über verschiedene Ereignisse geben (*Erläuterung*).
nachweisen	Hier wird verlangt, ein Material auf **bekannte historische Inhalte** hin zu untersuchen (z. B.: Finden sich Aspekte von Martin Luthers Lehre in dem vorliegenden Text?). Außerdem ist genau aufzuzeigen, an welcher Stelle im Material die gesuchten Aspekte stehen. In schriftlichen Arbeiten ist dieser **Beleg** dann auch durch eine **Erläuterung** zu begründen.	Vergewissern Sie sich zunächst, welche **Aspekte** den historischen Inhalt, der nachgewiesen werden soll, ausmachen. Notieren Sie sich diese Aspekte und untersuchen Sie das Material daraufhin, ob der Inhalt direkt oder indirekt angesprochen wird. Formulieren Sie dann den Nachweis und nennen Sie die **Belegstelle**. Erläutern Sie anschließend, warum Sie diese Stelle gewählt haben. **Beispiel:** Das Motto der Humanisten „ad fontes", was übersetzt so viel wie „zu den Quellen" bedeutet (*Aspekt des gesuchten historischen Inhaltes*), lässt sich in Luthers Adelsschrift von 1520 nachweisen. Der Reformator bezieht sich bei seiner Aussage, dass alle Christen geistlichen Standes sind, auf eine Textpassage aus der Bibel (Belegstelle: Seiten- und/oder Zeilenangabe). Seine Überlegungen gehen also – wie es die Humanisten forderten – auf ein Studium der Quellen zurück, um der Wahrheit näher zu kommen. Dies steht auch in Verbindung zu dem auf Luther zurückgehenden Begriff „sola scriptura" (dt.: „allein durch die Schrift"), wonach die Bibel als einzige Quelle des christlichen Glaubens gilt (*Erläuterung*).
vergleichen	Bei einem Vergleich ist es wichtig, **Unterschiede**, **Ähnlichkeiten** und **Gemeinsamkeiten** zwischen Sachverhalten bzw. Materialien anhand **bestimmter Kriterien** darzustellen. Oft bleibt die Bearbeitung unvollständig, da z. B. nur auf die Unterschiede Bezug genommen wird.	Erstellen Sie eine **Tabelle** mit den Spalten „Gemeinsamkeiten", „Ähnlichkeiten" und „Unterschiede". Untersuchen Sie nun die Sachverhalte bzw. Materialien anhand des **Vergleichskriteriums** und tragen Sie Ihre Ergebnisse stichpunktartig – am besten mit den **Belegstellen** aus dem Material – in die Tabelle ein. Im Anschluss können Sie anhand dieser Vorstrukturierung den Vergleich ausformulieren. **Beispiel:** Der um 1450 erfundene Buchdruck mit beweglichen Lettern weist in seiner Wirkung (*Kriterium*) insofern *Gemeinsamkeiten* mit dem heutigen Internet auf, dass er eine Eigendynamik in der Verbreitung von Medien und Informationen auslöste. Was heute E-Mails oder Tweets leisten, erfüllten damals Flugschriften und -blätter als Massenmedien. Beiden Entwicklungen gemein ist zudem eine stärkere Vernetzung der Welt (*Ähnlichkeit*), auch wenn das Internet in viel größerem Ausmaß dazu beigetragen hat. Deutliche *Unterschiede* ergeben sich hinsichtlich der Autorenschaft und des Konsums: Die Kosten des Drucks von Schriften und Flugblättern waren immer noch so hoch, ▶ nächste Seite

2.1 Hilfen zum richtigen Umgang mit den Operatoren

Operator	Was ist zu beachten?	Wie ist vorzugehen?
vergleichen	◀ vorherige Seite	dass nicht jeder Mensch sich diese leisten konnte. Hinzu kam auch noch die geringe Alphabetisierungsrate zu Beginn der Entwicklung. Informationen und Nachrichten wurden also nur von einem Teil der Bevölkerung veröffentlicht und je nach Adressaten von einem größeren oder kleineren Kreis rezipiert. Das Internet ermöglicht jedoch, dass jeder Mensch zum Autor werden kann, ungeachtet der finanziellen oder literarischen Fähigkeiten.

Anforderungsbereich III (Reflexion und Problemlösung)

Operator	Was ist zu beachten?	Wie ist vorzugehen?
beurteilen	Es soll zu einem historischen Sachverhalt oder Prozess ein **begründetes Sachurteil** formuliert werden. Ein persönlicher Wertebezug wird nicht verlangt. Der Fokus ist in der Regel auf die Vergangenheit gerichtet. Es wird geprüft, ob der Sachverhalt/Prozess in der betrachteten Zeit in der Gesellschaft gerechtfertigt (legitim) bzw. stimmig oder nützlich (effizient) z. B. in Bezug auf wirtschaftliche oder politische Vorgänge war. Wichtig ist aus der **Perspektive der Zeit** zu urteilen, in der der Gegenstand, der beurteilt werden soll, in Erscheinung tritt. Entscheidend sind vor allem die **Argumente** bei der Beurteilung. Anhand **bestimmter Kriterien** wie beispielsweise Effizienz, Stimmigkeit oder Legitimität sollen historische Fakten und Beispiele angeführt werden und als Begründungen für das Urteil dienen. Je deutlicher erläutert wird, warum das Beispiel oder der Sachverhalt das eigene Urteil unterstützt, umso besser. Es können übrigens sowohl Argumente für als auch gegen die eigene Position in die Bearbeitung einfließen. Anders als bei „erörtern" (siehe Seite 144) muss dies aber nicht zwingend sein.	Wählen Sie – falls es nicht schon durch die Aufgabenstellung vorgegeben ist – ein für die Beurteilung sinnvoll erscheinendes **Sachkriterium** (z. B.: Effizienz, Stimmigkeit oder Legitimität) aus. Es sollte dann bei der späteren Formulierung der Beurteilung auch explizit genannt werden. Überprüfen Sie, in welcher Ausprägung die Kriterien bei dem zu untersuchenden Gegenstand vorliegen, und überlegen Sie anschließend, welche **Position** Sie vertreten wollen. Sammeln Sie im Anschluss daran Ihre Argumente stichpunktartig und achten Sie darauf, **historische Sachverhalte und Beispiele** anzuführen. Generell müssen Sie (insbesondere in schriftlichen Arbeiten), das Material, zu dem die Aufgabe gestellt ist, zur Unterstützung Ihrer Argumentation oder als Ausgangspunkt für die Beurteilung einbeziehen. Beim Verfassen der Beurteilung sollten Sie daher mit **Zitaten** aus oder **Bezügen** zum Material (Zeilenangaben) arbeiten. Am Ende der Bearbeitung sollte ein **Fazit** stehen, das die zentralen Argumente noch einmal prägnant zusammenfasst und die eigene Position auf den Punkt bringt. Als **Faustregel** gilt: Nicht das Urteil an sich entscheidet darüber, ob die Bearbeitung gelungen ist, sondern die Qualität und Nachvollziehbarkeit der Argumente, anhand derer das eigene Urteil begründet wird. **Beispiel**: Die Umsiedlung der indigenen Bevölkerung in Dörfern und Gemeinden, wie es auch der Vizekönig von Peru im 16. Jahrhundert dem spanischen König berichtete (Belegstelle: Seiten- und/oder Zeilenangabe), war in Bezug auf die Ziele der Spanier durchaus effizient (*Kriterium*). Auf diese Weise konnte die indigene Bevölkerung besser durch die Spanier kontrolliert und missioniert werden. Mit der Annahme des christlichen Glaubens wurde so auch die gottgegebene Herrschaft der Spanier von der indigenen Bevölkerung akzeptiert (*Argument*).
entwickeln	Anders als bei den anderen Operatoren im Anforderungsbereich III verbleibt der Operator „entwickeln" nicht nur bei einer **Beurteilung** eines Sachverhalts oder einer Problemstellung. Darüber hinaus sind Sie hier aufgefordert, eine **eigene Einschätzung** des Sachverhalts darzulegen und ggf. sogar ein **Lösungsmodell** für die vorliegende Problemstellung zu konstruieren. Oft ist hier das Einnehmen einer **Gegenposition** hilfreich, um aus dieser eine Alternative zu dem vorgelegten Problem oder dem Sachverhalt zu gewinnen. Formate wie die Gegenrede oder der Leserbrief bieten sich hier als Rahmen zur Ausformulierung der Ergebnisse an.	Machen Sie sich zunächst die **Sachverhalte**, die **Problemstellungen** und **Wertungen** klar, die sich aus dem Material, das Sie bearbeiten, ergeben (z. B. durch die Analyse eines Textes oder einer Karikatur). Überlegen Sie nun jeweils Möglichkeiten, die Aspekte anders zu sehen bzw. anders mit ihnen umzugehen. Finden Sie **Argumente** dafür, dass diese Alternativen eine tragfähige Strategie darstellen, das vorliegende Problem zu lösen. Gehen Sie dabei auf prägnante Punkte im vorliegenden Material ein, und stellen Sie daraufhin Ihre **Alternative** begründet vor. Im abschließenden **Fazit** bringen Sie ihr Lösungsmodell dann noch einmal auf den Punkt. **Beispiel**: In seiner Rede am 10. Oktober 1991 zum bevorstehenden Kolumbus-Tag verweist US-Präsident George Bush darauf, dass die „Entdeckung" Amerikas ▶ nächste Seite

Operator	Was ist zu beachten?	Wie ist vorzugehen?
entwickeln	◀ vorherige Seite	durch Christoph Kolumbus zu einem „Austausch von Wissen, Ressourcen und Ideen zwischen der Alten und der Neuen Welt" geführt habe (Belegstelle: Seiten- und/oder Zeilenangabe). Seine Aussage erweckt den Eindruck, hier habe ein gleichberechtigter Austausch bzw. Handel stattgefunden (*Bezug zum Text*). Das war aber nicht der Fall (*Gegenposition*). Wissen aus der „Alten Welt" wie z. B. der Bergbau wurden von Spaniern vorrangig in die „Neue Welt" gebracht, um Ressourcen der indigenen Bevölkerung einseitig und unter menschenunwürdigen Arbeitsbedingungen auszubeuten (*Argument*). In einer Rede zum Kolumbus-Tag muss auf dieses ungerechte Missverhältnis aus Gründen der Wahrhaftigkeit hingewiesen werden, auch wenn langfristig die „Neue Welt" auch von neuen Techniken profitieren konnte. Zudem wäre hier eine Entschuldigung für die Ausbeutung der einheimischen Bevölkerung angebracht (*alternatives Lösungsmodell*).
erörtern	Eine Erörterung erfolgt zu einer vorgegebenen Problemstellung, die meist als eine **These/Position** vorgegeben ist. Wie beim Operator „sich auseinandersetzen" (siehe unten) steht es einem offen, ob man ein **Sach- oder Werturteil** verfassen möchte, es sei denn, die Aufgabenstellung gibt dies bereits vor. Anders als bei den Operatoren „beurteilen", „Stellung nehmen" oder „sich auseinandersetzen" ist es hier zwingend erforderlich, eine **abwägende Auseinandersetzung/Beurteilung** zu gestalten. Bevor die eigene Position im abschließenden **Fazit** auf den Punkt gebracht wird, müssen also sowohl Argumente für als auch gegen die vorgegebene These/Position gesammelt, gewichtet und begründet werden.	Wählen Sie – falls es nicht schon durch die Aufgabenstellung vorgeben ist – ein Ihnen für die Aufgabe sinnvoll erscheinendes **Sach- oder Wertekriterium** für die Beurteilung aus (z. B. Effizienz, Stimmigkeit oder Legitimität bzw. Freiheit, Sicherheit etc.). Es sollte später bei der Formulierung der Erörterung auch genannt werden. Überprüfen Sie anhand des ausgewählten Kriteriums, welche Argumente für und welche gegen die formulierte These oder die problemorientierte Fragestellung sprechen. Listen Sie die **Pro- und Kontra-Argumente** stichpunktartig mithilfe einer Tabelle auf. Achten Sie auch darauf, historische Sachverhalte *und* Beispiele anzuführen sowie das zur Erörterung vorgegebene Material – wie bei den Operatoren „beurteilen", „Stellung nehmen" und „sich auseinandersetzen" – einzubeziehen. Überlegen Sie anschließend, welche **Position** Sie vertreten wollen. Gewichten Sie die gesammelten Pro- und Kontra-Argumente – beginnend mit dem schwächsten Argument (für die eigene Position) bzw. stärksten Argument (gegen die eigene Position). In dieser Reihenfolge formulieren Sie dann Ihre Erörterung nach dem sogenannten **„Sanduhrprinzip"**. Am Ende der Bearbeitung sollte ein **Fazit** stehen, das die zentralen Argumente noch einmal prägnant zusammenfasst und die eigene Position auf den Punkt bringt. Generell gilt als **Faustregel** auch hier: Nicht das Urteil an sich entscheidet darüber, ob die Bearbeitung gelungen ist, sondern die schlüssige Argumentation, anhand derer das eigene Urteil begründet wird.
		Beispiel: Erörtern Sie, ob es sich bei dem „Thesenanschlag" Martin Luthers um einen Wendepunkt in der Geschichte handelt (*problemorientierte Fragestellung*). Mögliche Antwort: Im Sinne der Stimmigkeit (*Sachkriterium*) der These vom „Wendepunkt in der Geschichte" ist festzuhalten, dass bereits vor dem Thesenanschlag von 1517 Reformer wie John Wyclif und Jan Hus ähnliche Ansichten wie Martin Luther gegenüber der Kirche vertraten, z. B. ... Luthers Thesenanschlag hatte aber deutlich gravierendere Auswirkungen auf das Heilige Römische Reich und Europa als das Wirken seiner Vorgänger, wie z. B. ...
sich auseinandersetzen	Bei diesem Operator steht es Ihnen frei, ob Sie ein **Sach- oder Werturteil** bilden. Anders als beim Operator „Stellung nehmen" (siehe Seite 145) ist es für das Verfassen eines Werturteils also nicht erforderlich, zuvor noch ein Sachurteil zu formulieren. Oft lässt sich bereits schon aus der Aufgabenstellung ablesen, welche Art von Urteil verlangt wird.	Es sind die gleichen Anregungen und Hilfen, wie bei den Operatoren „beurteilen" und „Stellung nehmen" zu beachten. Bei einem **Sachurteil** würden dann jeweils Sachkriterien wie z. B. Legitimität, Stimmigkeit oder Effizienz gelten, während bei einem **Werturteil** Maßstäbe wie Freiheit, Gerechtigkeit etc. herangezogen werden könnten. Wie bereits weiter oben erwähnt, ist auch hier nicht das Urteil entscheidend darüber, ob es sich um eine gelungene Bearbeitung handelt, sondern die **schlüssige Argumentation**, anhand derer das **eigene Urteil** begründet wird.

2.1 Hilfen zum richtigen Umgang mit den Operatoren

Operator	Was ist zu beachten?	Wie ist vorzugehen?
Stellung nehmen	Der Operator geht über ein **begründetes Sachurteil** hinaus, da hier zusätzlich ein **Werturteil** gefordert wird. Eine Stellungnahme besteht also im Grunde genommen aus zwei Teilen: Im ersten Teil geht es um Aspekte, die schon unter dem Operator „beurteilen" erklärt worden sind (siehe Seite 143). Im zweiten Teil ist ein Werturteil zu formulieren, bei dem eine Beurteilung aus **heutiger Perspektive** und anhand von **heutigen Wertmaßstäben** (z. B.: Freiheit, Sicherheit, Recht und Gerechtigkeit, Gleichberechtigung, politische Teilhabe, Solidarität) verlangt wird. Entscheidend beim Werturteil sind auch hier die **Argumente**. Je überzeugender diese sind, umso besser.	Zu beachten ist, dass dem Werturteil ein Sachurteil vorgeschaltet ist. Daher gelten hier die gleichen Hinweise wie beim Operator „beurteilen". Im Prinzip kann für das Werturteil das Vorgehen genauso erfolgen, nur dass **heutige Wertmaßstäbe** als Kriterien dienen, die in der Stellungnahme auch benannt werden sollten. Außerdem gilt wieder die **Faustregel**: Nicht das Sach- und anschließende Werturteil an sich entscheiden darüber, ob die Bearbeitung gelungen ist, sondern die Qualität und Nachvollziehbarkeit der Argumente, anhand derer die eigenen Urteile begründet werden. **Beispiel**: Die Umsiedlung der indigenen Bevölkerung in Dörfern und Gemeinden im 16. Jahrhundert war in Bezug auf die Ziele der Spanier durchaus effizient (*Kriterium*). Auf diese Weise konnte die indigene Bevölkerung besser kontrolliert und missioniert werden. Mit der Annahme des christlichen Glaubens wurde so auch die gottgegebene Herrschaft der Spanier von der indigenen Bevölkerung akzeptiert (*Argument für das Sachurteil*). Im Hinblick auf das Kriterium „Freiheit" ist das Vorgehen aus heutiger Sicht abzulehnen. Die Freizügigkeit (freie Wahl des Wohnortes) und die Glaubensfreiheit (*Wertmaßstäbe*) der indigenen Bevölkerung wurden stark eingeschränkt. Es wurde ein willkürlicher Zwang ausgeübt (*Argument für das Werturteil*).
überprüfen	Hier soll ein Sachverhalt daraufhin untersucht werden, ob er die Voraussetzungen für die **Gültigkeit einer Hypothese** erfüllt. Oft wird anhand von Materialien überprüft, ob historische Theorien und Modelle einen Prozess passend beschreiben – z. B. ob ein Sachverhalt als Krise oder Revolution einzuschätzen ist. Anders als beim Operator „nachweisen" (siehe Seite 142) ist nicht sicher, dass sich die Hypothese am Ende wirklich bestätigen lässt bzw. der Prozess nachweisbar ist. Die Überprüfung ist also **offen** und muss auch nicht zu einem eindeutigen Ergebnis führen. Umso wichtiger ist es hier, die Erkenntnisse, die Sie bei der Überprüfung gewonnen haben, durch eine **Erläuterung** zu begründen. Je präziser erläutert wird, warum das Beispiel oder der Sachverhalt die zu überprüfende Hypothese unterstützt oder entkräftet, umso besser.	Formulieren Sie **zentrale Kriterien**, die erfüllt sein müssen, damit die zu überprüfende These Gültigkeit besitzt. Bearbeiten Sie den Sachverhalt/das Material daraufhin, inwieweit diese Kriterien nachweisbar sind. Erfolgt die Überprüfung anhand eines Materials, sollten Sie **relevante Textstellen** oder **Zahlenwerte** vermerken, die Sie später zitieren können. Verfassen Sie strukturiert ihr **„Prüfgutachten"**, indem Sie ausgehend vom Sachverhalt/dem Material darlegen, inwieweit die Hypothese erfüllt ist. Begründen Sie Ihre Einschätzung durch Beispiele/Sachwissen. **Beispiel**: Die Entwicklungen in der DDR 1989 brachten einen fundamentalen Systemwechsel (*Kriterium einer Revolution*) für die Bevölkerung. Aus einer faktischen Einparteienherrschaft wurde eine parlamentarische Demokratie, aus einer zentralistischen Planwirtschaft schließlich eine freie Marktwirtschaft (*Argumente*). In diesem Aspekt ist das Kriterium einer Revolution also erfüllt.

Operator, der Leistungen in allen drei Anforderungsbereichen verlangt:

Operator	Was ist zu beachten?	Wie ist vorzugehen?
interpretieren	Der Operator erfordert **Leistungen aus allen drei Anforderungsbereichen**. Zuerst ist nachzuweisen, dass das Material verstanden worden ist. Das bedeutet, dass zunächst eine Beschreibung, Zusammenfassung oder Wiedergabe der Inhalte des Materials in eigenen Worten erfolgt. Danach soll anhand von bestimmten Kriterien das Material auf seine Inhalte hin analysiert und diese mithilfe des eigenen Fachwissens erläutert werden. Die Kriterien können in der Aufgabenstellung vorgegeben sein oder müssen selbst festgelegt werden. Zum Schluss sind die Aussagen, die sich aus dem Material ergeben, zu beurteilen. Dabei soll immer ein Sachurteil erfolgen, das noch um ein Werturteil ergänzt werden kann, aber nicht muss.	Es empfiehlt sich, **schrittweise vorzugehen** und die jeweiligen **Teile der Bearbeitung auszuformulieren**. Beginnen Sie mit der Beschreibung, Zusammenfassung oder Textwiedergabe, anschließend folgen die Analyse und Erläuterung bezogen auf ein Untersuchungskriterium. Zuletzt ist die Beurteilung oder Stellungnahme in Hinblick auf das zuvor Untersuchte vorzunehmen. **Hilfen** zur jeweiligen Vorstrukturierung befinden sich bei den entsprechenden Operatoren. **Beispiel** *(für eine Aufgabenstellung):* Interpretieren Sie die Wandmalerei „Landung der Spanier in Veracruz" von Diego Rivera aus dem Jahre 1951 im Hinblick auf ihre Aussagekraft bezüglich der Folgen der spanischen Kolonisation (*Untersuchungskriterium*).

2.2 Hinweise zur Bearbeitung von Klausuren

Klausuren

Ziel
In Klausuren sollen Sie zeigen, dass Sie fachspezifisches Material anhand von Aufgaben angemessen bearbeiten können. Dabei sollen Sie ihr Wissen mit neuen Sachverhalten **problembewusst verknüpfen** und begründet **Stellung nehmen**.

Reproduktion

Reorganisation und Transfer

Reflexion und Problemlösung

Anforderung
Im **Anforderungsbereich I** beschreiben Sie geordnet und gerafft historische Zustände oder Entwicklungen.
Im **Anforderungsbereich II** bearbeiten Sie Materialien problem- und methodenbewusst zu einem aus dem Unterricht bekannten Thema.
Der **Anforderungsbereich III** verlangt gründliches Nachdenken und eine Lösung. Sie müssen auf Grundlage Ihrer Materialienanalyse ein Problem untersuchen und bewerten. Ihre Stellungnahme kann eine abwägende Diskussion gegensätzlicher Standpunkte erfordern. Abschließend müssen Sie dazu selbst Position beziehen.

Tipp

Die Operatoren der Anforderungsbereiche I bis III finden Sie vorne im Buch erklärt (siehe: Anforderungsbereiche und Operatoren). **Hilfen zum richtigen Umgang mit den Operatoren** bietet die Übersicht ab Seite 138.

Vorgehen

Aufgaben erfassen
- ☑ Lesen Sie die **Aufgaben** sorgfältig durch; unterstreichen Sie den **Operator**. Versuchen Sie, den Auftrag genau zu erfassen. Machen Sie sich ihn bei Bedarf in eigenen Worten klar. Finden Sie **Schlüsselbegriffe** und klären Sie kurz ihre Bedeutung.

Operatoren beachten
- ☑ Erledigen Sie die Aufgaben streng anhand der Operatoren. Sie zeigen Ihnen, zu welchen **Anforderungsbereichen** Sie jeweils arbeiten sollen.

Kernaussagen ermitteln
- ☑ Lesen Sie den Text zunächst als Ganzes, um Thema und Hauptaussagen im **Zusammenhang** zu begreifen. Im zweiten Durchgang ermitteln Sie aufgabenbezogen die **wesentlichen Aussagen**. Unterstreichen Sie dabei Wörter statt Sätze; so fällt es Ihnen leichter, **eigene Formulierungen** zu finden und sich von der Vorlage zu lösen.

Aussagen strukturieren
- ☑ Stellen Sie zunächst den **Autor** und die **Quelle** (Entstehungszeit, historischer Kontext, Adressaten) vor, wiederholen Sie aber nicht die wissenschaftliche Fundstelle des Textes.

Text gliedern
- ☑ Gliedern Sie Ihren Text folgerichtig. Setzen Sie **Schwerpunkte in Inhalt und Umfang** Ihres Textes. Achten Sie bei Ihrem Zeit- und Arbeitsaufwand auf die Gewichtung der Aufgaben.

- ☑ Geben Sie die Hauptgedanken eigenständig in **indirekter Rede** im **Konjunktiv** wieder.

Aussagen belegen
- ☑ Direkte **Zitate** empfehlen sich, wenn der Operator intensive Textarbeit verlangt und sie einen Kernaspekt in auffälligen Worten ausdrücken. Eine **Erläuterung in eigenen Worten** muss folgen.

- ☑ Halten Sie die **Reihenfolge der Aufgaben** ein. Vermeiden Sie Überschneidungen.

Stil
- ☑ Schreiben Sie **kurze, verständliche Hauptsätze** oder **Satzgefüge**. Drücken Sie sich sachlich aus und benutzen Sie **Fachbegriffe**.

Letzte Kontrolle
- ☑ Planen Sie Zeit für die **Durchsicht** ein. Lesen Sie Ihre Klausur zunächst nur unter **inhaltlichen Gesichtspunkten**; erst in einem zweiten Durchgang achten Sie auf **Rechtschreibung, Grammatik** und **Satzbau**. Achten Sie auf die **Zeitenfolge** (Präsens mit Perfekt; Präteritum mit Plusquamperfekt). Nutzen Sie zulässige **Wörterbücher**.

2.3 Formulierungshilfen für die Textanalyse

Der Verfasser/die Verfasserin (kurze Vorstellung) beschäftigt sich (Zeit/Kontext) mit .../ untersucht/setzt sich mit der Frage auseinander/behandelt das Problem .../thematisiert/äußert sich zu/führt aus ...
Beispiel: Der Historiker Klaus J. Bade setzt sich in seiner 2002 erschienenen Publikation „Europa in Bewegung" mit der historischen und aktuellen Bedeutung von Migration auseinander.

Einleitung

Der Autor/die Autorin (Name) hat den Brief/Aufsatz/etc. verfasst/die Rede gehalten, als ... Die Quelle lässt sich vor dem Hintergrund von ... einordnen/ist im Zusammenhang mit ... zu sehen.
Beispiel: Die Bürgerbewegung „Demokratie Jetzt" startet am 12. September 1989 einen Aufruf, der sich an alle Initiativgruppen und reformfreudigen Kräfte in der DDR richtet und auf aktuelle Probleme im Staat eingeht. Der Aufruf lässt sich vor dem Hintergrund der sich wirtschaftlich und politisch zuspitzenden Krise der DDR im Jahre 1989 einordnen.

Einordnung in den historischen Kontext

Er/sie behauptet/ist der Meinung, dass .../vertritt die These/die Position, dass ...
Beispiel: Der amerikanische Politikwissenschaftler Samuel Phillips Huntington behauptet, dass die Konflikte in der Welt in der Zukunft zwischen verschiedenen Großkulturen verlaufen werden.

Textwiedergabe „Kernthese"

Der Verfasser/die Verfasserin begründet dies, indem er/sie .../belegt dies mit .../erklärt dies mit/hebt hervor/betont/kritisiert/bemängelt/argumentiert
Beispiel: Der Politikwissenschaftler Samuel Phillips Huntington betont, dass ein „weltweiter Kampf der Kulturen" (Zeilenangabe/Belegstelle) nur zu vermeiden sei, wenn der Westen seine Kultur verteidigt und dieser nicht darauf hoffe, dass die anderen Kulturen sich ihm annähern werden.

Textwiedergabe „Argumentation"

Der Autor/die Autorin fasst seine/ihre Haltung/Sichtweise zusammen, indem er/sie .../ sagt abschließend .../kommt zu dem Schluss, dass ...
Beispiel: Eberhard Kolb, Professor für Geschichte, kommt zu dem Schluss, dass jeder Historiker durch die Gewichtung der verschiedenen Faktoren darüber entscheidet, wie er das Scheitern der Weimarer Republik interpretiert.

Zusammenfassung

Ebenso wie (ein anderer Autor/eine andere Autorin)/anders als (die Meinung/Argumentation/Position von) ...
Beispiel: Die Historiker František Graus und Peter Schuster nehmen unterschiedliche Standpunkte in Bezug auf die Krise des Spätmittelalters ein. Während Graus ... betont, hebt Schuster ... hervor.

Vergleich

Er/sie will darauf hinweisen/erreichen/verdeutlichen/appelliert/zielt auf/verfolgt die Absicht ...
Beispiel: Der britische Mathematiker, Philosoph und Friedensforscher Bertrand Russell will mit seinem in der „Times" am 23. Oktober 1945 erschienenden Leserbrief auf die Geschehnisse im Kontext der Vertreibung der deutschen Bevölkerung aufmerksam machen.

Absicht

Beurteilung: Die Argumentation überzeugt (nicht)/ist widersprüchlich/schlüssig/(nicht) einleuchtend/nachvollziehbar/zutreffend, weil ... *Bewertung*: Ich stimme dem Autor/der Autorin zu/teile (nicht) die Haltung des Verfassers/der Verfasserin/schließe mich (nicht) der Argumentation an, weil .../Aus heutiger Sicht/Perspektive lässt sich sagen/festhalten, dass ...
Beispiel: Die Thesen des amerikanischen Politologen Jack A. Goldstone über die Ursachen von Revolutionen überzeugen (nicht) aus folgenden Gründen: ...

Stellungnahme (Sach- und Werturteil)

2.4 Übungsklausur: Wechselwirkungen und Anpassungsprozesse

Die Aufgabenstellung bezieht sich auf das **Pflichtmodul** „Die Völkerwanderung", die beiden **Kernmodule** „Kulturkontakt und Kulturkonflikt" sowie „Migration" und das **Wahlmodul** „Romanisierung und Kaiserzeit" des zweiten Rahmenthemas des niedersächsischen Kerncurriculums. Des Weiteren ist ein Semesterübergriff auf das Kernmodul „Krisen" des ersten Rahmenthemas vorgesehen.

Pflichtmodul

1. Fassen Sie nach einer quellenkritischen Einführung die Kernaussagen von Themistios' Rede zusammen (M1).
2. Ordnen Sie die Rede in ihren historischen Kontext ein (M1 und M2). Gehen Sie dabei insbesondere auf die Bedeutung des „Gotenfoedus" von 382 für den weiteren Verlauf der Völkerwanderung ein.

Pflicht-, Kern- und Wahlmodul

3. Erläutern Sie, wie sich Ursachen und Verlauf der Völkerwanderung mithilfe Ihnen bekannter Theorien von Kulturkontakt und Migration erklären lassen.
4. Setzen Sie sich kritisch mit dem Begriff „Völkerwanderung" für die Ereignisse der europäischen Geschichte vom 4. bis 6. Jahrhundert auseinander.
5. Erklären Sie, inwiefern Themistios in seiner Rede (M1) die Vision einer Romanisierung der Westgoten beschreibt.

Semesterübergriff

6. Erörtern Sie, inwieweit die Aufnahme der Westgoten ins Römische Reich und deren Folgen die Bedingungen für eine historische Krise erfüllen.
7. Erörtern Sie ausgehend von M3 und M4, ob ein Vergleich der Völkerwanderung mit aktuellen politischen und gesellschaftlichen Ereignissen möglich und sinnvoll ist.

Tipps für die Bearbeitung

- **Aufgabe 1**: Eine quellenkritische Einführung gibt die wichtigsten Informationen über die untersuchte Quelle wieder: Verfasser, Datum, Ort, Textsorte (z. B.: Brief, Rede, ...), Adressat, Thema, Anlass und Absicht des Verfassers.
- **Aufgabe 2**: Für Informationen über die Aufnahme der Westgoten ins Römische Reich und zum „Gotenfoedus" können Sie nochmals im Kapitel „Ursachen und Verlauf der Völkerwanderung" auf Seite 30 f. nachschlagen. Beachten Sie auch die gegen die Integration der Westgoten gerichtete Rede von Synesios von Kyrene (M3 auf Seite 35).
- **Aufgabe 3**: Über Theorien im Bereich „Kulturkontakt" und „Migration" informieren Sie die beiden Kernmodule auf den Seiten 8 bis 13 bzw. 18 bis 23.
- **Aufgabe 5**: Die „Säulen der Romanisierung im Kaiserreich" auf Seite 108 fassen Ihnen die wichtigsten Bausteine der Romanisierung zusammen.

Hinweis: Ihre Arbeitsergebnisse zu den Aufgaben 1 bis 7 können Sie mit den Lösungsvorschlägen unter dem Code **32202-19** vergleichen.

M1 Hoffnung auf die Integration der Westgoten

Themistios (um 317–388) war ein griechischer Redner, Philosoph und Politiker. In einer am 1. Januar 383 in Konstantinopel vor Kaiser Theodosius I. (347–395) gehaltenen Rede äußert er sich zu dem im Vorjahr geschlossenen Friedensvertrag (foedus) mit den Westgoten:

Aber sieh, wie der überaus verhasste Name „Goten" jetzt liebenswert (erscheint), wie angenehm, wie begrüßenswert! Sie kommen nun zusammen mit uns zur Feier des Heerführers, dem sie sich untergeordnet haben, weil sie
5 sich klug verhalten, und sie feiern (mit uns) zusammen das Siegesfest, das ihrer Besiegung gilt. […] Auch dann, wenn es für uns leicht gewesen wäre, sie auszulöschen, und wenn wir die Macht gehabt hätten, alles mit ihnen zu machen, soll es doch möglich sein, dass wir nicht die geringste Ab-
10 neigung (gegen sie) empfinden, obwohl dies aufgrund der vielen Ereignisse keine unziemliche Folge gewesen wäre; aber – wie gesagt – auch dies (d.h. Versöhnung) soll in unserer Macht liegen. Ist es denn etwa besser, Thrakien[1] mit Leichen anzufüllen anstatt mit Bauern? Und zu zeigen,
15 dass es voll von Gräbern und nicht angefüllt mit Menschen ist? Und ist es besser, durch ein brachliegendes als durch ein beackertes Land zu gehen? Ist es etwa besser, Getötete zu zählen als Pflügende? […] Ich habe von Leuten, die dorthin gelangt sind, in Erfahrung gebracht, dass sie Eisen
20 aus Schwertern und Brustpanzern umwandeln zu Hacken und Sicheln, und dass diejenigen, die früher Ares verehrten, jetzt zu Demeter und Dionysos[2] beten.
Vielerlei dieser Art bewirkte auch früher das menschliche Leben, und nicht erst uns widerfuhr, dass diejenigen, die
25 gefehlt hatten und Verzeihung erhielten, denjenigen von Nutzen waren, denen Unrecht geschehen war. Seht doch nur die Galater[3] am Schwarzen Meer. […] Und nun würde niemand mehr die Galater als Barbaren bezeichnen, sondern ganz und gar als Römer; der alte Name blieb ihnen
30 aber gleichwohl, doch sind sie in ihrer Lebensweise assimiliert. Sie zahlen Steuern wie wir, dienen wie wir im Heer, empfangen in gleicher Weise wie andere (Reichsbewohner) die Beamten (des Kaisers) und gehorchen denselben Gesetzen. So werden wir auch in kurzer Zeit die Goten (leben)
35 sehen. Noch sind ihre Wunden zwar frisch, doch werden wir sie in kurzer Zeit als Bündnispartner, Tischgenossen, Soldaten und Steuerzahler finden.

Themistios, Oratio 16, 301, 16, 302, 26, zitiert nach: Hans-Werner Goetz und Karl-Wilhelm Welwei (Hrsg.), Altes Germanien. Auszüge aus antiken Quellen über die Germanen und ihre Beziehungen zum Römischen Reich von der Mitte des 3. Jahrhunderts bis zum Jahre 453 n. Chr., Bd. 2, Darmstadt 2013, S. 160

[1] **Thrakien**: römische Provinz südlich der Donau (im heutigen Bulgarien), in der die Westgoten 382 angesiedelt wurden
[2] **Ares, Demeter** und **Dionysos**: Ares war der griechische Kriegsgott, Demeter die Göttin des Ackerbaus und Dionysos der Gott des Weines und des Weinanbaus.
[3] **Galater**: Gruppe von keltischen Barbaren, die im 3. Jh. v. Chr. nach ihrer gewaltsamen Migration in der heutigen Türkei angesiedelt worden waren

M2 Die Goten und die Völkerwanderung

Der österreichische Historiker Walter Pohl (*1953) beschreibt am Beispiel der Westgoten die Bedeutung der Völkerwanderung für die Menschen:

Was die Wanderungen für die Völker bedeuteten, hat H. Wolfram[4] am Beispiel der Goten im Detail untersucht. Daraus ergibt sich, dass gotische Wanderungen im Laufe der Zeit sehr unterschiedliche Formen annehmen konnten. Die Gutonen[5] des 1./2. nachchristlichen Jahrhunderts leb-
5 ten an der unteren Weichsel[6] im Bereich der archäologisch feststellbaren Wielbark-Kultur, deren Siedlungsschwerpunkt sich vor ihrem Ende allmählich Richtung Südosten verlagerte, während manche ihrer Merkmale in der Cernjachov-Kultur des 3./4. Jahrhunderts in der heutigen
10 Ukraine sichtbar werden: allmähliche Migration und kultureller Einfluss. Für das 3. Jahrhundert sind gotische Raubzüge zu Wasser und zu Land bis nach Griechenland und Kleinasien bezeugt, die aber zu keiner Ansiedlung führten. Nach 375 löste das Vordringen der Hunnen eine ungeord-
15 nete Fluchtbewegung zehntausender Menschen über die untere Donau auf römisches Gebiet aus. Viele von den zugewanderten Goten wurden als Bauern oder Sklaven angesiedelt. Andere wurden als Berufssoldaten römische Föderaten, Bündnispartner, und in die römische Heeres-
20 organisation eingegliedert. Viele der gotischen Wanderungen des 5. Jahrhunderts waren Heerzüge solcher Föderatenarmeen, im römischen Auftrag oder in offener Rebellion, mit Familien und Anhang oder ohne. Schließlich expandierte das 418 gegründete Westgotenreich von
25 Toulouse aus und bekam im Laufe der Zeit die gesamte Iberische Halbinsel unter Kontrolle. All das sind Formen der „Völkerwanderung", die aber kaum auf ein einziges Muster zu reduzieren sind. Nie, selbst 375 nicht, haben alle Bewohner den Ausgangsraum verlassen. Auch die Zahlen
30 der jeweils wandernden Goten schwankten zwischen einigen Tausend und einigen Zehntausend. H. Wolfram hat die größten Armeen der Zeit auf 20 000 bis 30 000 Mann geschätzt, was für ein ganzes Volk höchstens 100 000 Menschen ergibt; manche Forscher gehen von noch geringeren
35 Größenordnungen aus.

Walter Pohl, Artikel „Völkerwanderung", in: Gert Melville und Martial Straub (Hrsg.), Enzyklopädie des Mittelalters, Bd. II, Darmstadt 2008, S. 313f.

[4] **Herwig Wolfram** (*1934): österreichischer Historiker
[5] **Gutonen**: germanische Gruppe, die an der Ethnogenese der Goten wahrscheinlich maßgeblich beteiligt war
[6] **Weichsel**: Fluss im heutigen Polen

M3 „Neue Völkerwanderung"

Der deutsche Althistoriker Alexander Demandt (*1937) äußert sich in einem Interview mit der Tageszeitung „Die Welt" am 11. September 2015 zum Umgang des Römischen Reiches mit Migranten und vergleicht die Flüchtlingskrise des Jahres 2015 mit der Völkerwanderung:

DIE WELT: In der aktuellen Flüchtlingskrise ist oft die Rede von einer „neuen Völkerwanderung". Ist dieser Vergleich mit der Spätantike weiterführend?
DEMANDT: Der Begriff „Völkerwanderung" ist auf mehrerlei
5 Weise berechtigt. Erstens, was die Zahl der Migranten angeht. Zweitens, was die Art ihrer Bewegung betrifft; vielfach wandern sie ja tatsächlich, wie in der Antike. Drittens war die Motivation der spätantiken Völkerwanderung im Wesentlichen die gleiche wie bei der gegenwärtigen Migration.
10 DIE WELT: Nämlich?
DEMANDT: Damals wie heute handelt es sich um den Druck aus armen, aber bevölkerungsreichen Ländern auf reiche, aber überwiegend kinderarme Völker. Der wichtigste Unterschied besteht darin, dass die Germanen in der
15 Völkerwanderung bewaffnet kamen, während die Flüchtlinge heute natürlich unbewaffnet sind. [...]
DIE WELT: Wie hat das Imperium Romanum auf den Zustrom reagiert?
DEMANDT: Der Zuwanderungsdruck auf die Grenzen des
20 Römischen Reiches ist ja sehr alt – er beginnt schon gegen Ende des 2. Jahrhunderts vor Christus, mit den Kimbern und Teutonen. Damals waren die reichen, fruchtbaren Länder im Süden interessant für die Bewohner der kalten, ungemütlichen Länder im Norden. Die Römer haben eine
25 zweigleisige Politik betrieben: Einerseits haben sie schon sehr früh, unter Cäsar, germanische Hilfstruppen übernommen und für sich kämpfen lassen, teilweise große Kontingente. Andererseits wurden Zuwanderer angesiedelt und in die römische Zivilisation eingegliedert [...]. Man kann sa-
30 gen: Germanen waren sowohl Söldner für Rom wie Siedler.
DIE WELT: Und das ging gut?
DEMANDT: In der Spätantike bestand das römische Heer sogar überwiegend aus Germanen. Sie haben zunächst durchaus im römischen Sinne gehandelt und das Imperium
35 verteidigt – bis sie eines Tages gesagt haben: Die Römer sind nicht mehr in der Lage, ihre eigene Herrschaft auszuüben. Da ließen sie andere Germanen über die Grenzen und setzten den Kaiser ab. Das war es dann mit der römischen Zivilisation.
40 DIE WELT: Bleiben wir in der Zeit, als die Germanen Söldner und Siedler waren. Wie hat das Imperium diese Zuwanderer integriert?
DEMANDT: Gut, solange die Zahl der übernommenen Menschen nicht übermäßig groß war und sie in die soziale Welt
45 eingebunden werden konnten. Sie lernten Lateinisch, passten sich den Gebräuchen der römischen Zivilisation an, zahlten Steuern – und sind spätestens in der zweiten Generation zu Römern geworden.

DIE WELT: Die Zuwanderer mussten sich also der römischen Leitkultur unterordnen ...
50
DEMANDT: ... dieser Begriff ist belastet. Man kann auf ihn verzichten. Das Einzige, was von den Zuwanderern in jedem Fall verlangt wurde, war die Unterordnung unter römisches Recht. Das stand eisern fest – wer sich daran nicht hielt, wurde ausgewiesen oder bestraft. [...]

„Das war es dann mit der römischen Zivilisation", Interview mit Alexander Demandt, https://www.welt.de/geschichte/article146277646/Das-war-es-dann-mit-der-roemischen-Zivilisation.html (Zugriff: 18. Juni 2019)

M4 Problematischer Vergleich

Der Althistoriker Mischa Meier (*1971) warnt vor Vergleichen der Völkerwanderung mit der aktuellen Migration von Flüchtlingen nach Europa:

Soweit ich sehe, zielen die aktuell in den Medien fassbaren Vergleiche zwischen „Völkerwanderung" und „Flüchtlingskrise" darauf, zum einen Anschauungsmaterial hinsichtlich möglicher Folgen von Massenmigration zu gewinnen sowie zum anderen Handlungsempfehlungen für Politik und Ge- 5
sellschaft zu generieren beziehungsweise allgemeine Mahnungen auszusprechen.
Beides erscheint indes problematisch: Die auch heute noch unwillkürliche Assoziierung der „Völkerwanderung" mit dem Untergang des Römischen Reichs erzeugt eine fatale 10
Pfadabhängigkeit[1] des Vergleichs mit Blick auf die Bewertung gegenwärtigen Geschehens und daraus resultierender möglicher Handlungsmaximen[2]. Die „Völkerwanderung" kann den aktuellen Akteuren keine Hilfestellung leisten, weil sie als kohärenter[3] Geschehenszusammenhang nicht 15
fassbar ist und weil die Einzelphänomene, die sich isolieren lassen, vor dem Hintergrund fundamental differenter geostrategischer, politischer und kultureller Rahmenbedingungen zu sehen sind.
Oberflächliche Analogien können durchaus gravierende 20
Unterschiede verdecken. Nur ein methodisch-theoretisch skrupulös vorbereiteter Vergleich vermag Klippen dieser Art zu umschiffen – und dürfte im Fall der „Völkerwanderung" [...] dennoch höchst problematisch bleiben. [...] Gegen Vereinnahmungen dieser Art anzuarbeiten, ist eine der 25
wichtigsten Aufgaben des Historikers.

Mischa Meier, Die „Völkerwanderung", in: Aus Politik und Zeitgeschichte (APuZ) 26–27/2016, S. 3–10, hier: S. 10

---

[1] **Pfadabhängigkeit**: hier im Sinne von Zwangsläufigkeit, Vorbestimmtheit
[2] **Handlungsmaxime**: Orientierung, Richtschnur für das Handeln
[3] **kohärent**: einheitlich

Lösungsskizze: Münzen und Medaillons analysieren

1. beschreiben | Es handelt sich um ein Silbermedaillon des weströmischen Kaisers Honorius, das zwischen 404 und 408 in Rom geprägt wurde. Den Prägeort gibt ein Zeichen (RMPS) auf der Rückseite der Münze an. Auftraggeber ist der auf Vorder- und Rückseite abgebildete, von 395 bis zu seinem Tod regierende Kaiser Honorius (384 – 423).

Auf der Vorderseite ist er im Porträt dargestellt. Honorius trägt einen Brustpanzer und darüber einen Feldherrnmantel, der mit einer verzierten Fibel (Gewandnadel nach dem Prinzip einer Sicherheitsnadel) befestigt ist. Auf seinem Kopf sitzt ein edelsteinbesetztes Diadem, ein Herrschaftssymbol des Kaisertums. Die Legende D(ominus) N(oster) HONORI-VS P(ius) F(elix) AVG(ustus) lässt sich übersetzen als: „Unser Herr Honorius, der fromme und glückliche Kaiser".

Auf der Rückseite ist der Kaiser stehend in Rüstung mit Diadem abgebildet. Er hält im rechten Arm ein Feldzeichen mit Christusmonogramm und auf der linken Hand einen Globus. Am Boden links ist ein namenloser Gefangener zu sehen. Dieser ist deutlich kleiner dargestellt als der Kaiser. Die Legende TRIVMFATOR GENT(ium) BARB(arorum) lautet: „Sieger über (die) Barbarenvölker."

2. erklären | Der Anlass für die Prägung des Medaillons wird nicht genannt. Am wahrscheinlichsten ist, dass sich das Medaillon auf den Sieg gegen eine vor allem aus Goten bestehende Gruppe von bis zu 100 000 Menschen unter ihrem Anführer Radagaisus bezog, die 405 in Oberitalien vernichtend geschlagen wurde. Nach der Niederlage geriet Radagaisus in römische Gefangenschaft und wurde hingerichtet.

3. beurteilen | Das Porträt des Kaisers ist idealisert dargestellt: Übergroße Augen und starre Gesichtszüge sollen seine Macht betonen und dem Betrachter Respekt einflössen. Die Abbildungen und Inschriften stellen Honorius als erfolgreichen Feldherren dar, der das Reich gegen die Barbaren verteidigt. Durch den Globus, das Diadem und dem idealisierten Porträt wird der uneingeschränkte Herrschaftsanspruch des Kaisers über die gesamte Welt betont. Brustpanzer, Mantel und Feldzeichen erwecken den Eindruck, dass er persönlich die römischen Armeen in den Kampf führt. Das Christusmonogramm und die Inschrift P(ius) vermitteln die Botschaft, dass der Kaiser als gläubiger Christ Gottes Beistand hat. Der Gefangene unterstreicht dessen Sieghaftigkeit. Das Größenverhältnis zwischen dem Barbaren und dem Kaiser macht den aus römischer Sicht bestehenden Rangunterschied zwischen den beiden deutlich.

Medaillons wurden in geringer Stückzahl als Münzen geprägt und vor allem an Angehörige des kaiserlichen Hofes, wichtige Amtsträger sowie an barbarische Anführer als Ehrengeschenke vergeben. Zielsetzung und Zweck war es, das politische Programm des Kaisers zu verkünden und ihm Unterstützung zu sichern. Honorius präsentiert sich dieser Zielgruppe als tatkräftiger und militärisch erfolgreicher Herrscher. Allerding errang er den Sieg gegen Radagaisus nicht selbst, sondern die Armee wurde von seinem Heermeister Stilicho kommandiert. Honorius, der schon als Kind im Alter von elf Jahren Kaiser wurde, hielt sich überwiegend in seinem Palast auf. Auch gelang ihm der Schutz des Reiches nicht dauerhaft: Ab 406 konnten die Römer die Rheingrenze nicht mehr verteidigen und Vandalen sowie Sueben drangen nach Gallien und Spanien ein. Nach 407 mussten die Römer Britannien aufgeben und 410 eroberten Alarich und die Westgoten Rom. Bei dem Medaillon handelt es sich also um ein Propagandamittel, das den Kaiser erfolgreicher und in einer anderen Rolle darstellt, als es tatsächlich der Fall war.

> **Hinweis:** Das römische Silbermedaillon mit der Abbildung von Kaiser Honorius finden Sie auf Seite 39.

Lösungsskizze: Mit Karten arbeiten

Hinweis: Die Karte „Die Eroberungen Chlodwigs (481–511)" finden Sie auf Seite 73.

1. beschreiben | Es handelt sich um eine Geschichtskarte, die 2017 in einem Schulbuch der Jahrgangsstufe 5 Verwendung fand. Sie informiert über die Eroberungen des Frankenkönigs Chlodwig zwischen 481 und 511 im Gebiet des heutigen Belgiens, Frankreichs, Luxemburgs, der Niederlande und Deutschlands. Durch die unterschiedliche Farbgebung der von Chlodwig anfangs und später beherrschten Gebiete zeigt sie die Entwicklung des Frankenreiches der Merowinger. Dargestellt werden auch die beiden fränkischen Teilgruppen der salischen und der rheinischen Franken, die von Chlodwig vereinigt wurden. Zudem sind germanische Gruppen (Sachsen, Friesen, Thüringer und Alamannen) abgebildet, mit denen das Merowingerreich bei seiner Expansion nach Nordosten in Kontakt und Konflikt geriet und die zum Teil ins Frankenreich eingegliedert wurden. Eingezeichnet sind auch die Königreiche anderer germanischer Gruppen auf dem Gebiet des ehemaligen Weströmischen Reiches (Ostgoten, Westgoten, Burgunder). Mit diesen Reichen konkurrierten die Franken bei der Ausdehnung ihres Herrschaftsbereichs nach Süden. Ebenfalls in der Karte markiert sind die Hauptstädte des Frankenreiches (erst Tournai, dann Paris). Besonders hervorgehoben sind außerdem die Städte, in denen Bischöfe, wichtige Amtsträger der katholischen Kirche, ihren Sitz hatten.

2. erklären | Chlodwig wurde 481/82 König der salischen Franken. Damals gab es noch andere fränkische Gruppen in Gallien und Germanien, vor allem die Rheinfranken in der Gegend zwischen Köln und Mainz. Chlodwig kontrollierte zu dieser Zeit ein Gebiet in den heutigen südlichen Niederlanden und dem nördlichen Belgien mit der Hauptstadt Tournai. Er begann seine Machtstellung auszubauen, indem er zunächst die anderen fränkischen Gruppen gewaltsam mit den salischen Franken vereinigte und anschließend den letzten römischen Statthalter in Gallien sowie die Alamannen besiegte. Danach ließ Chlodwig sich katholisch taufen und sicherte sich so die Unterstützung der einflussreichen katholischen Bischöfe und der römischen Bevölkerung in Gallien. Anschließend vergrößerte er seinen Machtbereich gegen die Westgoten und Burgunder. Mit einem Sieg gegen die Westgoten sicherte er sich 507 endgültig die Vorherrschaft in Gallien. Als neue Hauptstadt wählte er Paris. Ostgoten und Burgunder verhinderten aber noch, dass ganz Gallien unter fränkische Herrschaft geriet. Die Karte zeigt, wie die Franken ihren Machtbereich allmählich ausdehnten und nicht – wie andere germanische Gruppen – weite Wanderungen zurücklegten, um neue Siedlungs- und Herrschaftsgebiete zu besetzen.

3. beurteilen | Die Karte richtet sich an Schülerinnen und Schüler der Unterstufe und beschränkt sich deshalb auf eine übersichtliche Darstellung. Die Farbgebung lässt eine Genauigkeit der Grenzen und eine Herrschaftsdurchdringung des fränkischen Gebiets vermuten, die es nicht gab. Die Herrschaftsgebiete der Westgoten, Burgunder und Ostgoten sind gar nicht farblich markiert, sodass unklar bleibt, wie groß diese im Verhältnis zum fränkischen Gebiet waren und welche Gebiete sie an die Franken verloren. Für einen ersten räumlichen Überblick reicht die Karte aber aus. Sie verwendet unterschiedliche Farben, Symbole sowie eine Legende und entspricht heutigen Kenntnissen und Möglichkeiten. Widersprüche finden sich in der Karte nicht. Die Karte bietet orientierende Informationen, aber noch keinen komplexen Einblick in die Entstehung des Merowingerreiches. Dazu müssen weitere Informationsquellen herangezogen werden.

Lösungsskizze: Statistiken auswerten

1. beschreiben | Die Statistik stammt aus einem fachwissenschaftlichen Buch des Autors Paul Kennedy aus dem Jahre 2005. Laut der Literaturangabe wurde sie nur gekürzt übernommen, weshalb nach Möglichkeit ein direkter Blick in Kennedys Werk vorzunehmen ist. Dort erfährt man, dass dieser die Zahlen wiederum aus einem Aufsatz des Wirtschaftshistorikers Paul Bairoch übernommen hat. Die Zahlen seien laut Kennedy nicht unumstritten – er halte sie jedoch für plausibel und klug.

> **Hinweis:** Die Statistik „Relative Anteile der Weltindustrie (in Prozent)" finden Sie auf Seite 135.

2. erklären | Die Statistik stellt die relativen Anteile ausgewählter Länder an der weltweiten Industrieproduktion in Prozent dar. Sie trifft keine Aussage über den Umfang der Weltindustrieproduktion. Auf welchen Daten die Statistik beruht, geht nicht direkt hervor. Rückschlüsse auf die Zuverlässigkeit des statistischen Materials sind daher – ohne weitere Recherchen (siehe oben) – nicht möglich.

Die Statistik umfasst den Zeitraum von 1750 bis 1900. Es werden mehr Daten für die zweite Hälfte des 19. Jahrhunderts dargestellt als für die zweite Hälfte des 18. oder die erste Hälfte des 19. Jahrhunderts. Die Daten zeigen eine klare Entwicklung. Einige Länder gewinnen an Anteilen an der Weltindustrieproduktion (z. B. Großbritannien, USA), andere Länder verlieren (z. B. China, Indien/Pakistan). Die Statistik zeigt auch, in welchen Zeiten diese Verschiebungen besonders stark waren, nämlich 1830 und 1860 für Großbritannien und 1860 und 1900 für die USA. Darüber hinaus zeigt sie einen etwas geringeren Bedeutungsgewinn für die Deutschen Staaten/Deutschland und andere europäische Länder, einschließlich Russland. Massive Bedeutungsverluste erlitten dagegen die großen kontinentalasiatischen Länder China und Indien/Pakistan sowie im geringeren Umfang auch Japan.

3. beurteilen | Die Statistik beleuchtet die Entwicklung der Weltindustrieproduktion vor dem Hintergrund der Industrialisierung. In England begann sie in der zweiten Hälfte des 18. Jahrhunderts, in anderen westeuropäischen Ländern, in den USA und Asien setzte sie später ein. Aus der Statistik lassen sich allerdings keine Rückschlüsse auf den Umfang von Industrialisierungs- und De-Industrialisierungsprozessen schließen, sondern lediglich auf Verschiebungen zwischen verschiedenen Ländern von 1750 bis 1900. Die Statistik hat offenkundig das Interesse, Aussagen über die besondere Entwicklung der relativen Anteile Großbritanniens, der USA, Indiens/Pakistans und Chinas zu treffen. Die Informationen über andere Länder sind weniger prägnant oder unkenntlich. Die Darstellungsweise verzerrt die Daten aber nicht. Kritisch kann lediglich angemerkt werden, dass die Datenbasis unklar und nicht geklärt ist, was denn genau unter „Industrieproduktion" verstanden wird. Die Darstellung des statistischen Materials in Tabellenform ist dem Thema aber angemessen.

1. Wechselwirkungen und Anpassungsprozesse

1.1 Kernmodul: Kulturkontakt und Kulturkonflikt

Seite 9, M1, A1, F — Diskutieren Sie, wie das Schaubild auf Seite 9 ergänzt bzw. in seiner Gestaltung verändert werden müsste, wenn die Bereiche „Akkulturation" und „Kulturverflechtung" nach Bitterli dort eingebracht werden sollen.

Seite 12, M4, A2, H — Visualisieren Sie den Prozess der „Ethnogenese" (vgl. Zeile 30–42) und deren Folgen nach Meier mithilfe eines aussagekräftigen Schaubildes. Nutzen Sie als Hilfe auch den Darstellungstext auf Seite 27.

Seite 13, M5, A2 und A3, H — Stellen Sie die durch die gegenseitigen Kontakte erzeugten Veränderungen der Identitäten von Römern und Barbaren nach Pohl in Form eines Beziehungsdiagramms dar. Beachten Sie dabei die Veränderungen und Wechselwirkungen im Laufe der Zeit.

1.2 Kernmodul: Transformationsprozesse

Seite 15, M1, A1, F — Braudel kann mit der Aussage „Die Geschichte stammt gleichzeitig aus dem Gestern, dem Vorgestern und dem Einst!" zitiert werden. Erklären Sie anhand von M1 den Inhalt dieser Aussage.

Seite 17, M3, A3, H — Beachten Sie dabei, dass Globalisierung definiert ist als Prozess, bei dem sich Beziehungen zwischen verschiedenen Gruppen und Regionen, die weit auseinander liegen, so verstärken, dass eine globale Verflechtung in Bereichen wie Wirtschaft, Politik, Kultur und Umwelt entsteht und dadurch Veränderungsprozesse in diesen Bereichen in Gang gesetzt werden. Untersuchen Sie, ob es entsprechende Beispiele in der Geschichte gab, um ihre Stellungnahme zu unterstützen.

1.3 Kernmodul: Migration

Seite 20, M1, A1, H — Charakterisieren Sie die verschiedenen historischen Phasen der menschlichen Migration nach Bacci in ihren Eigenarten und geben Sie jeder Phase eine aussagekräftige Überschrift (z.B. „Verbreitung der menschlichen Spezies" oder „Verbreitung des Ackerbaus" für die erste Phase). Beachten Sie dabei auch die Rolle, die Europa dort jeweils spielt.

Seite 21, M2, A1, H — Beachten Sie hierbei insbesondere die Zeilen 1–16 in Oltmers Ausführungen.

Seite 23, M5, A3, H — Informieren Sie sich für eine sachgerechte Argumentation anhand des Darstellungstextes auf Seite 26–33 und der entsprechenden Materialen des zugehörigen Kapitels über die Ursachen und den Verlauf der Völkerwanderung.

1.4 Pflichtmodul: Die Völkerwanderung

Seite 34, M1, A3, H — Diskutieren Sie für sich persönlich und anhand von aktuellen Beispielen, inwieweit die von Seneca genannten Ursachen und Anlässe auch heute noch relevant für Migration sind.

Seite 35, M2, A3, H — Analysieren Sie den Text im Hinblick auf die Wertungen, die Ammianus Marcellinus vornimmt. Recherchieren Sie anschließend den Hintergrund des Autors und analysieren Sie seine Haltung und seine Intentionen. Beurteilen Sie abschließend den Quellenwert des Textes.

Seite 35, M3, A3 und A4, H — Lesen Sie dazu noch einmal den Darstellungstext auf Seite 26–33 und arbeiten Sie die Situation heraus, in der sich das Römische Reich um 400 befindet. Analysieren Sie dabei auch, über welche militärischen, finanziellen und materiellen Mittel das Reich in dieser Zeit verfügt und welchen innen- und außenpolitischen Herausforderungen es sich stellen muss.

Seite 37, M5, A1, F — Diskutieren Sie, inwieweit die von Fehr und von Rummel in Zeile 9–19 angeführten, in der jüngeren Vergangenheit konstruierten Charakteristika der Identität von „Völkern" bei Ihnen persönlich an Grenzen stoßen. Erklären Sie dann, warum es sich bei dem Begriff „Volk" um eine Utopie (etwas, was in der Vorstellung der Menschen existiert, aber nicht Wirklichkeit ist) handelt.

Seite 37, M5, A3, H — Lesen Sie hierzu noch einmal den Abschnitt „Wandel durch Kontakt: Rom verändert die Germanen" auf Seite 27 sowie M4 auf Seite 12 und analysieren Sie diese und die Kapitel „Die Westgoten und ihre Ansiedlung im Römischen Reich", „Die Ostgoten und ihre Reichsgründung in Italien" und „Das Frankenreich der Merowinger" im Hinblick auf die Identität der dort beschriebenen Gruppen als „Volk".

Legen Sie eine Folie über die Nachzeichnung des Medaillons und umranden Sie mit einem Folienstift einzelne Elemente, Gruppen und Symbole. Analysieren Sie diese Elemente dann in Bezug auf ihre Wirkung und symbolische Bedeutung. Die Bearbeitung kann auch arbeitsteilig erfolgen. Die verschiedenen Elemente werden unter den Gruppenmitgliedern verteilt, die Teilergebnisse werden dann zusammengetragen und die Gesamtdeutung gemeinsam erarbeitet.	Seite 37, M6, A1 und A2, H
Legen Sie eine Tabelle an, in der auf der einen Seite die ursprünglichen Ziele Athaulfs, die Veränderungen dieser Ziele und die Begründung dafür vermerkt sind.	Seite 47, M3, A2, H
Ziehen Sie hierzu die Ergebnisse aus Aufgabe 2 und die Informationen des Darstellungstextes auf den Seiten 43–45 heran.	Seite 47, M3, A4, H
Beachten Sie, dass das Äußere in der antiken Vorstellung als der Spiegel des Inneren des Menschen, also seiner moralischen Werte und Fähigkeiten, gesehen wurde.	Seite 48, M4, A2, H
Informieren Sie sich, z.B. im Internet, über den Hintergrund von Salvian von Marseille und untersuchen Sie mithilfe dieser Informationen den Text quellenkritisch. Beachten Sie dabei besonders seinen „beruflichen" Werdegang und die Intentionen hinter seinen Schriften.	Seite 49, M6, A3, F
Setzen Sie die Aussage des Medaillons in Beziehung zu den Ausführungen von Procopius in M1: Wo entspricht die Aussage des Medaillons den Aussagen des Schriftstellers? Nutzen Sie als Hilfe auch den Darstellungstext auf den Seiten 50–53.	Seite 56, M2, A2, F
Nutzen Sie, was das Herrschaftsverständnis Theoderichs und sein Verhältnis zu den jeweiligen oströmischen Kaisern (Zeno und Anastasius I.) betrifft, auch die Informationen aus dem Darstellungstext auf den Seiten 50–53.	Seite 56, M3, A2, H
Beziehen Sie die Informationen auf den Seiten 50–53 und mithilfe der Karte auf Seite 24 auch die strategisch-geografische Lage des Ostgotenreiches in Italien im Verhältnis zum Oströmischen Reich in die Beurteilung mit ein.	Seite 57, M4, A3, H
Nutzen Sie als Kriterien der Stellungnahme Aspekte wie Effizienz und Loyalität (Sachebene) sowie Zusammenhalt, Identifikation, Inklusion und Exklusion (Werteebene). Ziehen Sie auch die Informationen des Darstellungstextes auf den Seiten 51–54 heran.	Seite 58, M6, A4, H
Der Historiker Patrick J. Geary spricht von einer doppelten Identität bei den Franken, die der römische Einfluss erzeugt habe. Der (eigentlich römische) Begriff „Bürger" mit dem Attribut „fränkisch" zeige die Zugehörigkeit des Mannes zur entstandenen Gruppe der Franken, der Begriff „römischer Soldat" zeige die Barbarisierung des römischen Heeres. Erklären Sie die Vorteile, die diese Doppelidentität mit sich bringen konnte (siehe auch den Darstellungstext auf Seite 60 f.).	Seite 60, Abb., A, H
Legen Sie eine Tabelle an, die die Spalten „Beigabe", „Kategorie" und „Herkunft" enthält. Kategorien der jeweiligen Grabbeigaben können z. B. Würdezeichen, Statussymbole, Waffen, Herrschaftszeichen oder Reichtümer sein (manche Beigaben können hier durchaus mehrere Funktionen haben). Unter „Herkunft" vermerken Sie, ob die Beigabe römischen oder barbarischen Ursprungs ist.	Seite 66, M1, A1, H
Setzen Sie die Ergebnisse von Aufgabe 1 und 2 in Beziehung zu der Aussage der Grabinschrift auf Seite 60 und der Lösung der zugehörigen Aufgabe.	Seite 66, M1, A5, F
Charakterisieren Sie die im Text von Gregor von Tours deutlich werdenden Eigenschaften, die Chlodwig haben muss, um seine Herrschaft bei den Franken wirkungsvoll durchzusetzen. Ziehen Sie wenn nötig auch die Informationen des Darstellungstextes auf Seite 62 f. als Hilfe heran.	Seite 68, M4, A2 und A5, H
Beurteilen Sie den Inhalt des Textes quellenkritisch. Betrachten Sie dazu den Hintergrund des Autors Gregor von Tours und seine Intentionen. Stellen Sie Textstellen heraus, in denen Sachverhalte stark vereinfacht und überhöht dargestellt werden. Erörtern Sie abschließend die Frage, ob der Text eine Mythenbildung (Komplexitätsreduktion, Überhöhung, Sinnstiftung, Stilisierung) darstellt.	Seite 69, M5, A1, F
Informieren Sie sich über die sogenannte „Konstantinische Wende" sowie die Schlacht an der Milvischen Brücke zwischen Konstantin und Maxentius und die Mythenbildung, die damit einhergeht.	Seite 69, M5, A4, H
Nutzen Sie die Definitionen von Bitterli (M1 auf Seite 9) und Osterhammel (M3 auf Seite 11) zur Erläuterung der Indizien.	Seite 71, M10, A1, H
Klären Sie für die Entstehungszeit der Bildquelle den historischen Kontext der deutschen Geschichte und ordnen Sie dann die Bildaussage darin ein. Recherchieren Sie dabei auch den Hintergrund des Malers Heinrich Leutemann und bringen Sie diesen in die Einordnung ein.	Seite 76, Abb., A1 und A2, H

Tipps und Anregungen für die Aufgaben

Seite 77, Abb., A, H	Informieren Sie sich dazu auf Seite 29f. über die Hunnen und nutzen Sie auch die Charakterisierung, die Ammianus Marcellinus (M2 auf Seite 34) in Zeile 1–5 vornimmt.
Seite 79, M1, A2, H	Nutzen Sie dazu die Charakteristika eines Mythos. Diese sind: Sinnstiftung (eine für eine Gemeinschaft verbindende, identitätsstiftende Geschichte wird erzählt), Komplexitätsreduktion (Ereignisse und Fakten, die die Geschichte verkomplizieren und der Aussage im Wege stehen könnten, werden weggelassen) und Überhöhung (bestimmte Aspekte werden besonders hervorgehoben, um die gewünschte Aussage zu erzeugen).
Seite 79, M1, A4, H	Nutzen Sie dazu die Definition des Begriffes „Ethnogenese", die in den Materialien M4 auf Seite 12 sowie M5 auf Seite 36 und im Darstellungstext auf Seite 27 („Wandel durch Kontakt: Rom verändert die Germanen") gegeben wird.
Seite 80, M2, A3, H	Klären Sie für die Entstehungszeit des Gedichtes den historischen Kontext der deutschen Geschichte und ordnen Sie dann die Bildaussage darin ein. Recherchieren Sie dabei auch den Hintergrund des Autors August von Platen und bringen Sie diesen in die Einordnung ein.
Seite 81, M4, A2, F	Entwickeln Sie eine sachlich fundierte Gegenrede zu Rosenbergs Sicht auf die Völkerwanderung.
Seite 82, M5, A3, F	Setzen Sie Piganiols Fazit und die Stellungnahmen von Halsall sowie Knaut und Quast in Beziehung zu den Beurteilungen von Demandt, Wolfram und Pohl auf der Seite 84f. (M1–M3). Diskutieren Sie dann in Gruppen die verschiedenen Einschätzungen und geben Sie ein begründetes Gesamturteil ab.
Seite 83, M7, A1 und A2, H	Ordnen Sie die Kernthesen Büschers tabellarisch nach „Parallelen" und „Unterschieden".
Seite 83, M7, A3 und A4, F	Der Historiker Mischa Meier erklärt, dass die Beschäftigung mit der Völkerwanderung für die Analyse der aktuellen Migrationsbewegungen keine Hilfestellung leisten könne, weil sie sich nicht in einen einfachen, eindeutigen Geschehenszusammenhang setzen lassen könne und weil sie vor ganz anderen strategischen, politischen und kulturellen Rahmenbedingungen geschehen sei, als denjenigen, die heute herrschten. So wäre jeder Vergleich zur Gegenwart oberflächlich und problematisch. Setzen Sie sich bei der Bearbeitung der Aufgaben 3 und 4 auch mit Meiers Thesen auseinander.

1.5 Wahlmodul: Romanisierung und Kaiserzeit

Seite 100, M1, A2, F	Erörtern Sie die These: „Nur durch die *pax Romana* war die Romanisierung überhaupt möglich!"
Seite 100, M2, A3, F	Vergleichen Sie den in M2 dargestellten Einfluss der römischen Kultur und Sprache auf die einheimische Bevölkerung Spaniens in der römischen Kaiserzeit mit dem gegenwärtigen Einfluss der amerikanischen Kultur und Sprache auf Ihr eigenes Leben. Beziehen Sie dabei auch die jeweiligen Gründe für die Übernahme von Sprache und Lebensweise mit ein.
Seite 102, M5, A2, H	Listen Sie alle Veränderungen in der Lebensweise der Britannier, die in M5 beschrieben werden, auf. Diskutieren Sie dann im Partnergespräch, inwieweit diese Veränderungen Vor- bzw. Nachteile für die Britannier brachten. Unterscheiden Sie dabei zwischen der „vornehmen" und „einfachen" britannischen Bevölkerung und beziehen Sie auch Tacitus' Wertungen ein.
Seite 104, M8, A1, H	Stellen Sie in Form einer Tabelle dar, von wem und zu welchen Gegebenheiten die lateinische bzw. griechische Sprache und Schrift jeweils genutzt wurde.

1.6 Wahlmodul: China und die imperialistischen Mächte

Seite 124, M2, A1, H	Erstellen Sie anhand der in M2 angegeben Daten passende Diagramme (achten Sie auf die Zeitabstände!) und beschreiben Sie mittels der erstellten Graphen die Bevölkerungsentwicklung.
Seite 126, M5, A2, H	Listen Sie die von den USA geforderten Regelungen im Einzelnen auf und diskutieren Sie danach, welche Nationen jeweils einen Profit daraus ziehen und welche gegebenenfalls benachteiligt werden.
Seite 128, M7, A4, F	Überprüfen Sie anhand des Sachtextes auf Seite 119f. und eigener Recherchen, inwieweit das von Ihnen in Aufgabe 4 konkretisierte Reformprogramm umgesetzt wurde, und beurteilen Sie die Wirkungen, die die Umsetzung erzielte.

Personenregister

Die **fettgedruckten Namen und Seitenzahlen** verweisen auf biografische Informationen in der Randspalte des Darstellungsteils.

Aelius Aristides   101
Aetius   30, 43, 61
Agathias von Myrina   71
Alarich I.   22 f., 40 f., **42** f., 47, 50, 79 f., 151
Ammianus Marcellinus   34
Anastasius I.   51, 56, 62, 70
Arcadius   31, 35, 41 f.
Ariovist   26
Arminius   77
Athaulf **43**, 47
Attila **30**, 43, 50, 74, 130
Augustus   26, 47, 89 f., 100

Bitterli, Urs   8 f.
Braudel, Fernand   14 f.

Caesar, Gaius Julius   26, 98
Caracalla   81, 89, 95, 97
Cassiodorus   56-58
Chiang Kaishek   131 f.
Childerich I.   **60** f., 66 f.
Chlodwig I.   25, 40, 45, 53, **61**-64, 67-71, 73, 152
Cixi   119, 137

Dagobert I.   71
Dietrich von Bern → *Theoderich (der Große)*
Diokletian   25, 29, 66, 89 f.

Etzel → *Attila*

Galerius   89, 99, 107
Geiserich   31, 43
Gregor von Tours   68-70
Guangxu   111, 119, 137

Hadrian   66, 93, 95, 98
Hermann → *Arminius*
Hong Xiuquan   116, 125
Honorius   31 f., 39, 41-43, 47, 61, 151
Hostilianus   36
Huntington, Samuel P.   8, 10

Jesus von Nazareth   89, 99
Jordanes   46
Justinian I. (der Große)   25, 33, 54, 57, 59, 70, 104

Karl der Große   65
Konfuzius   126 f.
Konstantin I. (der Große)   25, 29, 69, 81, 89, 99, 107

Laktanz   107
Liang Qichao   127 f.

Macartney, George   111, 113, 125
Mao Zedong   110, 121-123, 133
Maximinus Thrax   28, 95

Napoleon Bonaparte   76
Nero   99

Octavian → *Augustus*
Odoaker   25, 33, 40, **50**-52, 55, 57
Oltmer, Jochen   20 f.
Osterhammel, Jürgen   11, 17

Paulus Orosius   47
Piganiol, André   81 f.
Platen, August von   79 f.
Plinius der Jüngere   104
Plutarch   100 f.
Procopius   55, 57 f.

Qianlong   111-113, 124 f.

Remigius von Reims   67-69
Romulus Augustulus   25, 33, 40, 50, 57
Rosenberg, Alfred   81

Salvian von Marseille   49
Seneca der Jüngere   34
Septimius Severus   92, 95
Sidonius Apollinaris   47 f.
Stilicho   25, 31, 41 f., 151
Strabon   100, 102, 105
Sun Yatsen   120
Synesios von Kyrene   35

Tacitus   102
Theoderich (der Große)   22, 25, 30, 40, 47 f., **50**-59, 61, 74, 81
Theodosius I.   25, **31**, 41, 89, 149
Theodosius II.   66
Theudebert I.   77
Titus   106
Trajan   89 f., 104

Valens   25, 30, 34
Varus   6, 26, 77

Wehler, Hans-Ulrich   16
Wilhelm II.   130 f.

Yuan, Shikai   121

Zenon   25, 50, 52, 54 f., 57

Die **fettgedruckten Begriffe und Seitenzahlen** verweisen auf Erläuterungen in der Randspalte des Darstellungsteils.

Akkulturation 8f., 18, 32f., 40, 44, 52, 60, 64, 75-77, 86
Alamannen 27f., 40, **61**, 70, 73, 152
Angeln 25, 31
Arianismus 29, 40, **44**f., 50, 52, 57-59, 63f., 69
Aufklärung 116

Balkan 22f., 25, 28, 30f., 42, 44, 50, 55, 82, 95
Barbaren 8, 11-13, 18, 22, **26**, 29, 34, 36, 39f., 42, 47, 49, 52, 55, 57, 66, 71, 76, 80-87, 100f., 149, 151
Barbaricum 12, 23, 26, 87
Bayern (Stamm) 64
Befreiungskriege 76
Belgica Secunda 61, 67
Boxeraufstand 111, 117, 119, 123, 129f., 136
Boxerbewegung **119**, 129f.
Breviarium Alaricianum 45
Britannien 12, 25, 31, 89, 102
Bürgerkrieg 16, 22f., 90, 100, 111, 116, 121f., 125, 131, 136
Bürgerrecht 12, 26f., 50, 89, 93, 95, 97, 108f.
Burgunder 13, 25, 31, 53, 60, **61**, 64, 73f., 152

Christentum 29, 33, 40, 44f., 50, 52, 63f., 69, 71, 89, 92, 99, 107f., 119, 128-130
Codex Euricianus 45
Comes 52, 58, 62

Deportation 18, 21
Deutsches Kaiserreich 77
Deutsch-Französischer Krieg 76
Diktatur 18
Dreißigjähriger Krieg 75

Ecole des Annales 14
Edictum Theoderici 51
Erster Opiumkrieg 6, 110f., 114f., 123, 136
Erster Weltkrieg 77, 111, 121
Ethnogenese 8, 12, 27, 50, 60, 86, 149

Flucht, Flüchtling 7, 18, 21-23, 78, 83, 149f.
Föderaten 26, 30f., 33, 40, 42f., 50, 52, 54, 61, 85, 149
Foedus 13, 22, **26**, 31f., 42f., 60, 66, 149
Franken 25, **27**f., 31f., 40, 45, 49, 53, 60-73, 82, 85-87, 152
Frankenreich 25, 40, 45, 60-73, 85f., 152
Französische Revolution 16, 75f.
Friesen 64, 73, 152

Gallien 22, 26, 30f., 42-45, 47, 49, 51, 53, 60-64, 66f., 71, 82, 105, 151f.
Globalisierung 14, 17, 19, 83
Goten 13, 22f., 25, **27**-37, 40-64, 70, 73-75, 77, 79f., 82f., 85, 87, 89, 91f., 148f., 151f.
Gotizismus **75**
Guomindang (GMD) 121f., 131f.

Hausmeier 62, 65
Heermeister 25, 29-32, 40-43, 50, 55, 57, 60f., 82, 86, 151
Hunnen 12, 22-25, **29**f., 34, 42f., 50, 60, 74, 77, 82f., 86f., 130, 149

Imperialismus 77, 110, 118-123, 127, 133
Imperium Romanum 85, 87, 89f., 95-99, 109, 150
Industrialisierung 14, 16f., 19, 113, 117, 136, 153
Integration 11, 16, 18-24, 27, 29f., 32, 35, 40, 42-45, 50, 52, 54, 60-64, 75-77, 84-86, 89, 98f., 109, 133, 149f.

Japanisch-Chinesischer Krieg 117f.
Jesuiten 129
Judentum, Juden 99, 105f., 108
Jüten 25, 31, 70

Kaiserzeit 12, 38, 66, 84, 88-109
Kalter Krieg 10
Karolinger 65
Katholizismus 44
Kimbern 22, 26, 81, 150
Kinderkaiser 40f.
Kolonialismus 96, 127
Kolonien 77, 95, 118f.
Kolonisation 9, 14
Kommunismus 110f., 121-123, 131-133, 136
Kommunistische Partei Chinas (KPCh) 110, 122f., 131
Konstantinische Wende 89, 99
Konstantinopel 50, 52, 54, 56-58, 66, 82, 84, 89, 91, 149
Konstitutionelle Monarchie 120, 127
Konsul 35, 55, 57, 62, 70
Konzil von Orléans 71
Koreakrieg 111
Kulturkonflikt 8-10
Kulturkontakt 8f., 11, 18, 87
Kulturkreis 8, 10, 64, 78

Langobarden 22, 25, **33**, 54, 82, 85
Lex Salica 62f.
Limes 25, **26**, 28f., 82, 93, 96
Longue durée 14

Magister militum → Heermeister
Markomannen 27
Merowinger 60-71, 152
Missionierung 11, 128f.
Mithras-Kult 99
Mobilität 9, 16, 19f., 23
Modernisierung 14, 16f., 111, 118f., 127f.
Monarchie 90, 100, 116, 119f., 126f.
Monotheismus 99, 108
Mythos 21, 79, 101

Nationalsozialismus 14, 18, 77, 79, 122
Nationalsozialistische Deutsche Arbeiterpartei (NSDAP) 81
Nationalstaat 36, 112, 137
Nian-Rebellion 116
Nibelungenlied **74**f.

Open Door Policy 111, 119, 126
Ostgoten 13, 22, 25, 29f., 33, 40, 45f., 50-61, 64, 73-75, 77, 81, 152
Oströmisches Reich 25, 30, 32f., 35, 40, 42, 45, 50-59, 62, 64, 66, 70f., 77, 84, 97, 104

Pannonien   50, 70
Pantheon   98
Papsttum   **52**, 54, 63, 65
Pax Romana   88, 96, 100
Polytheismus   98
Prinzipat   88-90
Propaganda   38, 77, 128, 151
Provinzen   12f., 22, 26, 33f., 43, 46, 50, 58, 61, 67, 70, 84, 89-98, 102-104, 106-109, 113, 116, 118-121, 124, 128, 131f., 136f.

Qing-Dynastie   111f., 116f., 119f., 124, 126f., 129f., 133, 136f.

Rassismus   11, 81, 117
Ravenna   42, 50, 52-56, 58f.
Reform der hundert Tage   111, 119
Rezeption   **74**, 76, 78
Rheinfranken   60f., 73, 152
Romanisierung   8, 14, 88, 91-109
Römische Armee   13, 22, 25-27, 29, 33, 40, 42, 44, 60f., 85-87, 151

Sachsen (Stamm)   25, 31, 49, 61, 64, 70, 73, 152
Salfranken   60f., 66f., 73, 152
Schlacht auf den Katalaunischen Feldern   25, **30**, 43, 50, 60
Schlacht bei Adrianopel   25, 30f., 42
Schlacht im Teutoburger Wald → Varusschlacht
Selbststärkungsbewegung   111, 119, 127f.
Selbstverständnis   45, 60, 137
Senat   35, **52**, 54-56, 58, 90, 95, 100, 106, 109
Sklaven, Sklaverei   18, 22, 24, 35, 68, 81, 85
Skythien, Skythen   26, 35, 46

Soldatenkaiser   **28**
Sueben   25, 31, 43, 60, 151

Taiping-Aufstand   111, 116, 125
Teutonen   22, 26, 150
Thrakien   34, 46, 55, 95, 149
Thüringer   64, 70, 73, 152
Toledanisches Reich   45
Toleranz   11, 52, 99, 107
Toleranzedikt von Mailand   99, 107
Tolosanisches Reich   43
Transformation, Transformationsprozess   8, 12, 14-17, 24, 77, 84, 86
Tribut   9, 20, 22, 28-30, 125

Ungleiche Verträge   111, 114-116, 122, 129

Vandalen   13, 22-25, 31, 33, 41, 43f., 46, 48f., 53, 60, 75f., 82, 85, 87, 151
Varusschlacht   6, 26, 77
Vertrag von Nanjing   111, 114
Vertrag von Shimonoseki   111, 118
Vertreibung   11, 18, 21
Völkermord   11
Völkerwanderung   8, 12f., 18f., 22-87, 148-150

Westgoten   22-25, 29-35, 40-51, 53, 60-64, 70, 73, 75, 79, 87, 89, 91f., 149, 151f.
Weströmisches Reich   25, 30-33, 39f., 42f., 47, 50, 52, 55, 57, 60f., 63f., 73, 77, 82-84, 86f., 89, 151f.

Zweiter Opiumkrieg   111, 114f., 136
Zweiter Weltkrieg   8, 18, 77, 81, 111, 121f.

Bildnachweis

akg-images, Berlin – S. 42, 76, 107, 116, 118; - / bilwissedition – S. 42; - / Peter Connolly – S. 98; - / Heritage Images, CM Dixon – S. 103; - / Historisches Auge – S. 30; - / Pictures From History – S. 113; Alamy Stock Photo / BibleLandPictures, Zev Radovan – S. 105; - / Heritage Image Partnership Ldt – S. 67, 80; - / Angelo Hornak – Cover, S. 53; - / robertharding – S. 59; Archäologisches Museum, Frankfurt am Main – S. 99; Archäologische Staatssammlung München / GD 2000-230, Statue Augustus, Fotograf: Manfred Eberlein – S. 90; Bilddatenbank zu antiken Steindenkmälern / Photo O. Harl, www.lupa.at – S. 60; bpk-Bildagentur, Berlin – S. 120; - / Hermann Buresch – S.75; - / Münzkabinett, Ingrid Geske – S. 31; - / Münzkabinett, Staatliche Museen zu Berlin, Lutz-Jürgen Lübke – S. 39 (2), 56 (2); - / Münzkabinett, Staatliche Museen zu Berlin, Reinhard Saczewski – S. 55; - / RMN, Thierry Olliver – S. 112; - / The Trustees of the British Museum, London, British Museum – S. 48, 50; DIZ / Süddeutscher Verlag, Rue des Archives – S. 77; dpa Picture-Alliance, Frankfurt – S. 44; - / akg-images – S. 19, 30, 46, 50, 60, 69, 71, 80; - / akg-images, Erich Lessing – S. 106; - / akg-images, Gilles Mermet – S. 61; - / CPA Media Co. Ltd, Pictures From History – S. 127; - / dpa-Report, dpaweg, Ingo Wagner – S. 6; - / dpa-Report, Friso Gentsch – S. 6; - / Swen Pförtner – S. 28; - / ROPI, Maule, Fotogramma – S. 32; - / Armin Weigel – S. 78; - / Zentralbild, euroluftbild.de, Gerhard Launer – S. 93; dtv Verlagsgesellschaft mbH & Co. KG, München – S. 77; Dr. Ralph Erbar, Mainz 1988 – S. 110; Le Monde diplomatique (Hg), Berlin (taz Verlag) / 2016, Festung Europa 2016 – S. 83; Library of Congress – S. 115; Limesmuseum Aalen / Ulrich Sauerborn – S. 96; Mauritius Images / Alamy Stock Photo, Cultural Archive – S. 27; - / Alamy Stock Photo, Adam Estland – S. 36; - / Alamy Stock Photo, Industry And Travel – S. 77; - / Alamy Stock Photo, Photo12 – S. 19; - / Alamy Stock Photo, PRISMA ARCHIVO – S. 43; - / Alamy Stock Photo, The Picture Art Collection – S. 51; - / Alamy Stock Photo, Henry Westheim Photography – S. 6; - / United Archives, De Agostini, A. Dagli Orti – S. 74; Ökumenisches Heiligenlexikon / Joachim Schäfer – S. 65; © Punch Cartoon Library / Top Foto – S. 88; St. Gallen, Stiftsbibliothek / Cod. Sang. 731, p. 234 – Lex Romana Visigothorum, Lex Salica, Lex Alamannorum – S. 63; THE CLASH OF CIVILISATIONS, Simon & Schuster, New York 1996 / © 1996 Samuel P. Huntington, Permission by Mohrbook AG, Zürich – S. 10; ullstein bild, Berlin – S. 124; - / AISA – S. 101; - / Archiv Gerstenberg – S. 41; - / imagebroker.net, TPG – S. 129; - / imagebroker.net, Konrad Wothe – S. 92; - / Pictures From History – S. 132; - / Roger-Viollet, Bruno de Monés – S. 15; - / Sinopictures, Fotoe – S. 123; - / Süddeutsche Zeitung Photo, Scherl – S. 131; - / The Granger Collection – S. 126; - / TopFoto, Archive – S. 114; www.wikimedia.org / CC0 – S. 37

Auf einen Blick: Quellen und Methoden

Quellen und Methoden

Die Vergangenheit hat zahllose Spuren in unserer Gegenwart hinterlassen, die uns überall begegnen. Historiker bezeichnen diese Überreste aus früheren Zeiten als Quellen. Allgemein lassen sich folgende Arten unterscheiden:
- **schriftliche Quellen** (Textquellen): Gesetze, Zeitungen, Briefe etc.
- **visuelle Quellen** (Bildquellen): Gemälde, Karikaturen, Fotografien etc.
- **gegenständliche Quellen** (Sachquellen): Münzen, Fahrzeuge, Bauwerke etc.
- **mündlich überlieferte Geschichte** (mündliche Quellen): Sagen, Mythen, Zeitzeugenberichte etc.

Für jede Quellenart werden eigene Verfahren und Arbeitsweisen benötigt, um möglichst viele und verlässliche Informationen zu erhalten. Die nachstehende Übersicht bietet daher Hinweise auf Erklärungen, wie Sie Schritt für Schritt bei der **Quellenanalyse** vorgehen können. Zum einen wird auf die entsprechende Schulbuchseite verwiesen. Zum anderen finden Sie Codes, die sich auf Methoden beziehen, die nicht im Schulbuch abgedruckt sind.

Methoden im Schulbuch

Seite 38	Münzen und Medaillons analysieren
Seite 72	Mit Karten arbeiten
Seite 134	Statistiken auswerten

Methoden im Internet

Um auf die folgenden Methoden zuzugreifen, geben Sie bitte in das Suchfeld auf unserer Internetseite (www.ccbuchner.de) den in der Randspalte genannten Code ein.

Code 32202-20	Fotografien als Quellen deuten
Code 32202-21	Historiengemälde analysieren
Code 32202-22	Historische Urteile untersuchen
Code 32202-23	Karikaturen interpretieren
Code 32202-24	Politische Plakate auswerten
Code 32202-25	Rollenspiele durchführen
Code 32202-26	Streitschriften untersuchen
Code 32202-27	Umgang mit historischer Fachliteratur üben
Code 32202-28	Verfassungsschemata auswerten